你们是光明的使者、希望的使者，
是最美的天使，是真正的英雄！

——习近平

一江情

赣鄱医者
逆行记

蒋泽先 著

江西人民出版社
Jiangxi People's Publishing House
全国百佳出版社

书前思语：
谱写生命交响曲

楚天赣江两地疫，鄱湖汉水一江情；医者四万赴武汉，军民同心护江城。

2020 年的开局之际，地球像是一部灾难剧的舞台，澳大利亚的大火、东非的蝗虫、美国新型流感、尼日利亚暴发神秘病毒、非洲的猪瘟、中东的禽流感、印度尼西亚的水灾、巴西罕见的大暴雨泥石流、菲律宾火山大爆发、西班牙的风暴、克里米亚的雪崩……在灾难面前每一个人都是参与者、见证者，乃至战士。火灾，扑火救人的是消防战士；地震，冲进震区的是军人、武警、医务工作者。

每次灾难，只要关及伤与生命，冲在最前方的总是医者。尤其是疫情，在一线救急的必然是医者。人类就是这样同舟共济，向死而生，从跨越灾难中看到希望，从而走向科学与文明。

灾难初起，有谁能预测到后果？森林大火烧掉了 8

个墨尔本、10 亿只动物，4000 亿只蝗虫威胁着东非。

谁也不曾想到，一种新型的病毒竟然会使武汉封城！

偏偏是大年三十的头一天！

国民惊讶，世界瞩目。

团圆、吉祥、喜庆、祝福，一年的期盼全部落空。

全世界人都睁大了眼睛看着，等待着，中国会发生什么？几乎不需要任何人解释，中国老百姓很快都明白了，为了全国人民的身体健康，国家才有这个决心；为了老百姓的生命安全，国家才作这个决定。

世界很快看到了，中国党政军民同心同德，全国各地百姓风雨同舟。上上下下、里里外外，每一个中国人牢牢记住了这四个字——防控战疫。坚守本土、快速支援是每个人的职责："既然选择了这个职业，就不能后退了！"各地医者得知，武汉那时已有二三十名医务人员确诊感染新型冠状病毒，还有疑似病例在观察。尽管心情沉重，依然义不容辞。争分夺秒，自愿报名，不计报酬，无论生死。目的地：武汉；目标：拯救一个个病人的生命。一辆辆汽车出发，一架架飞机起飞，一列列动车驰援。生死时速，决战巅峰。

医者四万赴武汉，军民一心暖江城。

中国速度、中国力量、中国精神彰显在全世界人的眼前。面对灾难，中国医者的意志、技术与人性完美地结合，尽显中国医者本色——跨越灾难，拯救生命。

世界还看到了，中国患者越来越多，有的伸出援助之手，有的送出祈祷与祝福，有的坐看花开花落，有的隔岸观火。世界各地正忙着迎春的华人同胞，送来了对祖国对亲人的关爱与援助。

每一个中国人发现并感悟到，一个省、一个市、一个家庭、一个人，不知哪天哪时可能就会被击倒。一荣俱荣，一损俱损。也许不幸染病，向死而生。也许披挂上阵，与死神共舞。这时需要的是科学，是医学知识。医者用医学知识引导百姓绕过病毒，跨越灾难。同舟共济，是我们唯一的出路。病毒来得太快太凶猛了，就在一夜之间。疾病不会选择对象，不管是贫穷与富有，高贵与低俗，都有可能遭到灾难的侵袭。

活下去才是硬道理！有人把舵划桨，流血流汗；有人哭泣颤抖，祈祷祝福；有人仰天叹息，无可奈何。不要作假，不要指责，不要等待施舍，不要互相推诿，我们都是同船的苦难承受者，每一个人肩上都担有责任。

在这个冬春交接的时刻，在隔离封闭的病房里，为生命而战的每个医者都在用生命呵护着生命，每一次抢救惊心动魄，每一个治疗方案精心制定。每一次护理对患者亲同手足，医患关系刻骨难忘。每一次送别逝者，医者总是轻轻地、再轻轻地，慢慢地、再慢慢地，让逝者平静地离开人间。医生护士是逝者离开这个世界之前最亲的亲人了，这份情深深地珍藏在医者心中。每个故事都是医者人生不可复制的经历。这次疫情灾难，不要问中国医者给历史留下了什么，而是我们要记住他们做了什么，我们得到了什么，懂得了什么，认识了什么。

一位中学生说：我终于读懂了众志成城这个成语。

一个老共产党员患者说：是祖国给了我第二次生命。

全国共派出 346 支医疗队 4.26 万医护人员支援武汉湖北。当时他们不知会去多久，甚至不知能不能平安回来。他们当中三分之二是女性，她们同时也是妈妈、是妻子、是女儿。

一位"90后"的护士守护着一位"90后"的青年，但青年病情急转直下，医者无回天之力。患者自知即将离开人世，拉着护士的手断断续续地说："护士姐姐，我不能陪伴我妈妈了，你代我问她老人家一声好。"她是"90后"，他也是"90后"，生命的芦苇何等脆弱啊，细微的病毒何等沉重啊。他走的那夜，她主动提出由她为他沐浴。她特地为小伙子准备了一条新毛巾与一块新肥皂，从头到脚擦拭一遍，换上干净的衣服，向他三鞠躬，轻轻地、慢慢地把他送出病房。她给了他离开人世间最后的爱，他留给她的是悲悯，是难以走出的记忆。

这又是一位护士。3月底，她带着胜利的喜悦随队返回山东，进行14天隔离。按计划，她4月5号返家。就在这天早晨7点，她突发心脏骤停，6号告别了人间。

没有见到5岁的孩子，再也见不到还在非洲援建的丈夫。她回家后有个心愿，与丈夫补照一张婚纱照。她叫张静静，是山东大学齐鲁医院呼吸与危重症医学科主管护师，山东省援鄂医疗队第一批队员。她的别名叫"暗夜里的一束光"。

2020年4月7日夜，她支援过的黄冈市大别山区域医疗中心北广场一束束闪亮的光照亮了夜空，张静静追思会在这里举行："你为黄冈拼过命，我们会永远记住你！"黄冈市中心医院医护人员、公安民警、志愿者、艺校师生和近千名市民赶到这里举行烛光追思仪式，追忆曾在此地奋战53天的张静静。静静就是夜空里的一颗星。

一位医生出征时给父母留下荡气回肠、催人泪下的家书："然情势莫测，若儿成仁，望父母珍重，儿领国命，赴国难，纵死国，亦无憾。赵家有死国之士，荣莫大焉。青山甚好，处处可埋忠骨，成忠冢，无须马革裹尸返长沙，便留武汉，看这大好城市，如何重整河山。日后我父饮酒，如有酒花成簇，聚而不散，正是顽劣孩儿，来看我父；我母针织，如有线绳成结，屡理不开，便是孩儿春光，来探我母……"写信人是湖南中南大学湘雅医院援鄂抗疫国家医疗队队员、重症医学科主治医师赵春光。临行前，以防不测，留下家书一封。庆幸他平安回家。

中国医者的每次救治都是一首赞歌，一首圣诗，一个个感人的故事；他们的救治行动为人类谱写了一首雄伟的生命交响曲。

歌壮情悲，爱满人间。

中国医者是人类医者团队的一部分，他们的故事也是人类救治工作的一部分，是生命交响曲的旋律中一个跳动的音符。面对灾难、面对人类、面对世界、面对每一个患者，中国医者可以坦荡无愧地说："我们拼过命！"

我们都知道，同舟共济是我们唯一的出路。

目　录

第一章

除夕之夜人无眠

（1）

2020 年开年暴发的疫情，犹如一张巨大的考卷摆在中国大地上，如何截断疫情的发展与蔓延？如何保护百姓健康与生命？如何稳住人心，如何稳住经济运行？要请我们回答。这是影响中国人方方面面的最大的问题，也是难题。这也是留给后代的一个厚重的历史话题，留给很多家庭的是未来抹不去的负重前行的阴影，留给中国医者的是刻骨铭心的深重记忆，留在中国各级领导人肩上的是难以忘怀的沉重历史使命。

2020 年开年第一周，即 1 月 7 日，习近平主持召开中央政治局常委会会议，对新型冠状病毒性肺炎疫情防控工作提出了要求。

2020 年 1 月 20 日，习近平对疫情防控做出重要指示。李克强主持召开国务院常务会议指出，疫情防控事关人民群众生命健康安全。经国务院批准同意，国家卫健委决定将新型冠状病毒感染的肺炎纳入法定传染病乙类管理，但采取甲类传染病的预防、控制措施。这与 2003 年的"非典"一样，虽然都属于乙类传染病，但却按照甲类传染病来进行预防和控制。

1 月 25 日，农历正月初一，中共中央政治局常务委员会召开会议，专门听取新型冠状病毒感染的肺炎疫情防控工作汇报，习近平对疫情防控特别是患者治疗工作进行再研究、再部署、再动员。从农历大年初一，即 1 月 25 日开始，中央政治局常委会会议以平均不到 8 天一次的节奏召开了 9 次会议，引领"战疫"。各地政府都发出了声音：防控、战疫。各级领导在作战前动员、鼓舞士气，调兵遣将，摆阵布局。

1 月 23 日，江西省省长易炼红来到省疾病预防控制中心，看望慰问疫情防控工作人员，检查防护装备、物资准备以及应急值班值守等情况。他说："当前，新型冠状病毒感染的肺炎病例在增加，严重威胁人民群众生命安全和身体健康。面对这场硬仗的考验，卫生健康战线责任重大、使命神圣……一旦发现新型冠状病毒感染的肺炎患者，要第一时间进行处置、隔离和救治，以卓有成效的严密防控，守住输入性新型冠状病毒感染的肺炎疫情不传染、不扩散的底线。"

他代表省委、省政府告知群众，江西省已经采取了一系列措施，坚决遏制疫情蔓延势头。一是全省各级政府成立了应急指挥部，扛起疫情应急防控责任，实施统一的组织、指挥、调度和协调，推进应对和防控相关工作。二是对所有进出江西省的通道，包括汽车站、火车站、机场等，设点实施联防联控，采取体温检测等措施。三是对所有出现发热症状的患者，立即进行隔离和救治；对与患者有过密切接触的人员进行隔离观察，以有效控制疫情扩散。四是对所有从武汉地区进入江西的人员进行逐一登记、跟踪观察，一旦发现发热发烧情况，及时进行处置、隔离和救治等。五是对所有农贸市场野生动物交易、宰杀等，依法进行全面取缔。让百姓增强防范意识，增加预防知识，提高防护能力。

1 月 24 日，除夕，万家团圆的日子。

江西省委书记刘奇来到江西省新型冠状病毒感染的肺炎疫情防控应急指挥部。他通过视频连线了收治医院的一线医护人员，了解确诊病患的救治情况，要求严格落实国家新型冠状病毒感染肺炎诊疗方案，成立专家组，实行一人一策、精准治疗、全力救治。刘奇向医护人员致以崇高敬意和亲切慰问，他说："危难面前方显英雄本色。面对疫情，全省广大医护人员放弃春节与家人欢聚团圆，勇担使命、坚守岗位、无惧向前，体现了医者仁心和赤诚大爱，成为守护群众健康的白衣天使，党和人民感谢你们。刘奇要求更加关心关爱医护人员特别是救治一线的医护人员，加强疫情筛查、防控、病例规范治疗的专业培训，加强自身防护，强化后勤保障和心理疏导，科学合理排班排岗，让医护人员工作舒心安心顺心。"

刘奇通过视频系统和全省各设区市疫情防控应急指挥部连线，重点连线了江西省抗击新冠肺炎疫情的主战场——南昌大学一附院象湖院区疫情防控应急指挥部。一附院领导与医务人员均参加了视频会议。

刘奇指出，疫情发生以来，南昌大学第一附属医院一直在第一线，非常辛苦，希望广大医务人员在不顾一切奋战、保卫广大人民群众健康安全的同时，也要做好自身防护，注意调整安排休息。刘奇提出，作为南昌大学的附属医院，又有着 SARS 防控经验，希望一附院能加强研究，提出切实有效的防护措施，一起打好这场没有硝烟的战争。

2020 年 1 月 24 日，江西省启动重大突发公共卫生事件一级响应机制，经省新型冠状病毒感染的肺炎疫情防控应急指挥部研究，做出如下决定：

一是从 1 月 25 日（正月初一）晚上 6 时起，停止公众聚集性活动，关闭影院、剧场、卡拉 OK 厅、图书馆、酒吧、网吧等公共场所。实行交通检疫，民航、铁路等交通运输部门在机场、码头、火车站、省际长途汽车客运站设立联合检疫站，每个市、县至少要设置一个集中观察留置所，对所有来往人员进行体温检测，对发热病人、医学观察病人分别实施集中隔离观察。严格对密切接触者、外来人员（尤其是湖北、武汉等疫区来赣人员）的排查登记管理措施，安排专人进行网格化管理。

二是宣布了新型冠状病毒感染的肺炎医疗救治定点医院名单。

省级医院有两家：南昌大学第一附属医院与江西省胸科医院，几天后增加了江西省中医药大学附属中医院。

南昌市定点医院是市第九医院、南昌县人民医院、新建区人民医院、进贤县人民医院、安义县人民医院。各县级医院均是定点医院。

南昌大学一附院无疑是主战场，主要负责全省重型、危重型患者的集中救治与指导工作，每天接诊发热病人超过500人次。1月24日这天，收住新冠肺炎病人已达到10位。随着回赣的人员增多，病人与日俱增。

1月24日，江西省胸科医院作为省级定点救治医院迅速行动。院领导亲自部署救治任务，号召全院职工留昌待命，确保保障到位、措施到位、救护到位，直到风险解除。

往年春节，各级领导会相继到基层一线给劳动者，给基层老百姓、老干部拜年。今年大年三十，各省领导几乎都在召开抗疫会议，到疫情防控应急指挥部，向全省医疗卫生战线广大医务工作者问候拜年，向"逆行者"拜年致敬。今年的拜年，与其说是问候，不如说是作了战前动员令，给战士、指挥者抗击疫情指出了方向、增加了力量，给了全省老百姓鼓励和安慰。

任务紧迫、人命关天，严防死守，绝不能允许疫情在江西蔓延开来。过年期间，省委书记刘奇、省长易炼红及各主管部门的省厅级领导都没有休息，下到各个基层医院指导工作。

至1月24日24时，江西省累计报告新型冠状病毒感染的肺炎确诊病例18例（含重症病例4例）。其中景德镇市、赣州市、宜春市、上饶市为首次确诊病例。

这天，江西省报告新型冠状病毒感染的肺炎新增确诊病例 11 例。其中抚州市 3 例、赣州市 2 例、上饶市 2 例、南昌市 1 例、九江市 1 例、景德镇市 1 例、宜春市 1 例。

湖北武汉以外地区的战疫战打响的时间，客观地讲是春节前后。那段时间，湖北武汉打工人员返回原籍团聚，或走亲访友。一些感染者、病毒携带者随着人员的流动，进入了各省市县。武汉湖北以外地区的各医院开始忙碌起来。

这天，病毒没有过年。

2020 年，中国医者注定在医院、在病房、在 ICU 度过春节。

（2）

瘟疫是威胁人类文明发展的魔爪，人类与瘟疫相搏的历史并非今天这样有头绪，世界各地都没能逃过瘟疫魔爪的伤害。那时，每个人肩上的责任是什么呢?

是自顾不暇，各自保命。

在人类历史上有过数次大瘟疫流行，其中每次瘟疫的死亡人数都以万计。东罗马帝国皇帝查士丁尼时期（527—565）发生的鼠疫，仅君士坦丁堡一城就死亡 20 万人，东罗马帝国近三分之一人口丧生，其死亡率在33% 左右。据后来考证，死亡人数达 1 亿。

1347—1353 年发生的鼠疫被后人称为欧洲中世纪大瘟疫。雅典鼠疫在 3 年的时间里，几乎摧毁了整个雅典，消灭了近一半人口。1629—1631

年暴发的米兰大鼠疫，包括伦巴和威尼斯，造成大约 28 万人死亡。伦敦大瘟疫暴发在 1665—1666 年间，死亡人数超过 8 万，相当于当时城市人口的 1/5。到 1665 年 8 月，每周死亡人数达 2000 人，9 月每周达 8000 人。英国王室逃出伦敦，市内的富人也携家带口匆匆出逃，剑桥居民纷纷用马车装载着行李，疏散到了乡间。伦敦城有 1 万余所房屋被遗弃。欧洲当时成了人间地狱，一片哀鸿。所有店铺都关门，街上几乎看不到行人，城内唯一能够不时打破沉寂的工作，便是运尸。每到夜晚，运尸车咕隆咕隆的车轮声和哀婉的车铃声，令人毛骨悚然。1666 年 9 月 2 日伦敦遭遇大火，包括圣保罗大教堂在内的许多著名建筑付之一炬，遭到感染的房屋同时也被烧毁。祸福相依，鼠疫状况终于渐趋好转。人类遭遇到瘟疫唯一的方法是逃走远离，后来演化为隔离。

中国在早在春秋战国时就有瘟疫的记载。中国曾出现过几次鼠疫大流行。明朝末年，北方大旱，导致饥荒，老鼠成了饥饿难忍的老百姓的食物。仅仅一年的时间，北京一地就有 30% 的人口被鼠疫夺去生命。1855 年中国云南发生了鼠疫，由云南传入贵州、广州、香港、福州、厦门等地。

在 100 多年前人类与鼠疫相搏的日子里，就有了中国医生精彩的故事，出现了被誉为中国"防疫第一人"的医生，这位年轻的医生叫伍连德。那年，他刚过而立之年。

1911 年 1 月，东北鼠疫疫情十分危急，伍连德从长春专门调来 1600 名士兵组成步兵团，并成立防疫医院。1911 年 4 月 3 日至 28 日，在东北奉天（今沈阳市）召开了万国防疫大会（International Plague Conference），会议将鼠疫的防治作为课题提出研究。美国、澳大利亚、匈牙利、法国、德国、英国、意大利、墨西哥、荷兰、俄罗斯、日本、中国等国家的 34 位医学代表参加大会，日本细菌学家北里柴三郎企图压服中国医生接受他做会议领导者，而 11 国的专家公推伍连德医生为大会主席，为积贫积弱的清政府脸上贴了金。

这次会议是近代在中国本土举办的第一次真正意义上的世界学术会议，象征着卫生步入政府政治领域。让中国人自豪的是，在人类历史上第一次中国有人被誉为"鼠疫斗士"。这个斗士就是伍连德医生。会后，清政府授予伍连德陆军少校军衔，俄国、法国也向他颁发了勋章。1913 年，他的文章发表在医学杂志《柳叶刀》（The Lancet）上，他成为中国史上首位在国际顶级学术期刊上发表文章的人。会后，由马尼拉出版局出版的长达 500 页的《1911 年国际鼠疫研究会议报告》（英文）汇集了大会的全部科研成果，至今仍被视为人类医学科学的伟大经典。

伍连德以病理性研究为依据判断此次鼠疫还将复发，因而从 1911 年开始，创建了一系列防疫机构，亲任总医官，带领中国近代第一代防疫人驻守哈尔滨二十余年，成功抗击了 1919 年的霍乱和 1920 年的肺鼠疫再次流行。他在世界上第一次提出了"肺鼠疫"的概念。

1923 年，梁启超回顾晚清到中华民国五十年的历史，发出感慨："科学输入垂五十年，国中能以学者资格与世界相见者，伍星联博士一人而已！"

伍连德，字星联（1879 年 3 月 10 日—1960 年 1 月 21 日），祖籍中国广东新宁（今台山），出生于英属海峡殖民地槟榔屿（今马来西亚）。父亲伍祺学，16 岁就带着一张草席和一个枕头，独闯马来西亚的槟榔屿，与当地建筑商的长女林彩繁成婚。婚后生了 15 个孩子，只有 11 个存活下来，伍连德是第 4 个儿子。伍连德，意为兼备五种美德。

1896 年，他获得维多利亚女王奖学金赴剑桥大学学习。在做研究期间相继在英国圣玛丽医院、英国利物浦热带病学院、德国哈勒大学卫生学院、法国巴斯德研究所，师从诺贝尔生理学或医学奖获得者梅契尼柯夫（Elie Metchnikoff）教授与弗雷德里克·霍普金斯（Frederick Gowland Hopkins）教授。求学七年，获得剑桥大学医学学士、文学学士、医学外科学士。1903 年，剑桥大学授予他医学博士学位。他是世界上第一位获得剑桥大学医学博士学位的华人。1910 年，正在天津主持中国第一所现代医学院——天津陆军军医学堂的伍连德，临危受命，辞别妻儿，只带着一个助手就抵达哈尔滨。鼠疫暴发之际，东三省的西医除俄国和日本的医生外，加起来不超过 10 人。清政府曾经在全国进行总动员，召集西医支援。最后只在协和医院、天津陆军军医学堂和北洋医学堂组织了不到 30 人。一介弱医，手无寸铁，下无兵卒，何以杀敌？

他清理了现有的武器：一台英制的中型显微镜，研究细菌工作的必需品——酒精、试管、剪刀、钳子。疫情远比他预料的要严重得多，凭这点医学武器对抗肆虐的疫情，行吗？他，能行。

伍连德的贡献不仅在于预防鼠疫，他对中国近现代医学事业的贡献无人能及。

1910 年，由伍连德等人提出，并于 1915 年正式成立了中华医学会，他当选为第一届会长，连任两届，同时创刊《中华医学杂志》。

1914 年，伍连德提议建立一所现代化医学院和医院——北京协和医学院及医院。

1918 年 1 月，伍连德提议政府建设一所大型医院，并捐款 2500 元，同时负责医院的筹建工作，建成了北京中央医院，即今天的北京大学人民医院。

1924 年，他在沈阳建成了东北陆军医院，后为中国人民解放军 202 医院，是当时中国规模最大、设备最好的医院。

1926 年，他创办了哈尔滨医学专科学校，这个学校就是哈尔滨医科大学的前身。

他前前后后在中国主持兴办了 20 多所医院和医学院校，为中国培养了众多医学人才。他还参与发起创办了中华麻风救济会、中国防痨协会、中国公共卫生学会、中国微生物学会、中国医史学会、中国科学社。他是 1935 年诺贝尔生理学或医学奖候选人。

东北那次疫情已过去了一个多世纪，伍连德离开这个世界已经有一个甲子。东北大鼠疫，拉开了中国"第一次卫生革命"的序幕，奠定了中国近代防疫体系的雏形，在一定程度上促进了中国公共卫生事业的发展与完善。中国医生，尤其是从事传染科的中国医生记住了伍连德，记住了他的至今无人可以超越的业绩，记住了他在那个无药、无医务人员梯队、无医学普及知识的年代，凭三板斧做到了拒瘟疫于门外，能以一当十，一夫当关，万夫莫开。

他来东北后连砍三板斧：一是隔离，二是尸体解剖与焚尸，三是戴口罩。他成功了。

（3）

今天还需要这三板斧吗？需要。

不同的是新的时代有新的隔离方式，新的医生有新的精神境界。在 2020 年的新春时刻，时间见证了时代。

中国每天在向世界报告病毒继续施威的进展：1 月 24 日 0 时至 24 时，湖北省新增新型冠状病毒感染的肺炎病例 180 例，其中武汉市新增 77 例。

截至 24 时，湖北省累计报告新型冠状病毒感染的肺炎病例 729 例。有专家认为，新型冠状病毒感染的肺炎疫情进入第二波流行的上升期。湖北省内 13 个地区实行"封城"措施。

这天，据央视新闻消息，全国共有 30 个省（区、市）报告疫情，新增青海省。截至 1 月 24 日 24 时，中华人民共和国卫生健康委员会收到 29 个省（区、市）累计报告新型冠状病毒感染的肺炎确诊病例 1287 例，其中重症 237 例，死亡 41 例（湖北省 39 例、河北省 1 例、黑龙江 1 例），已治愈出院 38 例。20 个省（区、市）累计报告疑似病例 1965 例。从 1 月 24 日 14 时至 17 时，北京市新增 5 例新型冠状病毒感染的肺炎病例，均有湖北接触史，青海省发现首例新型冠状病毒性肺炎疑似病例。内蒙古确诊首例新型冠状病毒性肺炎病例。全国追踪到密切接触者 15197 人，已解除医学观察 1230 人，尚有 13967 人正在接受医学观察。

这天，继广东、浙江、湖南之后，中国又有 15 个省市启动了一级响应。一天之间，湖北、天津、安徽、北京、上海、江苏、重庆、四川、江西、云南、贵州、山东、福建、广西、河北都启动了重大突发公共卫生事件一级响应。

这天，各省派出援助湖北武汉的医疗队或出发，或在快速组建。

这天，国家开发银行向武汉市发放应急贷款 20 亿元，用于支持武汉市做好新型冠状病毒性肺炎的防控工作。

这天，武汉市新冠肺炎防控指挥部发布通告称，全员排查、分类安排发热病人。为解决市民居家出行不便等问题，武汉全市紧急征集 6000 台出租车，分配给中心城区。每个社区 3—5 台，由社区居委会统一调度，自 2020 年 1 月 25 日中午始，为辖区居民出行提供免费服务。社区居委会为生活不便的居民上门免费提供送餐、送菜、送药等居家服务。这是为抗疫者鼓气加油。

除夕之夜，国人无眠。武汉和湖北正牵动着全国民众的心。武汉之夜的一点一滴吸引了全国老百姓的眼球，湖北和武汉的疫情防控是重中之重，打好武汉保卫战、湖北保卫战事关全局。

除夕夜，84岁的钟南山院士和医务工作者在武汉疫情防治第一线与大家并肩战斗。

这个夜晚，战疫的中国医者都坚守在岗位上。武汉大学中南医院重症医学科主任彭志勇的身影依旧在病房中穿行。新冠肺炎病人黄淑丽向他挥手，他们互道新年快乐。经过10余天的治疗，黄淑丽病情好转，被转入了普通隔离病房。

这个夜晚，她们的年夜饭是3碗热气腾腾的方便面。上午，她们参加了相关的培训后，等候安排进入病区。她们是恩施州湖北民族学院附属民大医院来到武汉支援新冠肺炎救治工作的3名医护人员：谭晓、周玲、刘娇。大年夜不能和家人团聚，于她们来说不是遗憾，是自豪——"患者需要我们，我们能够满足需要"。

这夜，江西南昌大学一附院象湖分院的主任、医生、护士长与护士轮流坚守在岗位上。第四例重症患者由九江市第三医院转来。患者年龄74岁，男性，从武汉回来过年，回家第二天发热。九江市第三医院明确诊断后，治疗效果不佳，高流量吸氧，急转南昌，到达时已是万家灯火，吃年夜饭的时间了。

这个点，护送病人的医护人员打电话向家里报了一个平安。病人家属也给家中焦急盼望的亲人说一声：到省医院了。接诊的医护人员立即进入争分夺秒的抢救中。

在武汉，这夜，这样的声音、视频或信息很多："吃年夜饭就差你一个。"这是父母对子女在除夕夜的告知与期盼。这是战疫者家庭的除夕之夜。

这夜，在武汉、与武汉有人员往来的城市，许多家庭的年夜饭桌上少了几双碗筷，少了声声笑语。有的因为封城而无法跟亲人团聚，有的躺在医院的病床上，有的逆行而上治病救人。更多的人，在准备口罩、消毒水，在时刻关注疫情，政府封城我封门，我把自己封闭起来。年味，在风雨中飘散而去了。

"春晚"落幕，《难忘今宵》的歌声响起。多数人的心在牵挂湖北、武汉。"今宵"难忘，更难忘的是眼前的疫情。

武汉版的小汤山医院昼夜施工，工地灯火一样辉煌，五彩缤纷。雨点在灯光中轻轻地闪烁。口罩遮住了奋战中劳动者疲倦的脸，没有呼喊，没有号子，只响着机器的轰鸣。这是不一样的战疫者，他们在沉闷中追赶着时间。

这天，来自南方医院当年小汤山抗击"非典"医疗队的一封《请战书》刷屏了所有人的朋友圈。他们在请战书里写道："若有战，召必回，战必胜！"南方医院选派了24名医护工作者，其中医疗队队长郭亚兵和护理人员李利是当年抗击"非典"的老战士。

除夕夜，广东医疗队伍奔赴武汉。

复旦大学附属华山医院1月23日下午4点左右就启动报名，立马超员。

这夜，来自上海各大医院的呼吸科、感染性疾病科、医院感染管理科、重症医学科和护理专业的136人组成首批医疗队，由上海市第一人民医院副院长郑军华领队，于凌晨一点半到达武汉金银潭医院。这是大年初一的1月25日。这家医院是武汉战疫的主战场之一。陆军医疗队也于当夜到达。

浙江省首批 135 名出征的医师队伍也已整装待发。医生来自 10 家省级医院。

大年初一，西安交大一附院、二附院医疗队也出征了。

经中央军委批准，解放军派出三支医疗队共 450 人，大年除夕夜分别从上海、重庆、西安三地乘军机出发。医疗队分别由陆军、海军、空军军医大学抽组。

1 月 24 日除夕晚 8 点，在夜雨中，海军军医大学医疗队队长、学校副校长刘斌带领 150 人举行出征动员仪式，支援汉口医院。陆军军医大学医疗队队长、陆军特色医学中心主任徐迪雄到达武汉金银潭医院，已是凌晨时分。他和指挥组来不及休息，立即指令物资设备运送安装到位，与院方互通接洽，安排队员住宿，制订病房改造方案，天亮时分就组织人员熟悉医院病房准备进入隔离区。空军军医大学副校长、空军医疗队队长王生成率领来自附属西京医院、唐都医院、空军 986 医院的医疗队支援武昌医院。

解放军三支医疗队尽管分散很远，但军地医疗骨干定期会商病情、制订方案、严密监测，对重症患者进行网络会诊，开专业视频讨论会。护理人员则会及时对患者进行心理疏导。按照"集中患者、集中专家、集中资源、集中救治"的原则，全力救治重症患者。

除夕拜年依旧，手机里的问候声里少了家长里短，多的是平安度过疫情的祝愿。

这夜，江西永修的一位名叫"多情明月"的中学老师，给战斗在武汉的医者写了一首短诗。题目是"祝愿"。

莫言国难陷江城，白衣铠甲勇逆行。

医者情暖驱瘟疫，柳刀映月斩阴狞。

八千子弟宣鲸力，亿万黎民定宇清。

济世悬壶唤春回，慈心圣手度众生。

这几天，全国老百姓都在关心武汉疫情变化，关心每天进入武汉的医疗队，关心武汉的点点滴滴。

第二章

楚河汉界决战时

（4）

　　2020年1月22日晚，湖北省防控领导小组召开新闻发布会，介绍全省新型冠状病毒感染的肺炎防控工作有关情况时发布的数据：湖北新型冠状病毒性肺炎确诊444例，死亡17例。

　　这天的《人民日报》报道：截至1月23日凌晨1时，全国确诊新型肺炎554例，死亡17例。

　　2020年1月23日凌晨2点，武汉市宣布自10时起交通封城。目的很明确，防止疫情大规模扩散。大武汉号称"九省通衢"，在过去循长江水道西上巴蜀，东下吴越，向北溯汉水而至豫陕，经洞庭湖南达湘桂。如今高速、铁路、公路可直达中国25个省份，40多个城市，覆盖大半个中国。据多年统计，每年春节前离开武汉回家过年都有近500万人口。最大的流向是省内、河南、重庆，其次是湖南、江西、浙江、北京。如果继续敞开大门，进进出出，病毒必然迅速传播到全国各地。封城，是最佳，也是唯一的选择。当天开始暂停地铁、公交以及长途客运，还有火车站、机场都停运。1月25日再也不能，也没有人员从武汉外出了。

　　23日凌晨，武汉还在睡梦中，武汉市发出了公告。

武汉市新型冠状病毒感染的肺炎疫情防控指挥部通告（第1号）

为全力做好新型冠状病毒感染的肺炎疫情防控工作，有效切断病毒传播途径，坚决遏制疫情蔓延势头，确保人民群众生命安全和身体健康，现将有关事项通告如下：

自2020年1月23日10时起，全市城市公交、地铁、轮渡、长途客运暂停运营；无特殊原因，市民不要离开武汉，机场、火车站离汉通道暂时关闭。恢复时间另行通告。恳请广大市民、旅客理解支持！

这份公告告知了武汉人，也告知了每个中国人。

醒着的人，在8个小时的窗口时间内，快捷思考，有很多人选择连夜出城。他们想回家，看父母，看妻儿，即使有病，也想回到家中治疗。更多的人还是选择留在武汉市内。

他们别无选择，只得留了。心中驱不走的善良，让他们想到，有病，或身上有病毒，自己无论去哪里都是潜在的传播者。封城了，留下来在武汉的做什么？每天的消费能维持多久？如何度过这不确定的未来？不管是留下的还是回家的，在人生的路上，在这个戴着口罩度日如年的日子，会有一个个生死的故事留在记忆里，会有一段段难忘的酸甜苦辣的情感让人难以忘怀。更多人理解政府、相信政府、支持政府。如果疫情真的彻底暴发，封城、派遣医疗队，这不是科技条件、经济条件所能决定做到的事情。世界上大多数其他国家想要做到这两点非常难。想要让疫情停止扩散，留给世界的最佳方法只有隔离。他们知道，武汉的各大医院都成立了隔离病房，医生都在隔离病房守护着一个个患者，医护人员在用自己的生命呵护患者的生命，与病毒作殊死的斗争。

（5）

武汉医生战疫的故事太多。先从这三个知名医师展开，就可以大致一窥武汉战疫专家在早期即表现出的德高术精的专业与担当。

这三个医生分别是华中科技大学同济医学院附属同济医院呼吸与危重症医学科主任、主任医师赵建平，湖北省中西医结合医院呼吸内科主任张继先，武汉市金银潭医院院长张定宇主任医师。

呼吸科专家赵建平以自己职业的敏感性与责任心，在接诊的首位病人来同济医院之前，已经对呼吸症状病人做了一些专科检查，检查结果已经显示冠状病毒变异，但到底是哪种冠状病毒，无法得知。患者已经出现了呼吸困难、喘气症状。安排住院治疗后，做了影像学检查。CT显示的肺部感染情况，赵建平联想到SARS，决定立刻按程序上报。连着两天收治了三位发热、肺部感染的病人，CT影像学特征非常特别，呈双肺弥漫性、浸润性病变，患者白细胞不高，淋巴细胞计数降低。其中有两人是夫妻，先后发病。

赵建平在2003年担任湖北省非典专家组副组长，凭着多年的临床经验，他判断这三位病人不同寻常，第一时间在科室下达了工作指示："上报硚口区疾控中心。科室各病区注意排查有无类似病人！"

紧接着科室认真排查，发现12例类似病人，均与华南海鲜市场有关。他又下一道指令："情况紧急，必须将患者全部进行隔离，实行集中管理。"科室立即行动：医院感染管理科现场指导设立隔离区域，护士长组织领取防护用品并进行防护措施的培训，严格按照要求启动标准二级防控,护理人员安排专班守护,清理家属,实行全程无陪护的隔离管理……一小时不到,病人集中管理落实到位,医护专班守护人员落实到位,病人及家属告知沟通落实到位,医务人员、病人及家属情绪稳定,一切工作有条不紊。

随后,病区 12 例不明原因肺炎病人转至武汉市疾病救治中心继续治疗。病人全部转运后,呼吸与危重症医学科成立了专家小组,对不明原因发热的病人进行筛查,发现疑似病例,及时汇报,第一时间进行隔离救治。

不久,武汉多家医院发现类似病例,湖北省组建专家组,赵建平主任担任专家组组长,负责全省不明原因肺炎诊治工作。从病情的判断、救治方案的制定到疾病防控的细节,他都要一一过问。

他坚守临床一线,到武汉市疾病救治中心、肺科医院、汉口医院等对危重病人进行查房指导,每天要接上百个电话、经常工作到凌晨两三点,几十天连轴转。为了提高武汉医学界诊治效率,他总结经验,第一时间联系感染科、急诊科专家根据第一批患者的第一手资料一同制订《新型冠状病毒肺炎诊疗快速指南》,后来又与国家派来的医疗救治专家组一起,修订了四版的诊疗规范,从大的层面对全国的诊治工作作出指导,且不断向政府反馈并提出意见和建议。

这就是专家,明白、果断、担当、专业。

一位老人参加了一场门球友谊赛,回家 2 天后,出现发热乏力等症状,在社区打了两天针后,不见好转,出现呼吸困难。

1 月 9 日,送到同济医院发热门诊诊治,CT 显示其两肺都白了,情况非常危重。收入同济医院呼吸与危重症医学科隔离病房,后经咽拭子核算检测显示阳性,确诊为新冠病毒感染肺炎。老人感觉尚好,为了让他保持良好的心态配合治疗，赵建平说："肺部还好。病情不算重，通过治疗慢慢会好的。"

老人78岁，有20多年的高血压和糖尿病史，入院9天后病情加重。1月18日，出现呼吸困难、严重低氧血症等危重症状。赵建平给他上了呼吸机。1月22日，病情趋于稳定，经咽拭子核酸检测，已转为阴性。26日，第二次核酸检测仍为阴性，症状日渐缓解，达到出院标准。

1月28日，老人出院了。这给了武汉市战胜这种疾病的信心："虽然会付出代价，但这场疾病是可以战胜的。"

同济医院一位80多岁的老专家发烧了，凌晨2点给赵建平打电话，得知医院同事发烧在家自我隔离，他马上联系救护车将他接至医院；同济医院急诊科临床医生陆俊恢也感染了，在他的精心治疗下恢复良好，情况稳定，核酸检测很快转阴，1月29日从金银潭医院转回同济医院继续做肺部的康复治疗；同济医院呼吸内科，无一例医务人员感染……

在这个特殊时期，赵建平是大家心中的生命守护神！他对出院病人与朋友的叮嘱就是一句话："无论是否工作，无论是否在病房或是其他环境，一定要戴上口罩。"

第二位是湖北省中西结合医院张继先主任。她接诊到一对发烧、咳嗽的年长夫妻，CT结果与已知的病毒性肺炎不同。她叮嘱这对夫妇的儿子做同样的检查。他们的儿子无发热、咳嗽症状，显然不悦，但又为张主任的真诚所感动，做了CT，结果显示与其父母有相同表现。一家三人同时得一样的病，传染病的可能性很大。

专家的认真未止于此。第二天，她把这三个人的病情，和另外一个来自华南海鲜市场的类似病例作了对比。结果一样。张继先立即向医院汇报了情况，医院党委十分重视立即将情况向江汉区疾控中心汇报。张继先是这次武汉新冠疫情中病例上报第一人。而且她的发现提示了：人传人！不是每个医生都有这样的嗅觉与敏感，这样的判断能力与联想。

两天后，湖北省中西医结合医院又收治了7名症状类似、肺部表现一致的患者，其中多位与华南海鲜批发市场有接触史。湖北省、武汉市卫健委指示相关部门前往省中西医结合医院开展流行病学调查。

2020年元旦，她所在的医院呼吸科门诊量激增，就诊病人由原先的100人升至230人，有着相似病情的病患增加。1月17日，医院党委立刻决定，医院将住院部一层改造为隔离病区。30日，该院被征收为疫情防控的定点医院，新设6个病区，安排160张床位。医院党群一心功不可没。

（6）

第三位是武汉市金银潭医院院长张定宇主任医师。

2019年12月27日晚上六点半，张定宇在黄朝林副院长的办公室与他商量工作。黄院长接到同济医院一位教授打来的电话，说要向金银潭转诊一个病人。问是什么病，对方说是冠状病毒感染的一个病人，没说肺炎。实话实说，这家医院，这些医生当中没有谁接触过冠状病毒感染的这类病人。在武汉人心中，这家医院并不那么崇高。医院以前有三个名字：武汉市医疗救治中心、武汉市传染病医院、武汉市金银潭医院。后来把第一个名字给去掉了，武汉市金银潭医院、武汉市传染病医院，这两个名字保留使用。

这家医院是收治肝炎、肺结核、艾滋病病人的。张定宇院长绝对是厚道踏实之人，他马上打电话给北京地坛医院的专家，问："这个病人我们应不应该收？能不能收？"地坛医院的专家马上就回复说："你们应该收，金银潭是传染病医院，这个病人你们要关注。"于是，他们马上又打电话给同济医院，让他们把病人转过来。这个病人是从武汉市二医院（武汉市中心医院）转诊到同济的，让他再转到这么一家传染病医院，他着实不愿意。

张定宇是博士，思路与普通医生有些不一样。他想到首先要把病毒的基因序列拿到，他打电话到第三方检测公司。这家公司很谨慎，他们第一次给的报告上面并没有指出是"冠状病毒"，只说"RNA病毒未检测"，但他们在电话里和同济的大夫口头说了是"冠状病毒"。张定宇与第三方公司商量，既然做了测序，这个序列必须给我们，因为这个病人到时候要转诊到我们金银潭来。

这样，他把基因序列拿到手了，找到中科院武汉病毒研究所，当天晚上病毒所就比对出来了。那是27日晚上10点多。比对出来最像什么？叫作"蝙蝠来源的SARS样冠状病毒"，吻合度非常高。当时病毒所在电话里告知他，没有出报告。

第二天，金银潭医院追问同济病人转诊的事情。同济的回答是，病人家属不乐意，他们也不能强迫。

29号是星期天下午，黄朝林副院长带一位医生去湖北省中西医结合医院会诊，讨论群体性感染的7个病人。讨论结果是：转诊金银潭。

实际转诊了9个病人。有两个一起来的家属说自己也有症状，不肯走，也要住院。12月30日，周一上午，张定宇查房。得知病人都做过咽拭子检测，但结果全部是阴性。试剂盒里试剂面可以检测到32种病毒，涵盖了SARS冠状病毒。

基因测序说有，为什么没检测到呢？没检测到，就有问题。张定宇跟黄朝林说："所有的病人先进行支气管内镜检查后再做肺泡灌洗。"

下午 2 点，内镜科主任带着护士进去了。9 个病人里有两个人拒绝签知情同意书。

下午 4 点，7 个人的肺泡灌洗全部做完后，样本分成四份，一份打算交给武汉市疾控中心，一份交给中科院武汉病毒所，医院自己留两份，考虑到以后会用得着。

下午 4 点 30 分，样本已经全部准备好。武汉市卫健委的一位分管领导带着疾控中心的人到金银潭拿样本。武汉病毒所也拿到了样本。很快，他们连夜做了检测，两个和 SARS 冠状病毒相关，测出来是阳性。这就可以判断这种病毒和 SARS 冠状病毒同源性很高，所以会呈阳性反应。看来肺泡灌洗这个措施做得非常及时。

新冠肺炎是下呼吸道先感染，直接感染到肺泡，逐渐发展到把肺泡占满了，然后从肺泡漫出来，之后咽拭子才能够检测得到。张定宇论证了自己的观点。

31 日下午，国家队专家、省内专家都来到金银潭医院大会议室。医院已有 20 多个病人。专家把所有病人看过了一遍，得出结论是：首先，病人肯定是同一种病；第二，是病毒感染，不是其他感染。结论报给上级，当晚领导开了跨年的工作会议。1 月 1 号凌晨两三点钟，武汉市领导决定关闭华南海鲜市场。

张定宇说："给病人做肺泡灌洗是疫情早期做得最对的一件事。我做医生、做医院的管理者，至少这个关口我没松掉。万一松掉了，那我就是罪人。"

什么叫守土有责？三位专家做出了榜样。他们为武汉老百姓做了三种不同的贡献。

赵建平对这种"不明原因的肺炎"的诊断、治疗提出了最早的方案，才使后来的工作能够临危不乱、有章有序、逐步改善。

张继先最先在领导耳边吹响警报，才有后来的集结号。

张定宇用理论提示领导："这一切都是真的！"

他们的结论就是领导决策的依据，他们把医学科学融入权力之中，为老百姓带来了福祉。

暴风雨要来了！

张定宇是院长，继续守土。他与黄朝林副院长分工合作推进隔离病房的建成，金银潭医院很快腾出了21个病区，全部用于收治新型冠状病毒感染的肺炎患者。为一床难求开了一条缝隙。一时间，金银潭医院名声在大武汉老百姓心中迅速升级。

2月2日下午2时，37名确诊新型冠状病毒感染的肺炎患者从金银潭医院出院，其中年龄最大者88岁。截至2日10时，医院在院病人581人，其中重症157人，病危108人。

第三章

沧海横流显本色

（7）

疫情告诉武汉人，决战在即！

疫情告诉全国人民，保卫湖北、保卫武汉在此一举！

到了决一死战的时候了。

武汉甚至湖北老百姓都处在紧张恐惧之中，湖北特别是武汉的医务人员均处在夜以继日的全线出击之中，全国各地医疗队都在日夜兼程的逆行支援之中。从数字递增可以看到医务工作者责任有多大，负荷有多重。攻坚处处在，风险时有时；生死攸关，责任重大。

白衣战士，决战江城，向死而生，别无选择，只有担当、向前、奉献。

关键是，无法做到应收尽收。一些无症状患者、轻症患者未能隔离，成了武汉市三镇流动的传染源。这些人还有多少？如何管理与隔离？

武汉卫健委作了战术布置：封闭管理，社区到人；层层设防，关关有卡。

第一道防线从基层铺起，社区卫生服务中心医护人员镇守家门口，实施分级诊疗、网格化管理，尽快发现疑似和确诊病人。确保发热患者在社区就能进行肺部 CT 检查。

武汉市各社区居委会密切配合。汉口的多闻社区位于老城区中心地带，全封闭管理开始后，2000户居民的粮油、蔬菜由23名工作人员负责。多闻社区党委书记、居委会主任田霖真是不容易。一开始物资到不了居民手中，他听到的都是埋怨声，后来物资解决了，到处都是不停的问候。一个大男子汉，哭了。在这严冬时刻，大家都明了，什么叫"党的温暖"。

硚口区的韩家墩街四新社区有居民2767户，7899人，有党员196名，设立了党支部。60岁以上的党员118人，35岁以下的19人，在职党员8人。党委书记、居委会主任杨慧玲在这寒冬时刻，把一点一点小事做到极致，设防不冷心，有卡不断线。她带人为小区送药送菜，手机24小时不关机，有事第一时间到位。类似这样的居委会还有汉阳区龙阳街道芳草社区居委会、武昌水果湖街道茶港居委会、洪山区珞南街道广八路社区居委会等等。就是有了她们这群党员，最底层战疫"堡垒"才得以筑成，使得保卫武汉的"围剿"战线越来越缩小了。

武汉市已经先后公布了64家发热门诊，方便各区筛查发热病人进行隔离治疗。筛查出的发热病人，进一步确诊，依据不同类型送往集中隔离点或"方舱医院"及定点医疗机构进行隔离治疗。

第二道防线，布控集中隔离点，阻断疑似病情的扩散。随着疫情进展，武汉相继征用民营医院、酒店、党校、学校等场所作为区集中隔离点。至2月4日24时，武汉共有132个区集中隔离点，床位12571张。武汉各区继续筹措更多的学校、酒店、体育中心作为集中隔离的场所。

第三道防线，一夜速成的"方舱医院"主攻轻症患者。与火神山、雷神山医院及其他定点医院ICU病房有别的是，"方舱医院"是普通病房，目的是提高收治普通患者的效率。

2月3日晚，武汉国际会展中心、武汉客厅、洪山体育馆开始消毒施工，改造成三所"方舱医院"，约有 3400 张床位。2 月 5 日晚投入使用。先行来到武汉的 20 支医疗队的 2000 名医护人员陆续抵达后，先进"方舱医院"。继续将光谷科技会展中心、武汉体育中心、武汉国际博览中心改建为"方舱医院"。全市还将建设 13 家"方舱医院"，成立了临时党委，例如武汉江汉方舱医院临时党委。在党委的领导下，工作有条不稳地进行着，病床增加到上万张。

"方舱医院"其实是解放军野战机动医疗系统的一种，在各种应急救治中也有广泛使用，主要特点是多快好省：就地取材，改造简易，施工快，床位多。

第四道防线是定点医院。抢救重症、危重症患者和疑似危重症患者，是生死争夺战的主战场，要把最危重的病人从死神手里夺回来。

2 月 2 日晚，武汉市卫健委征用 27 家医疗机构作为第四批、第五批定点医院。全市已有 54 家定点医院。这些医院收治病人各司其职，各有重点，其中金银潭医院、火神山医院、华中科技大学同济医院中法新城院区、武汉大学人民医院东院、华中科技大学同济医学院附属协和医院西院等，集中收治危重症病人。

凡确诊的重症和危重症患者主要集中在这些一级定点医院里。一级定点医院有华中科技大学同济医院中法新城院区、华中科技大学同济医学院附属协和医院西院、武汉大学中南医院、武汉大学人民医院、金银潭医院、汉口医院、武昌医院、火神山医院、雷神山医院、武汉传染病医院、武汉肺科医院等，省外援鄂重点医疗队以及武汉协和医院的医疗队，均分散在各定点医院中承担 ICU 等科室的医疗工作。

武汉市的几家大医院不仅在湖北有名，而且全国闻名，世界知名。华中科技大学同济医学院附属协和医院（老武汉人简称它为协和），前身是

1866 年英国基督教伦敦会传教士杨格非在汉口建立的"仁济医院"，历经154 年风雨沧桑，赢得了"医学专家教授的摇篮，患者信赖的生命绿洲"的赞誉。在往昔的日子里，在患者的心中，再危重的病只要走进协和就有救了。老武汉人说："竖着进克（去的意思），横着出来，我们也不会有半句怪话。协和的医生一定是尽力了。"这种良好的医患关系造就了今日的协和医院。疫情来了，协和自然是责无旁贷，冲锋在前。协和医院党委决定将西院的综合性医院，非传染病专科医院，不惜代价改造成传染病区。建设局和中建八局紧急调集施工队伍、筹备各项施工设备和材料，立即进场开始施工。中建八局周经理表示，不惜一切代价，不讲任何条件，克服一切艰难险阻，集中一切可以集中的人力、财力、物力，保证协和医院隔离病房改造顺利完成。为了完成协和医院西院住院楼改造施工任务，现场的工人们争分夺秒，不畏艰险，连续作战。很多人本在家休息，在得知紧急任务后，都纷纷主动请缨，即刻投身医院改造施工中。工人们表示，辛苦一点没关系，只要能提前 1 分钟完成施工，就能提前 1 分钟救治病人，遏制疫情蔓延，这样的辛苦很值得。

经过 20 个小时的连续作战，协和西院住院部 11 层楼 700 余间病房的改造任务提前完成，顺利交付医疗专家团队。规划好了医护人员上下班的路径，确保医护人员不被传染；腾空了病房，安装好了空气消毒机，每间病房安放 3 张床位，配备洗手间，病人入住后接受隔离，不能轻易离开病房；走廊上沿墙壁摆放着空气消毒机，以确保空气的流通不污染医护人员的行走通道。自制的"防护平光镜"、600 条成人纸尿裤……都集中到西区。1月 28 日，136 名来自北京 12 家市属医院的医护人员抵达武汉走进协和西区医院，他们负责其中部分病区患者的救治。这里即将成为他们与武汉同仁们共同抗击疫情的最前线。

协和医院规定，科室50岁以下的医生全部参与到一线救治工作中。以西院内分泌病区为例，西院的内分泌科医生承担了一线隔离病房和发热门诊的工作。在协和医院本部，内分泌病房并未被征用。由于内分泌科患者以慢性病为主，所以在春节前患者陆续出院，春节期间仅收治了少量的排除了新型冠状病毒性肺炎的糖尿病急性并发症患者，其他患者的医疗需求主要通过线上就诊（互联网门诊）方式解决。因此院本部的10余名内分泌科医生已经由医院统一安排在发热门诊、隔离病房以及方舱医院等地工作。江汉区方舱医院设在协和医院对面的武汉国际会展中心，由协和医院接管，设立近1500张床位。协和接管后，从长远考虑，为应对轻症患者的病情变化，专门开设了一个有60张床位的新病区，加上原有的40多张床位的病区，用以收治方舱医院中发展为重症的患者。

有14名医务人员在护理一名患者过程中被感染。这里面有协和的护士。经过治疗，首批3名医护人员于1月28日出院，第二批6人于2月2日出院，几天后，第三批全部出院。张昌盛是14名被感染的医护人员之一，治疗期间，他曾透过隔离病房窗口向大家比出一个"OK"，展示自己必定战胜病魔的信心。

杨宇是"70后"的辖区女片警，大家亲热地称呼她为杨妈。

协和西院承担了新冠肺炎重症和危重症患者的救治任务后，她第一时间向所领导请战，到西院执勤。一个求助电话打到杨宇的手机上，来电是武汉市中医医院的医生段海萍。她正在争分夺秒地抢救病人，家中92岁的老父亲患前列腺增生，需要定期更换尿管，段医生住的协和西院附近，普通门诊暂停。找谁？

"这事我给您办好！"杨宇说。她立马联系协和西院急诊外科的护士长邱慧。医院很快给了回应：派专人上门。三名"90后"的男护士愿意专程上门接诊。小伙分别叫柏鹏鹏、朱睿松和唐建宾。他们上门为老人更换了尿管。老人家里的保姆硬要将 1000 元钱塞给他们，他们同声回绝了。3 月 12 日，老人再次向杨妈求助。结束后，保姆照例要将 1000 元钱塞给他们，他们依然选择了拒绝。

她一天要接打上百个电话："杨警官,能不能帮帮我？"能帮的,她都帮。2 月 25 日，为帮助医院协调援助的救护车辆顺利抵达武汉，杨宇驾驶警车到湘鄂高速公路交界处，将这批救护车护送回汉。

杨妈和 3 个 "90 后" 护士成了亲密的战友，还组建了微信群，群名叫 "逆行者联盟"。在杨宇眼里，这些 "90 后" 的医护人员真的很不容易，他们日夜奋战在抗击疫情的最前线，作为社区民警，当然要助一臂之力。杨妈专门为他们购置了一批方便面等物资，表达敬意。

杨妈每天都在不停奔波，为他人送上温暖。在这场大疫情中，这些小人物做的小事情温暖着许多人，在疫情的寒冬让人感受到温暖的春天不远了。

（8）

华中科技大学同济医学院附属同济医院，于 1900 年由德国医师埃里希·宝隆在上海创建，于 1955 年迁至武汉。经过 120 年的建设与发展，举世闻名。百年同济，名医荟萃。医院现有主院区、光谷院区、中法新城院区。康复科是世界卫生组织指定的研究和培训中心。服务病人数不断刷新荆楚医疗史，年门诊、急诊服务病人数连续 20 多年保持湖北省第一。

在这场特殊的战役中，同济医院一如既往，勇于担当、勇于战斗、勇于奉献。截至 2 月 25 日这天，同济医院累计收治重症和危重症病人 2443 人，开展确诊和疑似新冠肺炎患者手术 125 例，肺部 CT 与检查病人 16921 例，接诊发热病人 33763 人次，在线发热门诊咨询服务 61534 人次，均为武汉市最高数量。已治愈出院 538 人。

院党委明确要求："一线在哪里，党组织就建设在哪里。"中法新城院区、光谷院区、光谷会展中心方舱医院相继成立了一线临时党支部。近 4000 名职工持续奋战 50 多天，其中共产党员近 2000 人，临床医技科室近 50% 的党支部书记、委员奋战在抗疫一线。

医院要对第一例妊娠合并高度疑似新冠肺炎孕妇进行手术，没有先例可循。妇产科党总支书记、产科主任冯玲教授穿上防护服，拉下年轻医生："这个手术我上。"手术室一支部书记何国龙和护理部副主任刘于一起支援火神山医院建设，不眠不休大战三天又马不停蹄转战光谷科技会展中心方舱医院，他说："我是党支部书记，这个时候，我都不上，谁上？"1 月 20 日，耳鼻喉科党支部第一时间召开紧急会议，一致决定科室三位主任率先带头进入发热门诊值班。"有危险我上。"成为同济医院党支部书记、委员，科主任面对疫情的标准回答。

1 月 31 日，同济医院中法新城院区被指定为"武汉市新型冠状病毒感染的肺炎危重病人救治定点医院"。该医院院长、党委副书记胡俊波说："医院已按照'两区三通道''负压环境'等具体要求对病房进行改造，同时完成了原有病人的转运工作。27 日晚已开始收治病人，其中 80% 为新型冠状病毒感染的肺炎急危重症患者。目前，医院已调配了 300 名医生和 600 名护士专门值守该院区。院区已经完成 600 张床位改造工作。"

2 月 8 日，北京、山东、河南等地的援鄂医疗队，聚集在同济医院中法新城院区。这天是元宵节，没有祝福，只期望有更好的抗病毒药物，期待更好的治疗方法，期待每一位患者都能痊愈。

看到有些患者病情急转直下，他们痛惜、失望、难舍……任何佳肴都难以入口。唯有全心全意守护着病人，才能让他们安心。

2月23日，星期天，这是中南大学湘雅二医院第三批援鄂国家医疗队在同济医院中法新城院区接管B8西区重症患者治疗的第15天。这里有11名危重患者，经过医疗队的精心治疗和护理，患者体温渐趋正常，症状明显好转，连续两次呼吸道标本核酸检测均为阴性，复查的肺部CT病灶也有明显改善，患者带着笑脸出院了。他们年龄最大的83岁，最小的38岁，这在整个同济医院中法新城院区18个医疗队的重症患者救治工作中还为数不多。

患者的笑脸是医护工作者的勋章。没有什么奖励可以与此并论，没有什么节日有这般欢乐。这是130名医护人员全力以赴、夜以继日奋斗的结果。过了几天，又有几名症状转轻的患者，转入方舱医院。

同济医院光谷院区有两个亮点。一个是智慧方舱医院，一个是庞大的多学科结合、精细化治疗危重症患者的医疗队伍。

由武汉同济医院、中日友好医院，以及山西、福建、海南、陕西等地医疗队担负救治任务的光谷方舱医院是最先进的一个医疗基地。在这里处处能感受到高科技的"智慧"元素：一体化云平台、5G网络、远程诊断、无人配送车、远程监护……它是由武汉东湖高新区的中国光谷科技会展中心改建的，总建筑面积15万平方米，由钢结构、金属格栅和玻璃幕墙构成，是光谷中心城重要的地标建筑之一。

2月中旬，该会展中心1楼被改造成能容纳850张床位的方舱医院，用于收治新冠肺炎轻症患者，并于17日正式投入使用。

智慧方舱医院的核心是一体化医疗云平台。在建设方舱医院的过程中，同济充分发挥了"中国光谷"的科技优势，结合同济一体化医疗云平台，组织武汉盛博汇、白犀牛等厂家，发挥云、互联网、物联网等高新技术在疫情防控中的阻击作用。唐洲平说，该院与武汉同济医院本部及多家分院共用一套部署于云端的系统，患者的信息通过互联网都存储在云端。一旦出现紧急状况，可以立即召开多学科远程会诊，同济医院及其他院区的国家队专家们，可以迅速调阅患者的临床数据，给出专业的治疗方案。

为确保准确性，方舱医院也可以借助互联网和云技术的优势，让患者在舱内拍 CT 片后，将影像上传到云端，再由同济医院最好的影像学专家团队远程阅片，给出精准的检查报告。

该云平台还能够实现快速有序分级收治。入住方舱医院的患者，在社区确定转运过来的一刻，医院的信息化系统就自动进行了信息登记、建立住院档案并自动分配床位。患者来到方舱，可以按照大屏上的指引信息，快速找到自己的床位，安顿下来。

当病患症状不幸转重时，只需要简单的一键操作，就可以安排好相关的转院手续，实现患者由方舱医院到定点医院转诊的无缝衔接。定点医院的医疗团队也可以通过云端系统，跟踪到患者在方舱医院的每一条治疗记录和病情发展史，从而制订出更具针对性的治疗方案。

在治疗中，该院特意开通了中医远程会诊中心。24 日，方舱医疗队与福建多家医院专家视频连线，对病人展开了个性化的诊治。不少患者正在运用这里配备的 5G 网络，安静地躺在病床上网或视频聊天。患者佩戴的可自动连续监测血氧饱和度、心率的智能手表，一旦发现指数异常就自动报警。

这些科技产品的运用，既减轻了当时医院人手短缺、物资运输等压力，又节约了防护物资的消耗，降低工作人员感染风险，还提升了医院的精准医疗水平，进而为该方舱医院实现"医护零感染、患者零死亡"目标奠定了坚实基础。方舱医院内有红白相间的无人驾驶配送车，在方舱内外进行短途的医用物资、生活物品传递。

同济医院光谷院区，自疫情暴发以来发热门诊就一直繁忙拥挤，每天有500多人的门诊量，随时会接到危重患者。在住院部，由来自上海、山东、浙江、江苏、广东、福建6个省市的17支医疗队2349名医务人员，与同济医院近800名医务人员一起整建制接管了这里的17个重症病区，三天时间完成了830张病床的改造，力争实现应收尽收、应治尽治。

17支医疗队的领队们组成了大医务处，制订临时医疗手册，针对当日收治的危重症病例，以及临床上的各种难题展开讨论、总结经验、达成共识，全力以赴挽救危重症患者的生命。

复旦大学附属华山医院援鄂医疗队第四批医疗队219人，从2月10日整建制地接管了光谷院区ICU30张床位。医疗队员70%来自重症医学科、呼吸科和感染科，另外有心脏内科、消化科、内分泌科、风湿科及外科医生，多学科团队协作开展治疗。

江苏省第五批援鄂医疗队南京一队领队是南京鼓楼医院副院长于成功。医疗队132人，遵循精准施策、综合防治原则，实行一人一方案的个体化治疗，通过心理医生开展康复疗法，首创"哀伤辅导"让患者尽快走出疾病阴影。

山东医疗队青岛一队132人，救治一名体重107公斤的患者，成功拔管、撤掉呼吸机；一位91岁高龄的患者3月21日顺利出院。中山大学附属第三医院援鄂医疗队133人，收治患者平均年龄达63.7岁，通过加强观察、及时处理、全身支持和整体护理，大大降低了病亡率。

中国科学院院士、武汉同济医院外科学系主任陈孝平表示："设置专门医院收治患者，对于当前控制疫情扩散意义重大。将危重病人集中收治，可以避免不必要的交叉感染。在同济医院重症病房，传染病专家、呼吸内科专家、外科专家、麻醉科以及重症病房的顶级专家组成的团队，会根据每位患者的具体情况，制订个性化的治疗方案。"能做到多学科结合、精细化的个体化治疗。

（9）

武汉大学两所附属医院在武汉市抗击疫情中功不可没。

武汉大学人民医院本部、东院，接管、托管了4900张新冠肺炎患者病床：院本部新冠肺炎病床400张、东院区重症病床800张、武昌方舱医院800张、武汉体育中心方舱医院1000张、光谷日海方舱医院1400张，托管武汉市第九医院500张，还要支援金银潭医院等。武汉大学中南医院本部，接管、托管了5400张新冠肺炎患者病床：院本部2000张、雷神山医院1500张、江汉方舱医院1500张，托管武汉市第七医院400张。其中，全面接管雷神山医院，创造了"边建边治边培训"的"中国奇迹"。

如果算上附属的同仁医院（武汉市第三医院）、亚心医院、恩施临床医院等新冠肺炎定点医院3000多张病床，武汉大学附属医院投入病床达到13300多张，占武汉市开放床位总数的46%以上，不言主力自奋战，敢扫疫霾晴半边。

他们不是个体作战，都是联合作战，有呼吸内科主任胡克教授，东院心内科副主任、主任医师余锂镭，急救中心副主任、副主任医师夏剑，影像科主任、主任医师徐海波，还有他们的合作者武汉市第三医院光谷院区急诊科、ICU 主任、主任医师付守芝，武汉市第七医院感染科主任、主任医师严佑琴，武汉亚心总医院医务部主任、主任医师周欣，他们都是经历过抢救"非典"、禽流感重症患者的勇士。还有第三次主动站在防疫最前线的武大中南医院 ICU 科室主任彭志勇，他与他的同伴夏剑在抢救危重症患者过程中最先使用 ECMO 治疗，是湖北使用 ECMO 治疗抢救危重病人的成功者。

武汉大学中南医院影像科副主任张笑春第一个提出，CT 影像可以作为新冠肺炎诊断的主要依据。为解决大量疑似病例无法确诊入院治疗的问题提供了方法，她敢于"叫板权威"，赢得了业内专家的尊敬与支持。

武大人民医院呼吸科医生余昌平也是一名新冠肺炎患者。在与病毒搏斗的 40 天里，他一直用乐观的心态配合治疗，录制短视频科普"新冠病毒"，让更多人能科学清晰地认识新冠肺炎，知道如何防范而不恐慌。

在武大中南医院急救中心，郭琴、赵智刚、李春芳和柏慧 4 名医护人员不幸先后感染新冠肺炎，但他们在治愈后都不约而同地选择第一时间返回岗位，继续救治患者，被称为心系患者的"返岗天使团"。"在与疫情战斗中，一批武大人临危不惧、义无反顾，以医者的使命感和责任感，站在战疫的最前线。"武汉大学校长窦贤康说。

武汉大学人民医院，又名湖北省人民医院。有三个院区，主院区位于湖北武汉武昌区张之洞路。始建于 1923 年，百年在望。

人民医院东院区即将建成。疫情来临，正好受命应征。原有床位 400 张，重症床位要调整到 800 张。投入 516 名医生、1393 名护士战斗在抗疫一线。

1 月 25 日，武汉大学人民医院东院区被指定为定点救治医院的当天即完成 268 位重症患者收治。这里有来自 11 省援鄂医疗队 12 支，分别为新疆医科大学附属医院医疗队、浙江医疗队李兰娟院士团队、四川医疗队、辽宁医疗队、重庆医疗队、新疆维吾尔自治区人民医院医疗队、山东大学齐鲁医院医疗队、复旦大学附属中山医院医疗队、四川大学华西医院医疗队、西安交大一附院医疗队、河南医疗队和贵州医疗队。医疗队总人数 1600 人，其中医生 384 人、护士 1167 人；重症专业医护人员 330 人，呼吸专业人员 137 人，感染专业 64 人。他们与武汉大学人民医院医护人员一起并肩战斗。

如何将 3500 多人的医护力量拧成一股绳，推进重症患者救治？武汉大学人民医院院长王高华与各省领队商量达成共识：为优化医疗资源，提高收治率、治愈率，降低感染率、病亡率，东院区按照"统一管理、分区负责"的总原则开展救治。在东院区新冠肺炎疫情防控指挥部统一领导下，院区组建战时医务处，统一管理，统一标准、流程和技术规范。建立每天的医疗队联席会制度，按照沟通、协调、团结、合作的理念开展救治组织工作。

在重症、危重症病人救治方面，东院区在统一编写《临床工作手册》的基础上，整合各医疗队的优质资源，联合成立多个医疗救治小组。如以华西医院重症医学科主任康焰教授为组长的联合救治专家小组，以西安交大一附院院长施秉银教授为组长的降低病亡率专家小组等。在具体救治过程中，东院区还混编各医疗队力量，成立了气管插管小组、中医药小组等专业小组，对重症和危重症病人实施"一人一策"的精准治疗。从定点医院开诊后 30 天，即 2 月 25 日，武汉大学人民医院院长王高华在湖北省新闻办公室新冠肺炎疫情防控工作新闻发布会上回答记者：截至上午 10 点，东院区累计收治重症患者 1238 人，轻症转区患者 293 人。经过精心救治,已经有 124 位患者痊愈出院,目前在院患者 699 人,其中重症 587 人,危重症 84 人。

武汉大学人民医院 9 个省 14 支医疗队的 868 名医护人员还担当了洪山体育馆——"第一家方舱医院"武昌方舱的管理救治工作。这家方舱医院在运行 35 天后正式休舱,实现了"病人零病亡、零回头,医护零感染",圆满完成历史使命。

东院区还是武汉市新冠肺炎孕产妇定点救治医院,在疫情防控中承担着特殊职责。东院区成立孕产妇救治专门病区,以前东院产科医护救治力量为班底,同时联合新疆医疗队呼吸和内分泌专家以及护理人员开展救治工作,并组织东院区呼吸科、感染科、麻醉科及时开展针对每一例孕产妇的 MDT 会诊,确保新冠肺炎孕产妇的医疗质量和医疗安全。到 25 日上午 10 点,东院区共救治新冠肺炎孕产妇 29 人,已出院 20 人,迎来了 17 个新生命,在院 9 名孕产妇情况稳定。救治中做到了"两个零":孕产妇零死亡,新生儿零感染。

2019 年 12 月 29 日晚,首批不明原因肺炎患者转入金银潭医院,金银潭就成了武汉乃至全国、全世界关注的焦点。焦点是专门收治重症患者的南住院楼第五、六、七层。武汉大学人民医院重症医学科副主任余追教授带领的团队就日夜守卫在这里。

人民医院东院区耳鼻喉科主任朱霆带领的 3 名党员"气切小分队",冒着病毒喷薄而出的风险,35 次精准为病毒载量极高的危重症患者切开气管,有效降低了死亡率。

"炎症风暴"是重症和危重症患者重要的致死原因,人民医院东院区血液透析中心有一支由 7 名护士组成的"血净小分队",用高超的血液净化技术阻断恐怖的、让人望而生畏的"炎症风暴",努力提高重症患者的治愈率，降低病亡率。

留观室是离病毒最近的地方，也是最危险的地方之一，而人民医院呼吸与危重症医学科张旃医生却主动请缨，长驻留观室，并写下现代版"与夫书"："此事我没有告知明昌。个人觉得不需要告诉，本来处处都是战场！"非临床医务人员一样在行动，按照国家卫健委新冠肺炎诊疗指南，东院区充分利用学科特色优势，用先进的血液净化技术，对有高炎症反应的新冠肺炎危重症患者开展了血液净化治疗。院区成立CRRT（连续性肾脏替代治疗）"7人小分队"，紧急增配15台床边透析机，积极辅助20多个病区开展救治工作，创新运用多种血液净化手段救治患者。截至2月24日，共完成床边血液净化治疗150人次，累计治疗时间1500小时，患者炎性指标明显下降，取得了良好的治疗效果。

2月2日，国家卫健委主任马晓伟一行到武汉大学人民医院东院区视察并指导工作。

2月2日，中国工程院院士、国家卫健委高级别专家组成员李兰娟院士带领团队一行10人抵达湖北武汉，他们要在武汉大学人民医院东院区展开工作。深入隔离病区，指导重症医学科、ICU的危重症病人的抢救以降低病亡率。查房，给各个医疗队授课，都是李院士计划内的工作。

这样的团队，这样的领头人，这样的技术设备，这样的医疗环境，决定了病人的治愈率会大大提高。

2020年1月6日，李婆婆畏寒发热9天，伴有咳嗽、胸闷、气促症状，体温39℃。送往武汉大学人民医院急诊科救治。初诊为病毒性肺炎。

治疗后，症状缓解不明显，呼吸困难，高流量吸氧氧饱和度不能维持正常，当天晚上转入重症医学科救治。负责医生是余追。

进科3个小时，呼吸困难持续加重——在高流量湿化治疗仪100%氧浓度给氧下，她的氧饱和度却掉到了 70% 左右，随时面临呼吸衰竭死亡。

余追教授当机立断，指示紧急行气管插管，呼吸机辅助呼吸，维持生命。

进一步检查发现，老人有很多并存症——高血压、糖尿病、30 余年肝硬化、肥胖等多种基础病，这给治疗带来了极大困难。

余追敏感地紧急决定将李婆婆转入负压病房隔离治疗。要求所有医护人员加强防护，预防感染。

1 月 19 日，李婆婆成功脱呼吸机并拔除气管插管，改为经鼻高流量湿化仪吸氧。

在病床上躺了 13 天后，李婆婆肌肉都出现萎缩迹象，重症医学科护士长王莎莎在组织护理中，鼓励李婆婆躺在病床上蹬自行车康复锻炼。

余追教授于 1 月 18 日奉命增援武汉金银潭医院，但他仍牵挂着这位重症患者，要求治疗组姚兰博士等人密切关注病情，想办法找出致病源。1 月 22 日，武汉大学人民医院检验科在省内首批开展新型冠状病毒核酸检测后，李婆婆第一时间接受此项检查，结果确诊为阳性。此后，经过医护人员精心治疗，李婆婆的状况一天天好起来。春节在望。虽然春节没有出院，她已可以自主进食，神志清楚，生命体征稳定，肺部感染已基本吸收。大年三十，可以与家属通过视频欢度春节，看到的是欢笑不是悲情。

在两次核酸检测确认为阴性后，2 月 4 日，李婆婆出院。余追教授感慨地说，诊疗组当时的谨慎研判和当机立断，保住了李婆婆的生命，也避免了医护人员被感染。

人民医院东院区被确定为定点救治医院后，心血管内科改建为 21 病区，科室全体人员整建制转入抗击疫情工作，21 病区的医生都是"海归"。他们用自己的实际行动践行了对祖国、对家乡父老乡亲的深深之爱。

1月25日，心内科主任医师、教授、武汉大学欧美同学会副会长余锂镭投身一线。他说："我是医生，我是共产党员，同时也是归国留学人员，无论哪个身份，都义不容辞。"

1月30日晚，21病区开始收治第一例病人。余锂镭是21病区主任，他第一个进入隔离区接诊。他和护士长刘炜则身穿防护服进入隔离病房。余锂镭有理由："大家都是心血管专业出身，没有传染病相关工作经验，我自己先去病房，掌握实际工作程序，更好地指导大家。"21病区还有武汉大学欧美同学会的几名医生。"90后"留美博士王松云说："我也是医生，也是党员，也是土生土长的湖北人，我也必须先上。"她尽快熟悉新冠肺炎诊疗流程，掌握患者病情，主动值夜班，熟悉病人的各项信息、症状。

一天深夜，一名危重患者突然感到胸闷，血氧饱和度进行性下降，值班医生陈思思立即对其进行抢救并高流量给氧，但指脉氧仍进行性下降。危急关头，陈思思不顾疲劳，一边参与抢救，一边参与人员协调与物资调配，通过保护性通气治疗与药物调整等积极治疗，患者血氧饱和度终于恢复正常，病情也逐渐稳定。她也是"海归"中的一员。

武汉大学欧美同学会会员、留美归来的王卓副教授在疫情来临之初，主动请缨说："这是一次特殊的疫情，特别的病毒，特难的遇见，面对这种高传染性的疾病，可能每天都有恶仗。我上过军医大学，又留过学，报效祖国义不容辞，我上。"

2月17日，武汉市九医院一位59岁的新冠肺炎患者突发大面积心梗，虽经陕西援鄂医疗队紧急溶栓，但患者还是再度发生致命性心动过缓，需要立刻安装心脏临时起搏器，陕西医疗队紧急向武汉大学人民医院心内科求助。心内科余锂镭、王卓和熊化受命驰援。

常规情况下，医生需要在大型血管造影机发射的X线造影指引下，才能将心脏临时起搏器精准安装到位。武汉市九医院没有相应硬件，新冠肺炎患者也不适合在无负压的心脏导管室进行操作。情况危急，三人商量，生命消逝即在瞬间，等什么都有了，生命可能静止而去了。他们决定不用X线造影，直接在 ICU 床边安装临时起搏器挽救生命。

王卓三人经患者锁骨下静脉穿刺，送入导丝，在胸部进行超声检查，验证导丝在右心房内。随后沿鞘管送入起搏导线，导线连接起搏器，设置起搏频率 80 次每分钟，缓慢轻柔地推送并不断旋转进退，直至床边的心电监护显示有稳定的起搏信号。随后，再次使用超声检查，验证起搏导线头端位于右心室并固定心内膜，最后固定鞘管头端在皮肤上，用弹力胶带固定起搏器导线于左上臂。全程操作，屏声敛气，除了导管摩擦声外，就是细细的汗滴声。于无声处闻惊雷，看有情人护生命。临时起搏器成功安装，患者心脏恢复正常跳动。他们敢于打破很多常规诊疗规范，不是违规，是为了从死神手里夺回生命。

海归医生是科研的主力军。他们参与了刘天罡教授、李艳教授组建的联合交叉学科组团队，深入认识新型冠状病毒的基因特点，结合病毒靶向扩增和纳米孔测序实时数据输出的优势，开发了纳米孔靶向测序检测手段。这种检测手段可以同时检测 SARS-CoV-2 和其他 10 大类、40 种呼吸道病毒，使检测病毒基因组范围提升 100 倍，阳性检出率提升 43.8%，显著提高了检测敏感性和准确性。

他们提出尽早发现危重型患者免疫耗竭现象并积极干预，有助于降低死亡率。他们做到了，2 月底的统计数据得以印证：21 病区已累计收治重症或危重症新冠肺炎患者 68 人，其中 36 人治愈出院，11 人由重症转轻症，新冠肺炎病亡率为零，医护人员感染率为零。海归医学队敢于走在前面。

（10）

　　武汉大学中南医院与前三家医院相比，是小弟弟了。始建于1956年，距武汉市武昌区东湖不远，出门是水果湖，遥望珞珈山下的武汉大学学院本部，无论是夕阳西下，还是朝霞东露，都是一道美丽的风景。这是一个养病读书的好地方。与当年的湖北医学院本部是隔壁。门口一条通往东湖的路，绿树成荫。医院路对面水果湖，碧湖浅浪，远处还有游艇。若不是疫情突如其来，春天路上游人如织，这里被誉为中国最美丽的医院。这次战疫中，世界的确看出了中南的美丽，那是医护人员心灵的美丽，一样的美丽展示了小弟弟在战疫中的英姿飒爽不亚于大哥哥们的威风凛凛。

　　中南医院拥有基本床位3300张，按照武汉市新冠肺炎疫情防控指挥部要求，武汉大学中南医院新增2000张病床用于收治新冠肺炎重症患者。中南医院是湖北省唯一一家"1+3"模式收治新冠肺炎患者的定点医院。1月22日全面接管的3家医院是武汉市第七医院、武汉雷神山医院和武汉客厅"方舱医院"。这样，提供床位总量达到5400余张，成为收治新冠肺炎患者人数最多的医院。接到增加隔离病房用于紧急收治新冠肺炎重症患者的通知后，医院各级领导连续多日加班加点参加与督查改建工作。几乎所有科室都投入病房的改造建设中，医务处、院感办、护理部48小时内完成普通病房向隔离病房的结构改造，确保床位符合传染病收治要求。设备处、后勤保障部、保卫处则迅速完成病房医疗设备、物资的调配诸多工作。接管的3所医院床位大部分已经住满患者，病床有效利用率保持100%。

武汉大学中南医院院长王行环教授临危受命接管雷神山，兼雷神山医院院长。他不分昼夜带领全院职工边建设、边培训、边治病，让一所工期仅有 12 天的医院发挥出最大作用。他在《致雷神山全体战友的一封信》中动情地写道："每早一分钟收治病人，就可能会减少一群人的感染风险。"王行环这个急，不是急病人的病情，是急不能及时收治病人，患者都成为流动的传染源，按 1 个人传染 3.5 个人的速度，会给社会带来极大的危害。2 月 8 日，院方白天和建设方交接，医院开设了 32 个院区、1500 张床位，当晚整体开始接管病人。王行环切身体会到什么叫"中国速度"与"基建狂魔"了。王行环首先考虑的是如何保证医疗安全质量与救治质量。政府保障防护物资供应及时到位，这是能完成任务的一个前提；救治质量当然要靠医者来保证。雷神山医院接收重症患者 1000 多人，整体病死率是 2.3%，重症患者的病死率是 4.3%。它在运行了 67 天，完成 2011 名新冠肺炎患者救治任务后正式休舱。

中南医院章军建副院长、李志强副院长负责位于武汉客厅会展中心的"方舱医院"，这里设立床位 2000 张。他们现场指挥，700 余名医护人员夜以继日地工作，在 36 个小时内完成了方舱医院信息化等基础设施建设。

中南医院神经内科副主任医师高永哲、护士长黄文莉是武汉客厅方舱医院的一对夫妻。高永哲负责为患者治疗，黄文莉负责病人的护理。夫妇俩每天工作在隔离病房，吃住都在医院，但由于工作性质和区域不同，夫妻俩一天也很少有机会见上一面。到了吃饭休息的时间，高永哲才拿起电话问妻子在哪里。2 月 14 日是情人节，在医院工作人员的"撮合"下，高永哲夫妇在工作中有了更多的"被精心安排"的见面机会，这天两人进入方舱医院以来第一次一起吃了午餐。黄文莉说："这是我们在一起度过的第 23 个情人节，虽然没有礼物、没有鲜花，但觉得这个情人节比之前任何一个都过得有意义！"

1月21日，武汉市第七医院定为第二批新冠肺炎救治定点医院。中午就召开全院干部职工动员大会，启动院区改造。次日晚上8点正式对外开放。感染科主任、主任医师严佑琴当即接收了100名患者。

发热门诊是疫情防控的前哨。初期日门诊量高达1300余人，比往常多10倍。工作包括预检、维护秩序、咽拭子采样、采血、输液、输氧、留观室和抢救室病人护理。中南医院派出了167人的医疗队。发热门诊护理团队30人，20多人是"90后""95后"。战疫初期，第七医院硬件有限，医用防护物资缺乏，医护人员紧缺，顶在最前线的护士直面感染风险，她们穿着不透气的防护服，连续工作6个多小时，承受着巨大的身心压力。看到那些遭受痛苦、濒危的病人，"90后"没有人打退堂鼓。在留观室、抢救室里工作的杨盼盼，只有2年工龄，深感人世间的悲欢离合就在瞬间。担心不能尽快地给病人做上治疗，怕病人情况急转直下。她希望自己能够更快一点，让病人不适的感觉能早一点缓解，她拼尽了全力。

1月24日，22岁的祝紫薇从凌晨2点工作到上午9点，连续为200多个病人采血。护目镜反反复复模糊，衣服干干湿湿，下班后看到脸上压出了勒痕、红肿和伤口，她淡然一笑："大家都这样，适应就好。面对生死，这都是小事。"她是主动请战的："如有人应战，那个人为什么不是我？"

"说不累，那是假话。2003年非典疫情暴发时我才6岁，记忆里满城都是消毒水的味道。这次疫情是一场年轻人青春的洗礼，咬牙坚持，就过去了。"陶璐说。在战疫日记里她写道："在发热门诊就诊人数最高峰的那段时间，候诊病人排起长龙，输液室、留观室和抢救室全都人满为患，护理部领导、护士长们像铁人一样高强度工作，从早到晚，有时忙到转钟，一大早就又赶过来。医生们一直坚守岗位，像陀螺一样，转起来根本停不下。我的同事们每天待命，随时到岗，大家都期盼着能控制住这场疫情，为更多人创造更好的就医条件。"23岁的何可芸每天工作结束后都会向妈妈用视频报平安。"妈妈也是一名护士，在乡镇卫生院工作。家人们都很支持我报名支援一线，我还有什么理由不努力？"

遇到病人情绪不好的时候，她们没有放弃安慰，一次次握着病人的手告诉病人会慢慢好起来。遇到同事担心害怕的时候，她们互相鼓励一起渡过难关。她们认为自己做的事都很普通。她们现在明白了做这些平凡的小事，也有非凡意义。经过这场青春的洗礼，他们更加珍惜生活，珍爱生命。50多天的坚守，她们一起完成了采血3700余人次、输液近5000人次、咽拭子标本采集7000余份，守护了1.7万余名患者的生命。支援队员全队实现零感染。

中南医院影像科副主任张笑春是一位勇敢的医生，她是首个公开质疑核酸检测可靠性的医生。

2月4日，国家卫健委办公厅和国家中医药管理局联合印发《新型冠状病毒感染的肺炎诊疗方案（试行第五版）》，将"疑似病例具有肺炎影像学特征者"作为湖北省临床诊断病例标准，这有利于当时疫情形势下早期患者的及时收治，能解决大量疑似病例无法入院治疗的问题。

彭笑春首先公开倡导CT影像作为新冠肺炎诊断的依据，给这次疫情踩了一脚"刹车"。

毫无疑问，这是一位勤于思考的专家。"发现问题应该及时主动地调查研究，不是忽视问题、被动等待社会给出结果。"她当时分析了大量的CT影像数据，发现类似的病例。事实与科学给了她胆量。

中南医院检验科党支部先后组建了5支党员突击队，24小时不间断检测，完成15万人份核酸检测。派往武汉第七医院的突击队3小时完成实验室改造，派往雷神山医院突击队 3 天完成检验科建设，派往武汉客厅方舱医院的突击队 6 小时建立检验科。他们是全球最早发现 COVID-19 全基因组序列的三个团队之一，也是全球最早发现新冠肺炎治疗后核酸复阳现象的团队。

ICU 是抢救病人生命的最后一道防线。定点医院都有 ICU。只不过是病人的多少与危重程度不一样。武汉大学中南医院 ICU 主任叫彭志勇。

1 月 6 日这天，他决定收下一名"不明原因的病毒性肺炎"患者。随后，类似的病人越来越多。彭志勇判断："这个病不简单。建议医院将 ICU 改建成隔离病房。"

1 月 8 日，隔离病房建成。是按照应对 SARS 的最高标准改造的，设立污染区、缓冲区、清洁区，医护人员与患者的通道完全隔离，污染区的隔离病房实现完全隔离，专门收治类似病人。彭志勇告知 ICU 的全体医护人员：即将到来的任务十分艰巨，情况复杂，风险很大，如果有人觉得身体可能吃不消，可以提出来，另作安排。

4 天后，隔离病房的 16 张病床全部收满。ICU 的近 150 名医护人员开始全部轮班上阵。他要求 ICU 的所有医护人员严格规范并执行防护流程。进入隔离病房工作前，每位医护人员要在缓冲区穿上"三层衣"——先穿工作服，再穿隔离衣，最后穿防护服，还要戴上 N95 口罩、头套、防护面屏、防护鞋套与两层手套。问题来了！

一是，每天要消耗 100 多套防护服，库存只够使用两三天。物资紧缺，难以及时补充。二是，给一个 150 斤重的病人翻身，平时只要 3 个人到 4 个人，现在则需要两倍的人力。三是，医护人员给患者进行穿刺插管，因视野受限，需要更多时间和精力才能完成。操作完全没有手感，平常打动脉针，一针见血。现在要 10 多针才能完成。

ICU 属于重污染区，医护人员只要出去，防护服便不能再用，回到 ICU 就只能再穿一套新的。为了节约物资，ICU 执行严格的物资配额限制，每人每天只有两套防护服，中午吃饭时可以更换一套。在隔离病房里只有不喝水，不上厕所。

彭志勇对团队人员说："ICU 面对的是最紧急的情况，有很多不可预测性。一个病人被送到 ICU，首先要搞清楚他为什么被送到这里来，有哪些因素可能对这个病人致命，再决定怎么来挽救他的生命，保障他的安全，这对医生的心理素质和判断能力有很高的要求。"

从大年初三开始，国家卫健委专家组成员、中国人民解放军东部战区总医院呼吸与危重症学科主任医师赵蓓蕾就驻扎在武汉大学中南医院 ICU，参与救治工作。他谦虚地说："在这里学到了很多，他们做事很果断，从不犹豫。上午查房，如果医生说某个病人的病情恶化，需要插管或者体外膜肺支持治疗（ECMO），他们马上就做，不会有任何拖沓。这一点对于在 ICU 的病人来说至关重要。"

新冠肺炎没有特效药，只能进行对症治疗。与普通病房相比，ICU 拥有高流量吸氧、ECMO 等更多样的治疗方式，这是很多危重病人最后的希望。

正是 ECMO 的一个应用病例，使武汉大学中南医院 ICU 和 ECMO 一起被世人熟知。ECMO 的原理，是将体内的静脉血引出体外，经过特殊材质人工心肺旁路氧合后注入病人动脉或静脉系统，起到部分心肺替代作用。

1 月 17 日，一位新冠肺炎病人转入中南医院，住院后体温升高，血氧饱和度不断下降，经过气管插管等抢救，依然没有明显好转，呼吸逐渐困难，情况非常危急。ICU 果断建立 ECMO 治疗，帮助他恢复正常血压、心跳及维持呼吸功能。

1月21日,病人脱离生命危险,双肺功能明显好转,后成功康复并出院。这一病例让对 ECMO 的使用有了更多信心。

一位九旬老人感染新冠肺炎后,被送至 ICU,老人的儿子曾照顾过他而感染。父子二人病床相隔不远。最终,老人不治去世,儿子仅在 1 米之外,无法跟老人进行告别。ICU 历尽人间生死离别之事。尽了力,却无法阻止这种事情的发生,ICU 的每个人心里都非常难受。彭志勇常对 ICU 的医护人员说一句看似矛盾的话:"在 ICU,要敬畏生命,也要看淡生死。"

(11)

武汉市金银潭医院是武汉市政府投资 5 亿元兴建的,武汉地区唯一省、市共建的,具有近百年历史的公共卫生医疗救治基地。是湖北省、武汉市突发公共卫生事件医疗救治定点医院,是湖北省肝病、结核病、艾滋病、血吸虫病、手足口病、人感染 H7N9 禽流感等定点收治医院,也是本次防治新型冠状病毒感染的肺炎的主体骨干医院,收治的全部为确诊患者。可以说,金银潭医院的战疫历程是武汉这次大战疫的一个缩影。从这个缩影里可以看尽医务人员决战前夜的艰辛困苦,对生命的敬畏与尊重,在救治生命与保护自己之间白衣人的坚定选择。每个细节都会给有血肉的后人留下思考。

2019 年 12 月 29 日晚,武汉市华南海鲜市场首批 7 名不明原因肺炎患者转入金银潭医院。这里就成了武汉乃至全国、全世界关注的焦点。金银潭医院的焦点是南住院楼的五、六、七层,这里专门收治重症患者。

这里应该是武汉最早也是最多接诊新冠肺炎的专科医院之一。

科技部 2 月 4 日信息显示，抗病毒药物瑞德西韦已经于当日下午抵达国内。2 月 6 日晚，瑞德西韦临床试验已在武汉金银潭医院启动。首位受药的是一位 68 岁的男性重症患者。

2 月 14 日下午 2 时，施女士来到武汉市金银潭医院，在与医护人员沟通并填写完相关资料后，两点半开始捐献血浆。她是首位前往金银潭医院自愿捐血的康复患者。她今年 37 岁，2 月 5 日因确诊新冠肺炎到武汉市金银潭医院住院，经过 4 天的治疗，2 月 9 日施女士康复出院。在 2 月 13 日湖北省新冠肺炎疫情防控指挥部召开的第 23 次新闻发布会上，武汉市金银潭医院院长张定宇表示，康复后的患者体内有大量的中和抗体可抵抗新型冠状病毒。

2 月 16 日凌晨 3 时，在国家法律政策允许下，在征得患者家属同意的情况下，全国第 1 例新冠肺炎逝世患者的遗体解剖工作在武汉金银潭医院完成，由此成功获得新冠肺炎病理。在同日 18 时 45 分，全国第 2 例新冠肺炎逝世患者的遗体解剖工作也在金银潭医院顺利完成。由解剖获得的新冠肺炎病理，对于探索新冠肺炎患者临床的病理改变、疾病机制等有重大帮助，能从根本上寻找新冠肺炎的致病性、致死性，给未来临床治疗危重症患者提供依据。

1 月 27 日，国家中医药管理局组建的第一支国家中医医疗队抵达武汉后，与金银潭医院完成对接，进驻医院正式开展医疗救治工作。这支国家中医医疗队由中国中医科学院西苑医院和广安门医院的 20 名医护人员组成。中国工程院院士、中国中医科学院院长黄璐琦带领医疗队骨干深入金银潭医院调研。

2020 年 1 月 24 日除夕夜，150 人组成的陆军医疗队抵汉。22 时许，金银潭医院院长张定宇又接到电话，上海医疗队 136 名医护人员也进驻金银潭医院，凌晨2时抵达。陆军军医大学医疗队与上海医疗队分别于1月25日、26日接管了金银潭医院北楼的2楼和3楼病区。2月2日，福建援鄂医疗队抵达武汉金银潭医院，接管两个病区。

针对病人不断增多的情况，陆军军医大学医疗队紧急将医院的综合病房楼改造，腾空病区的两层楼面，搞好清洁消毒。

1月26日晚11时，金银潭医院接收53名转诊患者，累计收治患者657人。金银潭医院南楼、北楼和综合楼21个病区灯火通明。

27日晨，医院又有70多名患者陆续入院。这种入院速度与战场接救伤员没有两样。

在此之前，金银潭医院已经处在饱和与极限状态。增援医疗队给金银潭医院补充了100多名护士。培训会上，院长张定宇难掩对八方援助的感激与期待："我们最缺的就是护理团队，在这么一个危难的时候，你们来支援武汉这场病毒疫情的救治工作，真是雪中送炭。"

医生也缺啊！

武汉大学人民医院ICU的余追教授在1月18日晚带领团队进入金银潭医院的ICU。

从第二天开始，他们花了两天半时间，将6层病区一边改造，一边收治危重病患。在余追眼里，这儿几乎没有设备，没有监护仪、呼吸机、输液泵等，开展危重患者的救治工作的基本条件都缺乏。配备的护理人员均没有ICU工作经验。一切从头开始。时不待人，他们已经听到患者的呼喊声、呻吟声。收！余追教授一声令下。一边添置设备，一边管好病人。开头几日陆续收治了少量危重病人，设备到位后，南六楼收治了金银潭医院几乎一半的危重病患，增加了工作量，因此他们成立了"气切小分队"，从死神手里抢人。小分队队员随叫随到。余追教授和他的团队每次完成一天或者一夜的工作，得换几次防护服。每4—5个小时脱下防护服后，所有人都汗流浃背，全身湿透。病房最高纪录是同时有29个危重病人。全科只有34名护士，有ICU背景的只有7人，护士与床位数的比例远远不达标。这个临时团队超负荷的工作量是难以想象的。

只有省内外三拨ICU护士的增援到达，护理压力才能得到缓解。他们是这样想的："一场战役总要有尖兵排攻坚抢占山头，站稳脚跟。哪怕牺牲到最后一个人也不能退下。我们知道一定会有兄弟姐妹们来支援的。我们不会是孤军作战。"信仰与担当让他们在最艰苦的时候坚持，坚持，再坚持。病人得救了。南六楼死亡率为该院最低，80余名医护人员无一例感染，是金银潭医院特殊单元唯一零感染医疗单元。

武汉优抚医院有其特殊性。

2月14日，该院也列入新冠肺炎患者定点救治医院。要求在三天内完成900张病床的筹备工作。副院长、主任医师余道信毫不犹豫地担当，"时间再紧迫，任务再重，条件再差，我们也要如期如实、保质保量地完成"。在一个不足20平方米的小型会议室举行了会议。这儿也就成了指挥部，设计了调度室、休息室、餐厅。在武汉全城封控的形势下，他们还协调了8家驻汉部队，从医院紧急调运了30床棉被、155床垫褥、100条床单、3000个口罩、50瓶消毒液等紧缺物资，一开始就保证了300张病床如期投入使用。

（12）

1月25日大年初一，凌晨1点30分，上海市第一人民医院副院长郑军华担任领队的上海首批援鄂医疗队乘坐的东航客机在武汉天河国际机场降落。135 名队员下机后，坐上了开往金银潭医院的大巴。雨过天晴，明天会是一个艳阳天。这是大家的希望。出机场后，一路无人，整个城市都是空荡荡、黑漆漆的。大巴车上，寂静无声。队员们神情凝重，都是战士，不知剑亮何处？他们是全国第一批抵达的援鄂医疗队，同时将两支最强的医疗队放在一家医院，可见金银潭医院多么重要，负荷有多重。

郑军华教授是上海市的泌尿外科权威，上海市医学会泌尿外科专科主任委员，获得过吴阶平泌尿外科医学奖。这支医疗队是由上海市市级医院再加上五个区的区级医院总共 52 家医疗机构紧急抽调的 135 名队员，以呼吸科、感染科、急诊科和重症医学科（ICU）为主，包括 37 名医生，93 名护士，以及 5 名院感专家。

从接到指令到抵达机场集结，中间只有 3 个多小时的时间。唯一遗憾的是，走得匆忙，准备不足。生活用品、防控用品都准备不够。

1 月 25 日上午 10 点，郑军华带医疗队部分团队负责人来到金银潭医院进行对接。院方表示，希望上海医疗队能接管北二楼和北三楼 ICU 病房。上海医疗队来时的计划，是接管两个以轻型和普通型患者为主的新病区。治疗新收病人和直接治疗重症病人完全是两回事，危重症病人治疗的风险大，医护人员压力倍增。怎么办？这时没有什么大道理可讲。只有上海医疗队，确实没有其他队伍可以担此重任。郑军华说："请放心，我们呼吸科和 ICU 的专家和护士长，一定不辜负武汉人民的期望。"郑军华熟悉自己的队员，快速科学地做出了人员分配：把呼吸科和 ICU 的专家和护士都调到了北三楼 ICU，包括曾参加过 SARS 的上海市第一人民医院呼吸与危重症学科带头人、医疗队医师组组长、66 岁的周新教授和瑞金医院 ICU 主任陈德昌教授。来了就准备啃硬骨头。

下午 5 点，上海中山医院呼吸科副主任蒋进军穿好防护服，进到北三楼 ICU，他面前的 20 多个病人，多数已经上了呼吸机，吸着纯氧。他明白，这些病人已经到了生命垂危的境地。此刻，他深深地理解每个武汉医生的艰苦与劳累，武汉人的痛苦与恐惧。医疗队要代表上海人挑起这副重担，担起呵护生命的责任，必须对得起上海人民的期望。

接管还不到一个小时，上海医疗队迎来了首个噩耗：北三楼 ICU 里的一名患者呼吸衰竭去世了。这是对医疗队员们的当头一棒啊。是教授，是队长，同时也是临时支部书记的郑军华决定，在交接班时，先召开党员会，紧接着是队员会。不仅病房里有危重病人，重要的是，还有很多危重病人在等候病床。在这个时候要冷静、科学、团结。党员要起到带头作用。他不担心团队的技术力量与吃苦的精神，他担心的是物资消耗太快。来前，大家是知道疫情的严重性的，也知道武汉缺少物资，带了些防护用品，包括 N95 口罩、防护衣、隔离衣、护目镜等，这些只够维持 3—5 天。进院他就与院方沟通了物资问题，金银潭医院仓库的物资是随来随空，就怕脱节。

郑军华立即找队员谈话：如果我们上海医疗队不敢挑起重担，就对不起 2000 多万上海市民啊！

退一万步想，没有防护物资，不进隔离区，病人怎么办？医德不允许啊！我们绝不"裸奔"，但要用好珍惜好每一件耗材。

上海市的领导——李强书记和当时的市长应勇都说要全力保障物资，绝不能让上海医疗队出现"裸奔"。大家可以完全放心。

很快一批医用物资安全送到武汉。

接下来是医疗设备。金银潭医院北三楼的 ICU 是由普通病房改建的，很多床位都没有基本的吊塔、心电图机、床旁 B 超机、纤维支气管镜、输液泵等标准设备，有的设备要好几个病床共用。

为了不影响救治工作，一是就地取材解决，二是向自己医院请求支援。病人有气胸症状，在抢救时需要使用专门的胸腔闭式引流管，金银潭医院没有符合要求的设备，蒋进军和医护人员用软管、水封瓶等装置用剪刀 DIY 拼接成一套完整的系统，完成抢救。

零件缺少，比如呼吸机经常在用的时候会发现少配件或者配件损坏，老练的 ICU 护士长徐璟就从其他暂时不用的机器上卸下自己配装。没有电子喉镜，就用普通喉镜，这对做插管手术提出了更高的要求，要求操作人员熟练、精细、认真。

医院使用的无创通气面罩舒适度欠佳，病人时常烦躁，总试图脱下面罩。蒋进军马上向中山医院申请调拨了一批专门为适应中国人脸型而研发的"钮式面罩"。这种面罩可以帮助患者更好地适应无创吸氧，改善呼吸困难，后期还增加了可以通过胃管的通道，解决了胃减压排气、反流和鼻饲营养等问题。

在两地政府、企业和爱心人士、海外华侨的关注和帮助下，物资通道越来越顺畅，医疗队面临的物资困境逐渐得到缓解，缺少的医疗设备配件在 2 月上旬得到补充。

（13）

医生都知道医院的 ICU 内，每天都在上演着生与死的角斗。

深夜，病房里一位老大爷经全力抢救无效去世。一名年轻护士做完最后的尸体护理后，将遗体推出病房。为了避免病床车碰到外走廊放置的物品，护士推得非常缓慢，50米的路走了有近8分钟。那天护士长徐璟夜查房，看见8位值班的护士，都肃立鞠躬对老大爷说"您一路走好"。这不是刻意，而是医生护士职业的本能，人心人道的本能。

这些逝者在隔离区，不像平时过世后有家人最后送别。在这里，医护人员是死者最后见到的人，是这个世界最后传播声音给到他的人。医护代表了他的亲友、他所有认识的挚爱的人，对他的人生进行最后的告别。这是对逝者的尊重和对生者的一种慰藉。护士长徐璟把这种送别的行为进一步仪式化，成了上海医疗队的保留仪式。

上海交通大学附属仁济医院呼吸科医生查琼芳在武汉第一次直面死亡是她来的第七天。

凌晨两点半，她负责的5床病人血压突然下降。这是一位50多岁的女病人，之前就出现过DIC（弥散性血管内凝血）表现。医生们用了输血、输血小板、输冷沉淀、调整药物等各种治疗方法都不见效。病危后，查琼芳又用了各种抢救药物如肾上腺素、阿托品、碳酸氢钠等，还将呼吸机参数调整到了可允许的最大值。经过几个小时的抢救，早上七点半，病人还是去世了。

查琼芳打电话通知她爱人，一个大男人在电话里哭了。他希望见爱人最后一面，并留下她的手机作个留念。特殊的疾病使他这些简单的要求都得不到满足。查琼芳没办法安慰他，这时候任何话都很无力，只能选择接受。

查琼芳印象中最灰暗的日子，是北三楼ICU里连续去世了两位病人。一位是有基础疾病的89岁老爷爷，来时病情严重；一位是50多岁的中年男性，来的第二周就有抑郁，他会趁护士不注意时拉下呼吸机面罩，拒绝进食。虽然这两位病人情况都很不好，医护人员没有放弃，哪怕只有一线生机，也会竭尽所能，挽救他们。医疗队的很多医生难受了一整天，没有人退缩，擦干眼泪继续救治别的病人。生者继续鼓劲，逝者远行默哀。

2月22日，北三楼ICU里最年轻的病人出院了。病人只有20岁出头，入院时白细胞将近4万，同时合并糖尿病和肾功能不全，病情非常危重。周新教授和他的团队仔细查看了病人的病情，反复讨论后制订了治疗方案，由医疗队的CRRT（连续性肾脏替代疗法）小组对其进行了床旁血透治疗，成功解除了患者泌尿道梗阻，恢复了肾功能。护士们每天监测他的生命体征、凝血功能，保证出入量平衡，通过调整胰岛素用量控制好血糖。同时，在呼吸道治疗上为他选择合适的抗生素和抗病毒药，他的肺部情况也一天天在好转。

出院前，这位年轻病人已经和医护人员成了好朋友，在治愈后到出院前的一段时间，他不仅尽量减少护士对他的护理，还主动帮护士做一些拖地、收拾卫生的工作。他说："我的命是大家救的，我一定要做点什么。"这时，这话让查琼芳含泪。

查琼芳不能不敬佩周新教授。他在指导医生为患者做气管镜，完成后，护士为患者吸痰，可病人恢复还是不好。周新教授提出，为病人做一次床边彩超，结果发现患者有肺动脉栓塞。于是紧急开展溶栓治疗。这就是老专家德高术精的底蕴。

北三楼ICU里有一对夫妻病人，丈夫症状较轻，平时进行普通吸氧就行，但妻子病情较重，需要使用无创通气。这位妻子刚来时很害怕，非常紧张，护士们就和她丈夫轮流在床边安慰她。在大家的陪伴下，她的病情一天天好转起来，2月14日情人节，她刚能坐起来，和丈夫坐在一起，没有鲜花，两人一人捧着一个苹果，护士给他们拍了一张合影，说等他们出院了，会永远记得这个特殊的情人节。

战胜病魔，一定要激起求生的欲望。医生不放弃，家人不放弃，自己不放弃，医护人员的努力就会事半功倍。

2月15日晚上6点多，北三楼ICU的5床一位病人心跳骤停，经过半个小时抢救后宣告临床死亡。那天的当班医生是上海市金山区亭林医院呼吸内科副主任郑永华。他像往常那样打电话报告金银潭医院医务科，同时通知病人家属和殡仪馆。正在他忙着填写死亡文件时，金银潭医院院长张定宇和上海医疗队队长郑军华来电话。

他们说，新冠肺炎是一个全新的疾病，在危重症的救治过程中碰到了一些困难，全国还没有做过尸检，无法明确该病的发生、发展与转归的病例规律，也无法给临床治疗提供有力的科学依据。为了查找传染病病因，医疗机构在必要时，可以按照国务院卫生行政部门的规定，对传染病病人尸体或者疑似传染病病人尸体进行解剖查验，并应当告知死者家属。两位院长希望郑永华说服临床死亡患者的家属，同意国家医疗机构进行尸体解剖。郑永华当即答应了两位院长的请求。

病人的女儿希望能见她父亲一面。郑永华只能遗憾地告诉她，国家规定严禁家属接触患者的遗体。在提出希望对病人进行尸检的时候，女儿悲痛万分，好几次差点哭晕在地。郑永华只能一边安慰，一边耐心地劝服，她的情绪平静了一些，提出要由舅舅决定。郑永华在电话里向这位舅舅介绍了治疗经过，抢救失败的推测。"为了明确发病机制，救治更多的患者，希望能对病人做尸检研究。病人的病情一直在反复，最后突然加重去世，相似的例子在这次疫情中还有很多，不光是在金银潭医院，其他医院也有。如果能进行尸体解剖，就能找到致病机理，很多人的生命就可以被挽救，给你们家属一个交代，为今后治疗提出指导意见。全国人民都会感谢你们的。"

舅舅在认真考虑后同意尸检。女儿在知情同意书上签了字。

要完成病理解剖，需要满足四个要素：一是相关部门批准；二是去世患者家属的同意；三是要有相对合适的场地，在负压环境中进行操作，有相应防护措施，避免病毒污染；四是要有丰富经验、经过多次演练、有传染病方面研究的专业尸体解剖团队。

同济医学院法医系很早就在准备预案。郑军华表示，尸检相关操作必须在达到生物安全防护等级三级（BSL-3）的场地内才能进行，要有空气过滤、污水排泄等系统，因此金银潭医院提前进行了很多准备工作，付出了很多心血和努力。

2月16日凌晨3点，华中科技大学同济医学院法医系刘良教授团队在金银潭医院完成了全国首例新冠肺炎逝世患者遗体解剖工作，并成功获得新冠肺炎病理。在国家卫健委第七版新冠肺炎诊疗方案中，也收入了病理解剖的内容。

上海首批援鄂医疗队接管金银潭医院北二楼和北三楼ICU病区快两个月了，3月19日的一张报表显示了他们的艰辛，截至这天他们共收治新冠肺炎确诊患者170例，其中重型75例，危重型48例；治愈出院85例，其中重型33例，危重型15例。接收病人最多的一天，收治了125名患者。疫情不会遥遥无期。

3月初，在队员们为郑军华举办的生日会上，郑军华许下了他的生日愿望：一定要把这支医疗队平平安安带回上海。

在这次巅峰亮剑决战时刻，上海第一批医疗队给了武汉人民迈向胜利的微笑。

（部分资料参阅了2月4日《新民周刊》"首批上海援鄂医疗队领队郑军华：治疗重症患者已积累一些经验"资料）

第四章

医者奏响生命曲

（14）

中国新冠肺炎疫情是世界疫情的一部分。

地球是一个村庄，人类命运休戚相关。

江西与湖北一山之隔，一江相连。全国各地医疗队都在奔赴武汉、湖北。在江西各级医院，每个医生都在积极请战，整装待发。

南昌各大医院几乎都集中在八一大道附近。前几年卫生部一位领导在这儿视察工作，开玩笑地说：你这儿可以叫医疗一条街了。下火车，往前走一站路，是铁路医院，现改名为南昌大学第四附属医院。又走一站路，是南昌市第二医院，又叫中西医结合医院。再往前走两站路，过了八一广场是省妇幼保健医院与南昌大学第二附属医院。二附院对面为江西中医药大学附属中医院，其隔壁是福州路上的南昌大学附属口腔医院。口腔医院后是南昌大学第一附属医院，过了一附院就是省儿童医院，走到八一大桥桥头是江西省人民医院。再拐一弯，两站路，是南昌市第一医院，现在改名为南昌大学第三附属医院。江西省医学界最好的专家与最好的设备都在这一条街上。

南昌大学第一附属医院，现在统一叫东湖院区。防控工作是这样开始的。

医院规培楼教务处会议室。

今天这里不是开会，是开展科普讲座，对象是医学生。要回家过年了，教务处要求，这个寒假把预防新冠病毒肺炎的工作放在首位。为让学生多获得一点自我防疫的知识，教务处临时决定，请呼吸科的白博士给实习生、规培生、研究生讲一堂预防课。

白博士文武双全，专业强、文笔美、口才好，深得学生喜爱。似乎她没准备，没有板书，没有挂图，走上讲台，开门见山地问一句：你们了解新冠病毒感染的肺炎疫情吗？

知道，不就是"非典"那样的呼吸道疾病吗？

错了。冠状病毒是一个大型病毒家族，已知可引起感冒以及中东呼吸综合征（MERS）和重症急性呼吸综合征（SARS）等较严重的疾病。新型冠状病毒是以前从未在人体中发现的冠状病毒新毒株。主要是呼吸道飞沫传播。

在防控工作中逐渐对这种病毒有了新认识。可能比非典传播力更强，毒性更强，潜伏期更长。面对这种陌生的病毒，全世界医学家携手全面跟进研究，包括治疗药物、疫苗等。目前防御的方法简单到只有三句话：不出门、不相聚，出门戴口罩，回家先洗手。复杂一点说，少去或不去公共场所，保持呼吸道卫生，坚持安全饮食习惯，戴口罩，常洗手。尽可能避免与任何表现出有呼吸道疾病症状（如咳嗽和打喷嚏等）的人密切接触。

你们是医学生，你们应该比非医务人员掌握更多的自我防护知识，懂得更多的防病道理。疫情是敌情，病毒是流弹。你不认识它，它会袭击你，病毒无情，它不会慢慢地飞一会儿，让你躲一躲。击中了，就倒下了。轻则治疗后痊愈，次之留有后遗症。重则，死亡。我想，你们谁都不愿意与这个世界再见。戴口罩不是怕死，不是胆怯，是让我们为病人服务得更久远。手术戴口罩是防止我们脸上的细菌传播给病人，内科查房戴口罩，既不把自己的细菌病毒传给病人，也防止病人口鼻的细菌病毒通过呼吸道传给医生。希望你们了解戴口罩的重要性。拉门、按电梯、扶楼梯的手都会与外界接触，都有可能接触病毒。七步洗手是清除与减少手上病毒最好的方法。面对疫情一定要学会保护自己。但愿你们如期平安归来。

白博士反复叮嘱，回家路上——戴口罩！回家过年——戴口罩！戴着口罩，迎新春，记住啦？！

在座的学生并不知道口罩在中国使用的推手是伍连德医生。

100多年前大家都不知道肺鼠疫可以通过呼吸致人与人间传开。伍连德医生对死者进行尸体解剖后，提出了自己的见解。他要求政府下令，每一个参与防疫的救护者必须戴口罩，每一个老百姓都必须戴口罩，每个人都得戴，如有不遵守者，即以违警论处。这一措施在哈尔滨、铁岭都得到了执行，全国也一律强势推行东北的防控办法。伍连德发明并督令赶制出大批口罩——一种特殊的加厚口罩。这种口罩制作方法简单，价廉物美，每个只需国币二分半。老百姓称之为"呼吸囊"，后人称之为"伍式口罩"。

口罩是伍连德的三板斧之一，它有效地降低了鼠疫传染率，挽救了无数人的生命，使死亡率大大降低。这种方便实用的口罩，受到参加万国防疫大会各国专家的连连点赞："伍连德发明之面具，式样简单，制造费轻，但服之效力，亦颇佳善。"

在西方，因戴不戴口罩出现了党派之争、国民与政府之争、总统和各州长之争、政治家与专家之争、国外华人与国内华人之争、保命派和"只不过是一场流感"派之争，各阶层都演绎出一个一个有趣而匪夷所思的口罩故事。世人可以就此写出一篇关于"西方政治与口罩文化"的社会学论文或故事。中国医生没有写故事，一附院人为自己编写了一支朴实的口罩歌，唱响在 2020 年医师节的晚会上：

中国医生胸怀大，哪里需要哪安家。

地震、水灾、疫情地，戴上口罩就出发。

中国医生真无瑕，迎战疫情佑中华。

隔山隔水不隔心，戴上口罩就出发。

ICU 里守病人，呼吸机前眼不眨。

忘了饥饿忘了累，呵护生命责任大。

我不是英雄不要夸，夜半三更也想家。

我是父母的乖乖崽，我是甜女的好爸爸，

希望早日摘口罩，平平安安回到家。

叫声爸，叫声妈，给我妻子送束花。

东湖院区，发热门诊。

判断发热患者是否是疑似新冠肺炎病例的是发热门诊，发热门诊是疫情防控工作中的第一道关卡、重要一环。

两层手套、两层帽子、两层鞋套、一层隔离衣、一层防护服外加一副护目镜，这是疫情下发热门诊医生每天工作前要装备的全副武装。

疫情公布前期，民众紧张情绪蔓延，大量病人涌入发热门诊，他们急于想知道自己是否感染，他们都不想让自己成为一个传播者。病人迅速增多是正常的。为了应对激增的病人，减少发热病人在门诊交叉感染的风险，医院要增加医生。全院各科室医护人员时刻准备着支援发热门诊。

1月20日，这里发热病人数一天是250人次。

1月23日一天，发热门诊就诊人数高达551人次，高新分院是82人次。当天两院区发热门诊总人数创历史新高633人。一天24小时，12个医生三班倒已经不能适应形势了。培训，分流，增员。支援发热门诊，医生立即增到20个。最高峰时曾安排一天4个班次，每个班次4名医生同时接诊。全院有15个科室共68位医生前后支援发热门诊共计164人次。

说它是第一道关卡、重要一环的原因是，发热门诊可以减少传染源的扩散，尤其发现了疑似病例时，医生可以对其进行有效的隔离，进一步观察，一旦确诊新冠肺炎，患者将立即转入象湖院区。因为江西准备了足够的床位，所以，在江西省没有一个"明确诊断"与"疑似诊断"的患者在外面游荡。加上各个社区的严加管理，有发热的病人一般都能够在家自行隔离观察14天，有疑似病急送医院，也就是说，没有形成一个危险的疾病传播者，有效减少了传染源的游荡传播，这也是有效遏制疑似病例增多的主要原因。

各市县的发热门诊是病毒的前哨站，是江西省截断病源传播的尖兵阵地。

东湖院区门诊大楼二楼，普通内科门诊。

张主任接诊的一位病人是南昌县麻丘镇人，中年妇女。她摘下口罩说："专家，对不起。我不是自己看病，是给老公开药，我老公姓闵，是用我的身份证挂的号。"张主任说："请您戴着口罩说话。"

她拉了拉口罩说："这是我老公发来的微信，请医生看看，怕你们春节停诊，他要我先开一点药。他要大年三十才回来，医生勒，我们挣几个钱好难啊！一年三百六十天，没得歇！"

手机上显示的是感冒药、抗生素、止咳糖浆、去痛片。中年妇女告诉张主任：她老公在武汉华南生鲜海鲜批发市场卖肉。那片市场是江西人的天下，武汉卖肉的师傅百分之九十是麻丘人，武汉市场卤菜档大多是南昌人开的，武汉煨汤馆快餐店一半是南昌人当老板。"你说说，我们南昌人恰嘎啵（南昌方言，恰嘎意为：了不起）！"

麻丘镇是江西省南昌县一个下辖镇，位于南昌的东面，地处风光旖旎的万顷瑶湖之滨，全镇区域面积 65.5 平方公里，其中耕地面积 4.1 万亩，总人口 5.3 万。有上万人在武汉工作，农闲放假时，在家的老婆还会带着孩子去武汉旅游或帮忙。这位妇女是先回家办过年的事。麻丘距南昌市八一广场 14 公里，属南昌高新区，是南昌的东大门。南昌大学一附院在高新区办了分院。

张主任问："你怎么不去我们分院开药？"

"哎哟喂，听见一个分字，我就担心药不全。宁可多跑一点路，心里踏实。我老公也会开刀。他的刀比你们医生的刀重，身体不好就拿不起，吃不了这碗饭。杀猪卖肉也是门技术活。刀功好，才能将边边角角卖个好价钱。我们麻丘闵家就凭着这门手艺闯荡江湖。唉，就是名字不好听，杀猪的。"

老公发热，闵家媳妇心急心疼。张主任要求她换成老公的病历，给她开好了药，还给了她一张戴口罩知识的宣传单，内容有怎么识别口罩、如何正确戴口罩。她低头看了一页就放到口袋里了。

不知她会记得看不。她没想到，老公因发热回家就隔离了，开的药没有用上。

东湖院区五楼的口腔科诊室。

患者是本院的研究生洪梅，是湖北黄冈市黄梅县考来的学生。她牙痛，她买好了火车票，担心回家后继续牙痛，希望一次性解决。

"慢性牙髓炎，要换几天药。"老师说。

"老师，你有学生在黄梅县医院吗？我找他们换药。我家住在四祖庙下，不方便。老师，我加你微信，痛时就问你，我会早点回来治牙。"

也是没想到，湖北黄冈市的疫情不亚于武汉市，也进行了封闭管理，宅在家里二楼一个月。用她的话说，陷进包围圈里了。封路，封村，出不来啦。

（15）

南昌大学第一附属医院象湖院区。

一附院是新冠肺炎江西省省级定点救治医院。在江西老百姓心中位于南昌市区八一大道一侧的那家老一附院，现在叫东湖院区。其实，象湖院区才是这次疫情的正宗定点医院，离市区还有 40 分钟的车程。象湖分院编制床位 3200 张，其硬件设施是顶尖的，其医生都是引进的人才，以博士为主组成的团队。2012 年开工，2020 年交付使用。

门诊部在 2019 年 6 月 30 日有 9 个诊室和辅助科室，包括内外急诊的部分科室已经开始试运行。门诊部由副主任孔蕴源主持工作。感染控制处副处长向天新对门诊医疗质量与感染控制实行了严格管理。原本计划在 2020 年元宵节后，2 月 9 日，将规划给急诊科的 200 余张病床全面开放。急诊区域设有专门独立的医技检查等辅助科室。

新冠肺炎病人说来就来了，住院了。

院长明确了要求与规划：要做到召之即来，来之能战，战之必胜。一楼收治重症患者，调急诊科副主任周从阳负责；二楼收治发热、疑似及轻型患者，由呼吸科副主任许飞全面管理。ICU病房也设在二楼，请老主任钱克俭担当，两边的ICU的重症患者他都要负责。呼吸科、急诊科、普通内科医生、护士长、护士立即到位，医务处、感染控制处派出了专职医生坐镇。护理部主任王建宁与曹英副主任当场布兵排阵：江榕、杨珍护士长负责ICU；涂发妹、凌华、闵燕、王平红四位总护士长负责隔离病房；吴姝玲、勒春护士长负责急诊科。趁会后空隙时间，曹英立马要求护士长及护士加强培训。熟悉者在理论学习和演练中加强提高后即为人师；陌生者要严谨严格地训练，刻苦规范地操练，困难再多，也要克服。不过关，不上岗。有些护士没有隔离病房工作的经历，有的护龄只有两三年。给她们的要求是严格对病人、对自己负责。隔离，隔离，隔离。零感染！这是院长的要求。几个年轻的姑娘睁大了眼睛望着院长。院长笑着问：不懂吗？

其实，人类应对病毒性传染病没有太多的方法，目前最有效的方法只有两种：一是隔离，二是疫苗。

疫苗的研发周期很长，动辄以"年"为单位，远水救不了近火。伍连德东北抗疫100多年过去了，人类抗击病毒，步履维艰，老方法，老套路：隔离是防止病毒传播的唯一方法。隔离病房分级决定病人病情的严重性。这次病毒刚刚与人类交锋，来势凶猛。如果不严格隔离、及时控制，在地球上，新冠肺炎感染过亿人并非不可能。

所以南昌大学第一附属医院院长反复提出医护人员要零感染。他们团队做到了。

隔离区内属于污染区域，采取二级防护，必须穿隔离衣、鞋套，戴口罩、帽子。隔离病房是三级防护，密不透风的防护服和面罩是一次性的，脱下来就不能再用了。熬夜致曹英声音沙哑，她想噤声，能吗？为了节约，她还是要发声："你们在投入作战之前喝一次水，解决完大小便，再穿上防护服投入工作。""中途不喝水，不去洗手间，坚持几个小时。能做到吗？"她问。

"能！"姑娘们娇嫩的声音冲出了窗外，飞上了蓝天。

从无到有，零点起步。细致的工作开始实施。保护好普通患者和疑似患者避免受感，建立好安全的人员通道和物资通道，有病毒污染风险的医疗废物要安全处理。一定要呵护好一线医护人员。再次检查，看看有哪些措施流程欠佳，有无需要改善，有无需要补充添购。医务、机关、后勤、装备、总务等相关部门负责人，不断来象湖分院实地查看，不断理顺转运收治病人具体流程，优化发热门诊就诊通道，加速完善隔离病房建设。上百次通话，十余次会议，多次实战演练后，形成了数个规范转运收治流程，清洁区、潜在污染区、污染区，各区物资设备分门别类，合理明确。

1月18日，东乡县人民医院请求会诊。医院派出ICU的副主任曾振国教授。这是江西省发现的第一例疑似病人。曾振国去后发现患者病情不稳定，就地治疗。

1月21日上午，医务处电话告知：解放军九四医院医务处来电说，他们接诊了一位发热疑似病人，要转来。

这天11：40，一附院第一例病人从九四医院转入，姓万。

1月22日早上8点，所有人员到达象湖院区内一病区，第一批医生8人、护士11人入驻内一科隔离病区。确诊患者及疑似患者一人一间，与普通病人隔离。这时去东乡县会诊的ICU的曾振国副主任来电话说，病人已经明确诊断，病情稳定，准备护送病人回医院，午饭后出发。等了六七个小时，护送的医务人员都穿了防护服，上车后无法用手机，两边联系不上。救护车到了医院门口都不知道。象湖院区医务处负责人吴重洋因疑惑焦急，不停出外观望，突然发现路上几个穿防护服的人，不知道什么时候到的。第一次遇到这样的事，一心想到病人的安危，自己竟忘了戴口罩就急着往外跑。这时已是 1 月 22 日晚上的七八点。

其实，此时很多人对新冠病毒肺炎的知识是所知寥寥的，包括一些年轻医生与护士。有必要科普几句：

新型冠状病毒性肺炎诊断标准经专家讨论后制定为：

1. 发病前 14 天内有武汉地区或其他有本地病例持续传播地区的旅行史或居住史；

2. 发病前 14 天内曾接触过来自武汉市或其他有本地病例持续传播地区的发热或有呼吸道症状的患者；

3. 有聚集性发病或与新型冠状病毒感染者有流行病学关联，称为疑似病例。表现是发热。影像学肺炎特征化验是病早期白细胞总数正常或降低，或淋巴细胞计数减少。

疑似病例具备以下病原学证据之一者，可以确诊。

1. 呼吸道标本或血液标本实时荧光 RT-PCR 检测新型冠状病毒核酸阳性；

2. 呼吸道标本或血液标本病毒基因测序，与已知的新型冠状病毒高度同源；

3. 影像学有符合诊断的改变。

这夜，第二例新冠肺炎患者罗接根，入住危重病房，这例系江西首例重症患者，入院病例第二例。二位患者均有赴武汉回赣史。

（16）

　　新年临近，象湖院区保洁员不辞而别。扫地、抹桌子、拖地板、清理医疗垃圾谁来做？这个问题没有解决，医院难以开诊！工资提高到每天1000元，依然无人问津。回家过年，不愿出工；疫情加重，害怕传染。到了举枪射击时，子弹不能出膛。院长召开紧急碰头会。护理部王建宁、曹英两位主任商量，这事不能憋死我们，我们护士上吧！院长松了一口气。还有一口气继续憋着，她们都是年轻的姑娘，都是大学学历，这思想工作怎么做好？不能用道德的绳子绑架她们啊。该给的待遇不能少！院长心里十分感动。院长没有过多地表扬赞美，只说了两句话：防护工作第一重要，要保证小姑娘零感染，要保证她们的权益。后来请到一个护理，却不敢进病房。只有护士上。那些日子，护士身兼数职，得做心理护理，当护工，当保洁员，总之病房里的一切杂事全承担了。每一个床头柜，走廊的每一个扶手、门把手、病人的厕所，所有的地方全部都得擦拭消毒。每一次卫生打扫下来，都大汗淋漓，防护服里面全部湿透了。她们穿着厚厚的防护服打扫卫生，抹上抹下，深呼吸动作不方便，工作量很大，不到半小时内衣就湿透了，只有自己知道。

　　在这艰难时刻，医院出现这样的"险情"，医务人员义不容辞勇于担当。面对一个个传染病患者，为他们一口一口喂饭喂水，搀着他们上卫生间，扶他们上床下床，为他们系裤带，为他们清洁杂物。他们穿着厚实的隔离衣，患者不认识他们是谁，但都知道他们是为了谁。安静的医院，隔离的病房，永远不静止的是呵护生命的脉动，隔离不断的是人与人之间的情感。天下父母如果看到自己的儿子、女儿是这样当医生、当护士，除了感动，更多的是心疼叹息、怜爱流泪。天下患者的子女或父母看到这样的医生与护士还有什么不放心。

每天收治的病人增多，隔离病房不断扩张，从二楼扩张到三楼，从一个病区扩张到数个病区。天天组织人员培训、部署诊疗工作、调配仪器设备、规划新开隔离病房……进展速度让领导放心。第一周，每个医护每天睡眠不足五小时，这个状态让领导心痛。这些人都是医院的骨干、江西省的精英啊！增援！刻不容缓。10 余位医疗专家和近百位护理人员主动支援象湖院区。

"随时出发！"一封封按着手印递交上来的请战书，印证了医者誓言。他们来了，戴着口罩就出发。选择逆行，放弃休假，告别子女，告别父母，只为更多人的团圆。左玮把机票退掉，把父母和孩子送往广东过年，自己留在一线；急诊科刘旻取消婚礼；急诊科张思远一家三口都是医务工作者，在不同地方战"疫"；急诊科的林时荣夫妻双双上阵……非常时刻，医护人员都有非常的行动。理由很简单：我们是穿白大褂的人，职业所在，一心赴救。我们不去，谁去？我们不上，谁上？

平时沉默寡言的老主任钱克俭只说了一句："医生的本领是用来救人治病的，这样的时刻，难道还要派轿子抬你去？"呼吸与危重症医学科副主任许飞说："我是党员，我第一个去。"副主任谢世光一直在一线，他一笑："我回去过年，我不是逃兵了吗？"急诊科副主任周从阳每天驻扎在象湖院区，在发热门诊已有一百天没有回家休息了。呼吸科余晶晶肺部有旧疾，有感染风险，还是坚持在一线隔离病房。

后勤机关人员全面配合。紧急调配的医疗床、床单被套如期到达。为了确保病人抵达即可收入治疗，机关后勤和换班的护士长们组建了 20

余人的"铺床团队",套好被套,铺好床。于2月7日凌晨3点全部摆放到位。

医院购置了数部手机,放在污染区、清洁区等不同区域专机专用,设置"值班医生""护士站"等微信号,和患者一对一联系,通过视频问诊"零距离接触",减少接触传染的概率。医院协调通信公司进一步优化通信网络,保障信号通畅,可以不必频繁进出隔离病房就可以随时询问病人的病情和体征了。

为解决医护人员的住宿问题,医院决定每3层楼选1层,选几间房,放置上下铺的床。一间房只有一个卫生间可以洗澡淋浴。医护人员多,换衣要时间,洗漱要时间,洗澡排队,不仅是生活条件变差了,更重要的是占用了时间。往正处说,是对她们的锻炼;往关心层面说,还是体贴不够。说实话,大家很心疼这群小护士。心疼很快传染给了领导。一定要解决好她们的吃饭、睡觉、水电冷暖问题。李敏华副书记与副院长乐爱平都来督阵。李书记在院区附近找到了三个适合的宾馆,还联系公交专线往返于象湖院区与三个宾馆之间,在最晚班次护士下夜班那个点来接送她们。

为解决地下室一个管道不通畅的问题,乐爱平连续三四个晚上都是深夜坐镇督工。两个领导说:要让夜班护士白天能洗澡,能睡安稳觉,能有一点自己的空间。水电吃用,只要还有一个职工不满意,我们不回家。

年前又出了一拨"险情",炊事员提前回家过年,走了。谁做饭?天天方便面?叫外卖?吴重洋说:自己来。这真是站着说话不腰疼,你能行?家常便饭谁都行。自己掌勺,自己洗菜炒菜,自己弄饭。自己动手,丰衣足食。最后,这项炊事工作成了大家表现自己的一个小舞台。劳累艰难中,还增加了一点乐趣。后来,他们得知武汉金银潭医院也发生了这样的"险情":保安与卫生员在年前看到疫情凶猛,一百多号人全部跑光了。金银潭医院机关人员全部顶上，加入给病人送饭服务的队伍。

吴重洋的专业是放射医学，他是最早的进驻者之一。全面负责象湖院区医务处制度流程制定与规范协调工作。领导照顾他们夫妇，很快将他的妻子、总护士长王平红调入。他们在同一栋楼，居然没有见过面，只能通过手机联系。两人深感责任大、事情多、任务重。双方约定只发微信不通话，保证工作通话畅通无阻。除夕也在象湖院区过。"回到家里，心里也不踏实，只有跟同事们在一起奋战，才能坦然。"王平红说。她女儿今年高考，每天只能以吃外卖为主。"女儿耶，爸爸妈妈高考是自学的，你就继承爸妈的传统吧，自学成才！相信女儿必胜！"深夜回家，女儿还在灯下苦读。妈妈含着泪走进厨房，做了一碗鸡蛋汤，无声地放在女儿桌上。有时，忙到天快亮了，他们也要拍一个照片，写上"武汉加油！中国加油！"字样发到微信朋友圈后，再打呼噜。

这里已经吹响冲锋号，战疫打响了第一枪。这里集结了500多医护、后勤的大团队。最前沿的隔离病房，有30多名医护人员组成的核心诊疗团队。

这里无疑是主战场，是坚守江西抗击疫情最前线的一支主力部队，是攻坚克难、救治危重病的重点救治医院。这里第一时间接收了江西最多、最危重的患者。医护人员用自己的血肉之躯，为赣都大地千万个家庭筑起了一道抵挡疫情、守护平安的防线。

这不是遭遇战，是一场持久战、攻坚战。向前，向前，向前，我们的队伍向太阳，逆行在战疫的大路上！不怕困难，无畏艰险，团结奋战，守护病人，筑起防疫的平安城墙！谁说戴了口罩不能唱歌，心里的歌声一样可以飞向家中报告平安，飞向天空，告知中国医生的实干与担当。在这个危难紧急的时刻，中国医生以命相搏，要为患者点亮生命之光。

1月24日，除夕到了。这天入院病人总数达10人。

除夕夜，救治工作依然忙碌。隔离病房不能开空调制热，却能感受到医患之间的别样温暖。江榕护士长给患者盖上加厚棉被。夜色渐浓。轮班正好到点，就在隔离病房外的会议室小桌上，"年夜饭"启动，里面有许飞爱吃的香肠，也有江榕专门点的水果。这夜，护理部王建宁主任在象湖隔离病区与护士、患者一起守岁。《难忘今宵》唱完后，她才轻轻地走出病区。

第五章

逆行战疫领军人

（17）

象湖院区病床扩展到 800 张。发热门诊对轻型新冠肺炎病人能做到应收尽收，原因是兵马未动粮草先行。

2020 年 1 月 18 日，在传达江西省卫健委紧急研判疫情、部署工作会议上，南昌大学第一附属医院院长对全院医务人员提出要求，一旦进入"战斗"，医务人员、工程人员、后勤人员等前线"战士"都会面临感染的风险，但要做到"所有人员零感染"。医院安排感控团队对全院医生、护士、机关干部，包括保洁、保安和工人，全部进行院感防控知识培训。要求一线医护团队严格按照 4 小时一换班，让医务人员有足够的体力回到岗位。

这位院长是谁，能做出这样牛的指示与规定？

看看一张工作进度时间表：

2020 年 1 月 8 日上午，院长组织各职能处室负责人召开紧急碰头会议，成立了南昌大学第一附属医院新型冠状病毒感染的肺炎救治领导小组，院长亲任组长，分管领域相关院领导任副组长，各职能处室负责人为成员。确定新型冠状病毒感染的肺炎救治指导专家及救治小组成员名单，成立东湖、象湖院区病房，制定《南昌大学第一附属医院新型冠状病毒感染的肺炎救治小组工作制度》，落实首诊负责制和会诊制度，为做好重症病例的医疗救治和会诊协调工作打下基础。

1月15日下午，根据江西省卫健委紧急通知，紧急召集相关科室负责人开会，传达会议精神。院长提出要求人员到位、物资到位、防护到位、培训到位、演练到位、防控到位、责任到位。

1月16日，中层干部会议传达了"战疫"精神。

1月18日，传统小年，江西省卫健委召开会议研判疫情、部署工作。会议后一小时，院长进了医院3号会议室，向院领导班子、职能处室部门负责人传达党中央国务院、省委省政府的指示精神，就如何应对工作进行现场部署。2个小时后，会议精神与部署的工作向全院公布，形成工作联动机制。

1月20日，院长参加江西省卫健委疫情工作会议。这天，针对新型冠状病毒感染的肺炎疫情有关防控情况，国家卫健委高级别专家组组长钟南山院士接受了白岩松采访，回应了民众的关切。院长电话指示，一切有空余时间的职工收看。

1月22日，江西省卫健委公布发热定点医院，南昌大学第一附属医院为省级定点医院。院长要求医务处及相关的科室收集全国各地疫情动态，对疫情发展进行研判，制订疫情防控救治方案，为各项工作顺利开展提供了制度保障。

1月23日，国家卫健委督导组来象湖院区检查工作。下午新冠肺炎防治工作再部署。院长强调要全员培训，做好物资调配，重点保障发热门诊、呼吸科等一线部门。

工作的内容与进程，这位女院长早已成竹在胸。

当"不明原因肺炎"多次曝出后，这家医院就开始了密切关注。医院及时制订了适合综合医院的院感防控方案，成立了疫情防控领导小组和专家救治小组，后勤部、设备部联手紧急调配了一批防护物资和抢救设备。1月14日，在国家卫健委召开电视电话会议后，她立即启动了新型冠状病毒性肺炎院内防控应急预案。

1月22日晚，湖北省疫情防控工作新闻发布会上通报的最新数字是，截至22日20时，湖北已累计报告新型冠状病毒感染的肺炎病例444例，17人死亡，17个死亡病例均发生在武汉。她再次督促隔离病房的改建加速。可以这样说，南昌大学一附院启动防预机制，在江西是最早的，在全国绝不是"拖后腿的"。

当武汉市卫健委公布不明原因肺炎疫情的进展情况及相关文献提示病原体为新型冠状病毒后，她迅速跟踪信息进展，着手制订应急防控、救治方案，组织相关培训。

她先知先觉吗？

远离武汉、湖北的专家们，可以从汹涌的信息里冷静地提炼出三个时间节点：2019年12月初，武汉发现了不明原因肺炎。会传染吗？是传染病吗？医生会自问。1月初，间断有三波北京专家去武汉。说明有分歧，或难以下结论。难点就在三个字：传染否？资深的有经验的专家都会以预防的方式认真观察，有了结论再说。这时的她既天天看武汉官方报道，也会分析同行讲述的武汉实际情况。她开始了准备。

她说，我是一名呼吸科医生，我经历了2003年"非典"、2009年甲流、2013年禽流感。我的经历给了我责任与义务。敏感源于我的专业，行动源于我的职责。我是井冈山土地上、五星红旗辉耀下成长起来的医生，是党培养的院长。在疫情期间，我要为政府做好参谋，要为老百姓做好呵护。她 5 次编撰疫情研判报告递交江西省指挥部，提出了无症状感染者的治疗以及出院患者管理办法，2 次牵头起草了提高治愈率的专家意见。当新余发生 20 多人的"聚集性"病例时，她带着 2 名专家组成员，奔赴新余实地调查疫情和指导防控，当晚返回江西省指挥部，完成调查报告。这夜，通宵达旦。

她尽力作好对疫情进度与深度可能的分析，把握原则，对自己也对员工提出更加"严苛"的措施与要求。

南昌大学一附院刚刚度过它的 80 岁生日。它创建在抗日的烽火中，发展在八一军旗下。它成立之初是由中国政府自己创办的第一家医学院——中正医学院的附属医院组成的。1949 年整编为解放军第四军医大学附属医院。几经变更，1958 年，以解放军 173 医院名义集体转业，改为江西医学院第一附属医院，迄今已是集医疗、教学、科研、预防保健于一体的省直综合性医院，全国首批三级甲等医院。有永外正街即东湖区的老院本部，与象湖院区、高新院区共三个院区。医院本部有编制床位 2900 张，象湖院区编制床位 3200 张。医院连续五年进入自然指数中国医疗机构百强榜。2018 年医院门诊量 278 万人次，出院病人 15.1 万人次，手术量 6.9 万台次。

她曾为自己接任院长自豪又忧虑。这是江西最大的医学界平台，只能担当，做好做强，不能失误失策，不能辜负了领导与群众的期望，要对自己的角色负责。1985 年，自江西医学院医疗系毕业后，她一直在临床工作。尽管 2001 年担任了呼吸科主任，那毕竟是"业余"，是一个科。她没有把自豪顶在头上，把忧虑放在怀里，而是抹去头上的光，甩掉心中的虑，轻装上阵。一头挑的是思考，一头挑的是奋进。再过 20 年，医院就是百年老院了。一代又一代一附院人要敢于向前。"提升百强，挺进百年。"既要做到稳步迈进，又要做到每一个节点领先一步。她说，在很久以后，晚辈的年轻医生问我们：你们真的努力过吗？我的回答应该是微笑的、自信的。这是她的愿望。

2020年1月29日，星期三，15时，南昌。在江西省人民政府新闻办公室举行的江西省新型冠状病毒感染的肺炎疫情防控工作新闻发布会上，她以江西省医疗救治专家组组长的身份，介绍江西省新型冠状病毒感染的肺炎疫情联防联控等工作情况，并答记者问。

她叫张伟，一个很普通很普通的女知识分子。

群雁齐飞头雁领，一马领先万马奔。火车跑得快，全靠车头带。

这天，南昌大学一附院党委发布了《致一附院全体共产党员的倡议书》，全院55个党支部共1192名党员主动请战。

（18）

象湖院区项目建设指挥部加快推进住院部整体工程。计划于2020年3月9日，部分专科病房全面开业，开25个病区，800—1000张床。大科室开1—2个病区，有的小科室要合开一个病区。5月9日，各专科病房按照患者需求和业务能力全面开放。

象湖院区住院大楼还没有设置传染科，因考虑乙肝、结核病人在逐渐减少，且东湖院区感染科有一栋楼，原本考虑象湖院区门诊住院部接诊就绪后，再破土动工。一切在按部就班、有条不紊地进行。但突发的疫情打乱了计划。此时此刻，还在做最后整修的象湖院区会被病毒打得措手不及吗？

当看到"不明原因肺炎"信息后，张伟院长就带了呼吸科几位医生来了。到了象湖院区，她没有多言，只说了一句：粮草先行，不要临时抱佛脚。当时大家还不理解这句话的意思。在门诊大楼，她从一层到五层仔细看了一遍，准备利用200张床筹建隔离病房与ICU病房。她十分清楚，一旦疫情暴发，在东湖区老院新开辟或增加病区是不现实的。医院严控加床。假设每个科都要加，脑溢血，加不加？心梗，加不加？喉头水肿，紧急气管切开，加不加？尽管有预留，也只有一到两张病床。骨科一晚上有时就来四台急诊手术。再则，象湖院区远离市区，能起到大隔离的作用。只有让象湖院区提速完善。

还存在两个问题，原来的规划与这次实战要求不一样。一是病房改造，比如，设置隔离病房。二是医疗设备要跟上。每个人都清楚了张伟院长未雨绸缪的先见之明。

南昌大学一附院党委书记舒明不是医学专业的，但他特别钟情医学人文。他理解张伟、尊重张伟，带领医院领导班子默默地支持她。舒明书记深知，一个单位、一个团体、一个部门形成了"头雁领航群雁齐飞"的局面，就改变了一个团队、一个单位的面貌，给群众带来希望的光亮、奋进的力量；事业的成功，最有效的动员令就是"率先垂范"，上行下效。俗话说，"强将手下无弱兵""严师出高徒"。说明"关键少数"领导的才能、模范作用与团队未来的命运息息相关，"关键少数"能提高团队的整体素质，带动整体步步向前。他虽然不懂专业，每次疑难病、急危重症病人及死亡讨论他都准点参加。

院领导来象湖院区开了几次现场会，达成共识，把东湖院区的中层干部调一些来，确保工作运转。院办副主任黎国庆、后勤处支部书记周时杰、工会副主席何东泽、保卫处副处长胡军红都调到象湖院区理顺本部门工作。临近春节放假，张伟院长来到分院强调说："呼吸科所有医生不能休假，重症医学科、感染科、急诊科留人值班，全部待命。"院领导对每个病房作了安排，按病情"分区管理"，"一人一策"。重型和危重型病人由重症医学科和呼吸科来管控。急诊科医生负责有基础疾病的患者。她还专门制订了"新冠"病人会诊流程，包括请中医科来指导会诊。比较清醒的患者由多学科参与治疗。机关后勤专人值班。

1月21日收治了第一例病人后，疫情迅速发展，市外省内会诊不断。象湖院区新冠肺炎治疗多学科的团队人员组建完成，技术力量与设备储备足，也科学有序地做好了预警防控治疗工作，江西患者尽管天天增加，但病人得到了稳妥科学的治疗保障。

1月24日，江西启动抗击疫情一级响应，象湖院区已在试运行，且临时改造用于专门收治发热病人，床位数已达200张。随着疫情不断升级，为了做足"战时准备"，省委书记刘奇指示，增加500张储备床位，元宵节前达到使用标准。当天，医院领导都集聚在象湖院区及相关部门开了现场会。针对省委书记刘奇提出的进度与500张床位的标准，张伟把工作具体化了：门口的路，急诊一、二、三楼的床位数，住院部大楼的床位数，呼吸机、心电图等配套设备与物资，医生护士的配备，全都细化部署了。一次性的医疗用品每天消耗大，物资如何保证？500名医务人员是基数，只有增加，不会减少，四班倒。重症病人插管、气管切开一班次需要5—9人。如果疫情时间延长，第一批人员要休息管理两周。所以要有两个足够：技术人员与物资设备足够，包括床位，也要有两个保证：每个患者不等床，每个医务人员不感染。

根据张伟院长的要求，舒明书记作了部署与领导责任分工。第一，写好《致一附院全体共产党员的倡议书》。第二，要建立两个临时党支部：

隔离病房与重症医学科。援鄂医疗队成立后，同样建立了临时党支部。第三，主管医疗的副院长洪涛全面主持象湖院区的医疗工作。第四，请纪检书记胡勃负责防护物资总协调工作。疫情突变，全国防护物资都紧缺，南昌大学一附院也一样。为了保证防护物资的合理使用，纪检一定要参与。对各个临床科室的库存医疗物资摸底：每天的需求量、库存量是多少，提供物资的渠道有哪些，关键是要合理分配，不能外流，不要浪费。这个特殊时期医护人员防护物资使用一定要保证。舒明书记要求每一位副院长各负其责，人人挑担。

李敏华副书记负责宣传与党群工作，协助后勤保证医务人员能顺利上下班，让一线人员吃好住好。

曹力副院长负责将医院信息化手段运用到院内感染防控工作，用好医院信息化手段，搭建远程会诊平台。

曾元临副院长与胡勃书记一起统筹调配工作。为了保证全省危重病人的安全，要紧急调配十几台呼吸机、心电监护仪、血气分析仪，以及其他一些相关设备。口罩、防护服不能短缺。

发热门诊病人多，要合理引导，分区检查，避免交叉感染。确诊、疑似病人与象湖医护人员对接，包括司机值班。传染病的上报、流行病学的调研、员工的保健，都由陈志平副院长负责。

金国强副院长要保证象湖院区医生、护士、护理满员在岗。气候较冷，取暖设备、衣服、鞋子、保暖品要调配和统筹好。

远程视频教学工作由邱嘉璇副院长负责组织。很快，教务处按照教育部、省教育厅延期开学与"停课不停教、停课不停学"的要求，及时组织安排疫情防控期间本科教学工作方案，制订全校范围内实施本科线上教学方案。教学涉及 17 个教研室 73 门课程，第一临床医学院组织建立线上教学培训群，最短的时间完成老师平台身份认证，制订课程线上教学计划、教学日程，提醒同学们准时加入学习平台，及时完成所有在线课程，做到宅身开课，"线上"相逢。

基建是一块硬骨头。基建处处长徐玮妦、副处长吴磊在象湖建设指挥要扎根，乐爱平总指挥要加油。

副院长乐爱平总指挥有话要说："武汉封城，我们封路。工人难进来，材料运不出。填土铺路，紧急修筑污水处理系统，停工待料。按照传染病防治的'三区两通道两缓冲'的要求改造病房……完成时间至少需要30天。刘奇书记要求我们十四五天，我简单地调研了一下，我立下'9天完成储备床位的达标交付'的军令状！"

"行吗？"大家一惊。

"我们日夜加班，还要多出几天。"

啊，南昌也有了雷神、火神的速度。

最终确定象湖院区1号住院楼6—17层为病房，面积6.7万平方米。基建需要协调部门数十家。乐爱平安排专人与各级防控指挥部对接，7天里，指挥部发出各类告知书及证明协调函50余份；500余名工人、100名保洁保安以及近百名一附院干部职工奔赴一线赶进度；后勤处支部书记周时杰、工会副主席何东泽、保卫处副处长胡军红都参与协同作战。工人轮班通宵作战，管理人员"一日三调度"，早上督导进度，中午汇总进度，晚上"工作查房"，保证问题要在第一时间解决，不准有存量。乐爱平7天24小时吃住在工地。这时不问累与瘦，只问：成否？成否？

此时，一、二楼病区已经有了"新冠"病人。这无疑对施工的工作人员是一个威胁。预防为先。一是给500多名工人培训，讲述隔离、消毒知识。二是不能让工人发生职业暴露，给他们发放各类防护用品。累计发放医用口罩近 15000 个，医用帽、橡胶手套、酒精、手消、84 消毒液均按时发放，并教他们使用。三是李敏华副书记领队，每天有十余名医院行政员工陪同工人作业，告知防护方法，打消工人顾虑。结束时，参建人员未发生一起院内感染，并继续随诊。7 天时间，敞亮的新大楼按照要求改造完毕。在门诊大厅通往 1 号住院楼的过道里，通往病房的电梯分两边，按照传染病防治"两通道"的要求，一边专门提供给医务人员使用，另一边专门提供给患者使用。

1 月 29 日，大年初五。距离首次疫情通报已经过去了 8 天，江西患者在这天凌晨破百。全省有 3 例治愈患者在这一天出院。张伟院长为痊愈者送上了鲜花。在"全民战疫""全民紧张"的大环境下，象湖院区给了全民一个回声：只要大家齐心协力，疫情没有那么可怕。这夜，乐爱平在协调完新院区建设工作后，还上厨掌勺，做起了他的拿手好菜红烧肉。李敏华甘愿做下手，为一线的护士打菜端饭。她说："我们要检讨，我们的后勤工作不到位。"后来才知道前一天晚上，他们也是忙到凌晨四五点才睡。领导带头掌勺，来者自告奋勇，各显神通。人事处处长黄霞主动请命，带着五六个志愿者，将临时厨房打理得井井有条。洗、切、装、送，为一线医护人员提供四菜一汤加水果的配餐，在隔离病房的"战疫战士"们吃上了可口、热乎、营养的饭菜。她一不小心成了"厨娘"，网红了一阵子。

2 月 7 日，1 号住院楼达到交付标准，距离乐爱平提出的 9 天又提前了 2 天。

在全民战疫的时刻，最重要的是领头雁。舒明、张伟与他们的班子都懂这个理。头雁如何领头，领好头？头雁勤，群雁就能"春风一夜到衡阳"；头雁懒，只会"万里寒云雁阵迟"。头雁方向正，"战地黄花分外香"，

"千里江陵一日还"。

"正心"与"正身"是"头雁"创造齐飞的良好氛围的条件与实力。"头雁"迎疫领航，"群雁"协力前行，战疫才有成功之日。

他们这些"头雁"就是这样默默地助力，默默地协作，默默地支持这场战疫之战。897张床，每张病床配套的被子、枕头，15000个医用口罩，每天500个医用帽与500双橡胶手套，数字的背后是医者与后勤人员的滴滴汗水。

第六章

面对死神肩并肩

（19）

ICU 主任钱克俭教授习惯随手记录自己做的，或准备要做的事。下面是他的部分工作手记。

1. 2020 年 1 月 21 日，收治了第一例患者，"新型肺炎"时期的 ICU 应该算是开科了。

1 月 22 日夜间，江西省第一例新型冠状病毒肺炎患者由东乡县转入。当天组成了以钱克俭为主任的象湖院区重症医学科治疗团队。成员有重症医学科曾振国主任医师、潘烨住院医师、胡世林住院医师，呼吸科谢世光副主任医师、崔健主治医师，消化科黄鑫主治医师，急诊科刘诗文住院医师。

2. 1 月 25 日，使用第一台 ECMO，患者由新余市人民医院转入我科。

3. 由于病人增多，病人病情重，治疗任务多，于 2 月 4 日将挂职于上饶市人民医院的聂成副主任医师调回象湖院区，2 月 5 日将东湖院区重症医学科治疗组组长詹以安副主任医师调入象湖院区，于 2 月

11 日将东湖院区重症医学科副主任刘芬主任医师调入象湖院区，同时加入心内科医师易达松主治医师、胸外科戴少华主治医师、呼吸科姚晖明住院医师承担临床一线工作。

4. 2 月 11 日，第一例危重型患者从重症医学科出院。

5. 因抗疫需要，2 月 13 日，曾振国主任医师及姚晖明住院医师增援武汉，为保证象湖院区重症医学科高标准、高水平的治疗原则，再次抽调东湖院区重症医学科邵强主治医师及邓峰住院医师至象湖院区，增强医疗团队实力。

6. 自 1 月 21 日开始运行至 2 月 18 日，陆续从东湖重症医学科及各 ICU 调整护士及规培生共 95 人分十三批次（其中总护士长 1 人，重症医学科护士 54 人，规培生 12 人，其中各专科 ICU29 人）前来援助。目前有 7 个护理小组，每组 12 人。

7. 1 月 24 日，省委书记刘奇视频慰问。

8. 1 月 31 日，国家卫健委专家马朋林主任、徐小元主任针对危重病人进行查房，表扬护理团队。

9. 2 月 2 日，EICU 收治满床（11 张床），后开放 TICU11 张床。

10. 2 月 4 日，成立临时党支部，支部书记钱克俭，共计党员 23 人，收到火线入党申请书 40 多份。

11. 2 月 5 日，记者在此蹲点拍摄至凌晨三点。

12. 2 月 11 日，在病房已有 3 台 ECMO 运行的情况下，因病情需要一晚上连续上了 3 台 ECMO。

13. 2 月 17 日，病房病人总数 20 人，8 台 ECMO 同时运行，14 人有创通气，3 人 CRRT 治疗，3 人高流量氧疗，病房病人此种危重程度全国罕见。

ICU 是什么？

ICU，重症加强护理病房（Intensive Care Unit），又称加强监护病房，是治疗、护理、康复同步进行的综合治疗室。把重症或昏迷患者集中起来，提供隔离场所、设备和最佳护理，在人力、物力和技术上给予最佳保障，以期得到良好的救治效果。ICU 设有中心监护站，直接观察所有监护的病床。每个病床占地面积较宽，床位间用玻璃或布帘相隔。ICU 配有床边监护仪、中心监护仪、多功能呼吸治疗机、麻醉机、心电图机、除颤仪、起搏器、输液泵、微量注射器、气管插管及气管切开所需急救器材，发生疫情时能起到最好的隔离抢救作用。

ICU 工作节奏强，体力消耗大。ICU 护士必须有较为强健的体格以适应 ICU 紧张的工作要求。世界护理界对 ICU 工作负荷及护理人力配备有一个科学的评估方法，ICU 高效运转需要科学地安排工作时间。这次疫情期间，武汉市各医院 ICU 早期因为人员不够，医护人员工作时间一天达到 8 小时，严重超负荷，后来降至 6 小时，现在减到 4 小时的正常安排。

钱克俭，今年 59 岁，是博士、主任医师、教授、博士生导师，2002 年任重症医学科主任，2006 年兼任重症病教研室主任，现任江西省重症医学质控中心主任。

自担任 ICU 科主任以来，他一直工作在抢救生命的最前线。用他的话说："就算没有这场战'疫'，我那里依旧是全院最危险的地方，每天都会上演'生死时速'。我的工作就是从'死神'的手里抢人。"用一组数字勾画出他的形象：身高不过 1.7 米，稍胖，语速缓慢，语言简练；37 年医龄，26 年党龄，担任 19 年科主任，培养了博士研究生 3 人、硕士研究生 20 余人，治疗患者过万人，从"死神"的手里抢过来近万人。

"这次，人类面对这种陌生病毒的入侵，当一个个健康者倒下时，我不冲向前，谁冲向前？"他说。

他从穿白大褂那天起就寡言少语，他老师还担心，这样的小伙子如何与病人交流沟通啊。生活就是这样有趣，他分在麻醉科，与病人不需要过多的沟通。话不多，构建了他沉稳可靠的形象。他就是可靠，早年 ICU 工作人员少，白天他在病房，晚上他拎着包，还在病房。只要病人病情有危象，他总是在病床前。有他年轻医生安心，病人家属放心。他不属于冲在最前面的那群人，他是默默准备好了的那种人。"当新型冠状病毒刚在武汉被发现的时候，我就做好上一线的准备了。"他带着微笑，细言细语地说。这不，他在东湖院区查房，接到了院长张伟打来的电话，请他立刻到象湖院区组建隔离病房 ICU。"这种赶场救火的事情，我经历过很多次，我的手机一直都是 24 小时开机，保证能够随叫随到。"这次不同，新战场，新设备，有些医生还是新手，遇到突发事件处理速度、水平有差异，随叫随到不适应这里，ICU 成立了几天，他就坚守了几天。这是重症医学科的职责。

1 月 25 日，大年初一，他接到张伟院长通知，新余收治了一例黄姓重症患者。当地无法满足治疗需求，请求会诊讨论转院事宜。他坐了最早的高铁来到新余第四医院会诊。病人是从武汉回来的，有疫区接触史。回家后，他母亲还有家里其他几口人都感染了，他同事也感染了。双肺弥漫性毛玻璃改变，血象不高，核酸是阳性的，新冠的诊断是明确的。病人病情不太稳定，转院风险较高，评估后决定先将病人稳定之后再做转院准备。他抓紧这简短的时间对救护车随行人员进行了紧急培训，对呼吸机在各个阶段使用的细节、人员感染防控的措施以及路途上的具体注意事项，包括不能停车上厕所等细节，进行了讲解。用药后病人病情趋于稳定，夜色将至，他带队坐车同行，向南昌飞驰而去。

病人来到象湖院区，值班医生是曾振国主任。钱克俭告知大家，这位病人传染性强，提醒大家注意保护好自己。病人病情重，医生职业决定了抢救病人是第一位，当班的医护人员都来了。曾振国领着年轻医生崔健、刘诗文，江榕护士长，以及值班的护士来到病人身边，拿氧气筒，扶推车去接，各就各位地把病人安置好。面对具有强传染性的病人，医护人员没有任何退缩和惧怕，上了战场，就是为了病人，该怎么做怎么做，一心赴救，以命相搏。曾振国把呼吸机接好，参数调好。江榕把液体点滴全调好。该做什么穿刺，器械准备好。病人血氧饱和度还不错，平台压很高，将近35。病史不长，17号到25号8天左右，年轻。张伟院长和钱克俭主任当机立断，还是要做ECMO，早做。这时，已到了午夜了，钱克俭从起床去会诊快20小时了。病人这么强的传染性，曾振国提出："我来做，我和组上的医生，还有江榕护士长以及其他护士一起做。"钱克俭说："还是我来。"

曾振国说："你指导吧。"病人病情没有稳定，钱克俭心里一块石头就不会落地。呼吸机无法满足患者的治疗保障，是否能熬到天亮是一个问号。曾振国、江榕、值班医生护士都望着他，他太累了。张伟院长说："传染性强！主任担当。"

钱克俭回了一句话："病人只有42岁！准备，干！"

钱克俭、曾振国一起联手。

两人配合，天衣无缝。凌晨两点整，钱克俭说了两个字："好了。"ECMO顺利完成。得益于尽早的干预，一周后这个病人病情好转，2月4日拿掉了ECMO。

一波三折。虽然拿掉了ECMO，发现病人一个星期都不能脱离呼吸机。

几个专家会诊。病人不能自主呼吸，下一步决定进行气管切开，这个过程在穿着防护服的情况下操作难度很大，对操作的熟练度要求较高，特别是操作的过程中面临很大的暴露风险。谁上？钱克俭没有考虑，说："准备！"护士铺单，助手消毒，他主刀。一刀见血，拉开皮肤，避开神经，一刀准，从气道切口冲出气体与分泌物。迅速插管固定。不到十分钟就完成了气管切开。这是一个普通的救命手术，紧急气管切开解决通气，也就是平时说的闭死，是治疗，又是预防性切开，像这次这样，可以帮助病人渐渐脱离呼吸机。在紧急气管切开时常遇到没有防护设备、血痰分泌物直接飞到脸上的情况，医生顾不了这事一心想到插管。直到气道通了，才想到要去洗脸。

气管切开九天后，即2月21日，精准个体化治疗见到了成效。

病人脱离了呼吸机，可以开口说话了。奇怪的是，病人不仅没有一句感激之言，而是闷闷不乐，似乎对继续治疗有所抵触。只是希望尽早出院。医生提出需要观察，病人心情更加烦躁，不配合治疗。医护人员分别与他沟通，终于找到了原因，他是担心治疗费用过高，自己家庭无法承担，不要命保住了，人回家了，锅盖揭不开。钱克俭代表医院与他交谈，进行了耐心的解释，告诉他，是国家出钱治病。那瞬间，病人脸上眉间的愁云解开，心态好转，积极配合。2月24日，病人痊愈出院。他家属要找曾振国表示感谢，得知曾振国主任支援武汉，说："果真是强手好角色。"

这是象湖院区首例上ECMO的病人，也是首例下ECMO的病人。望着病人有了笑容的脸，钱克俭感叹地说："医患关系不仅是依靠医德医术，还离不开医疗费用的支撑啊。"

10天过去了，他吃喝拉撒没有离开过ICU。

张伟院长是他师妹，面对"坚决杜绝院内感染"的命令，他不敢有丝毫懈怠，严格执行。这次责任大，任务重。自己是从新手走过来的，要对危重病人不放手，也要给年轻医生锻炼成长的机会。他希望年轻人有一些心理负担，必须认真负责，但又要轻装上阵。以迎接"大考"的精神状态，投入到这场战疫战斗。为给自己科室的年轻医生带来信心与力量，他讲得多一点的是专业的话。但是这一次，气管切开他一个都没有放手，疾病的传染性太强了。尽管他年纪大，病毒会挑老人欺负，他觉得自己技术过硬，只要做好防护。刀刀握在自己手里，目的是保护年轻人。

2月5日，隔离病房ICU党支部成立。钱克俭是隔离病房ICU党支部书记，主持召开了第一次支委会。

"我们是建立在抗疫一线的党支部，要把党的政治优势、组织优势、制度优势转化为同疾病做斗争的优势。大家都是党员，要在工作中发挥模范作用，争做先进典型，团结一致将斗争进行到底。"最让他感动的是，会后，他收到了来自一线医护人员递交的入党申请书。"今天我们站在这，是为了全国人民的健康而战斗。支部是临时的，但是大家的初心却是永久的。"钱克俭说。

在隔离病房ICU有名新冠肺炎患者，从外地转诊过来已经有一个星期了，一直在呼吸机的帮助下维持生命，每天靠着免疫球蛋白、肠内营养乳等药物维持着身体机能。

"今天他的血压有些波动，伴有心律不齐，血氧饱和度也不正常。"隔离病房里，经管医生向他汇报病人每日病情。他叫来值班医生、管床护士，详细了解医嘱以及执行医嘱情况后，将其中一项医嘱在执行时间上做了细微调整，说你们继续观察。病人的各项指标渐渐恢复正常。重症医学科治疗的病人往往合并多重感染、昏迷、多器官功能衰竭等症状。在这里，首先要做的就是给病人生命支持，维持脏器功能，帮助其度过这一危险时期。

隔离病房 ICU 的病人，多数都有基础病，本身就脆弱的免疫系统，面对传染性强、致病性高的病毒，更是风雨飘摇。这不仅需要专业，还需要医生有良好的心理素质与道德。

凌晨 3 点，从污染区出来的他拿了一份饭放进微波炉。在负压隔离病房里，里外几层的厚厚口罩总是会让人感觉快要窒息，他有点喘气，拿了把凳子缓缓坐下。他已经在隔离病房 ICU 坚守了 25 天。在许多人眼中，他似乎没有以前那么灵活了，穿脱防护服需要有人协助。是不是累了？

有心的同事发现，他每天的微信运动步数都在 18000 步以上，超过了很多年轻的小伙子。整个隔离病房 ICU 长度前后不到一百米，18000 步足够在病房里走上百个来回了。"身体还行，比起以前是差多了。不过我还可以干得动。"看样子他不会走了，病人在，他就在。他关心病人，关爱自己的科室，谈起医生和护士，他充满了认可与自豪。他十分热爱 ICU 这个大家庭。"随时加入战斗已经成为我的日常，我的优点就在于能够充分利用碎片的时间休息，保证能以饱满的精神面对患者。"钱克俭这样介绍这些天他在一线的防疫状态。对于此次疫情，钱克俭很有信心，他的角色与往常一样，只是病种有些特殊。他的行动多了几层防护，稍有些不便，但却难以阻挡他从容的步伐。他的生活少了些规律，多了些变化，他的工作加满了强度，却做足了准备。

"有时是治愈，常常是帮助，总是去安慰"，这是西方医务人员的一句名言。"我们努力去治愈，热心去帮助，真情去安慰。病人一定会朝好的方向发展。"他现在还坚守在自己的岗位上。他全心全意救治患者，精益求精、注意细节的工作作风刻进了他的骨髓。他低调务实，不在乎名利的精神，在这次抗疫战斗中深深地影响了年轻医生的成长。诚如他说，要带出一批医生来。他已经在隔离病房 ICU 坚守了 30 天,还会继续坚守下去。

"讷于言而敏于行"，这七个字最适合用在他身上。

（20）

曾振国副主任是钱克俭的副手，ICU 的副主任，也是他的学生、同事，两人共事 22 年。他学历是博士，职称是主任医师。他是重症医学科党支部委员，2013 年任副主任，4 年后去美国伊利诺伊大学医学院做了一年多的访问学者，也是一个强手角色。参与过 H1N1 甲流、H7N9 禽流感、H10N8 禽流感、昆山"8·2"大爆炸事故等省内外突发公共卫生事件的救治工作。先后主持了国家自然科学基金 3 项及多项省厅级课题。发表的 SCI 论文及中文核心期刊论文只有 10 余篇，当然不能与三四百篇的专家比，那是天上地下。他的长项就是救人，把濒死者拉回人间。

1 月 18 日，江西省抚州市东乡县出现江西省第一例输入性新冠肺炎疑似病例，曾振国受命前往。到达东乡的第一时间，曾振国查阅了该患者各项生理参数、胸部 CT 以及检验报告，随即做出准确判断，采取无创通气，增加患者氧饱和度，联合抗病毒、营养支持等一系列治疗措施，并请钱克俭、呼吸与危重症医学等多个学科专家会诊，制订治疗方案，同时告知东乡医院同行采取严格的防护措施，保护好自己。控制好病情后，迅速带病人转院，最大限度上保护了医护人员与患者的生命安全。

1 月 22 日下午，曾振国从东乡护送第一个新冠肺炎患者回到南昌后，在象湖院区隔离病房一直坚守到 2 月 13 日，之后披甲出征武汉。出征前他接诊了一位黄姓患者，42 岁，因咳嗽，几天后有胸闷、呼吸困难症状，在抚州核酸检测是阳性的，影像学检查双肺是弥漫性毛玻璃实变影。因病情转重，于 1 月 29 日，大年初五，从江西抚州医院转入象湖院区。来时人清醒，给他进行的是无创呼吸治疗。做呼吸机参数调节，做侧卧位、俯卧位的通气，呼吸依然困难。很明显，病情在发展。

2 月 3 日晚，患者呼吸窘迫未减。张伟院长、钱克俭主任来看病人，决定进行有效通气，行气管插管。这是一个具有极强传染性的病人，虽然夜已近深，呼吸科崔健主任与主治医生卿城、主管护师张筱都来到病床前准备协助。医护人员戴了面罩上阵。那时还没有头罩。大家没有任何躲避、退缩，操作熟练，密切配合，确保这个气管插管进行顺利。先用镇静镇痛剂，又用了肌松剂，70 秒后，曾振国很顺利地把气管插管插进去了，呼吸机接上了，病人血氧饱和度明显改善。过程时间简短，没有任何喷溅，确保了大家的安全。但并非一插能痊愈，患者病情况继续在进展。在 2 月 4 日决定对他进行有创通气。

2 月 5 日，氧合指数还是差，只有 70 左右，氧分压除以氧浓度的话，呼吸困难明显，濒于呼吸衰竭。感染很严重，只有升级治疗，因此决定为他上 ECMO 治疗。时近凌晨，时不待人，在隔离病房工作了一天，大家心身疲倦，还得继续。有钱主任，有江榕护士长，有主治大夫卿城，有张筱，这支队伍足够了。

ECMO 操作平时需一小时完成。曾振国穿了多层的防护衣，戴了眼镜，眼镜又起雾，再加上戴眼罩，手套都套了四层，前面戴三层，后面要戴一层无菌的。视觉与手的灵活性都降低，操作难度就肯定增加了。

大家通力合作，两个来小时完成了操作。凌晨 3 点多了，终于可以脱下防护服睡觉去了。早上还要来查岗，看病人。防护服很紧俏，不能随便浪费，两个主任和一个护士长干脆再看一次病人，看看有无病情变化。病情明显改善，在转危为安，三人会心地笑了。辛苦是值得的，目的达到了。

几天后曾振国去武汉支援。他一直记挂着这位病人。第一天回答是，ECMO 现在还转着。三天后回答：还停不了 ECMO。他有点急，像亲人一样牵挂。因为武汉病人多，他抽不出时间去问了。有一天，微信里看到一条：明天出院。他放心了。

（21）

ICU 还有一位副主任。

"连续 11 天没回家，连续 13 年春节值班表里都有他！1 月 23 号来到象湖院区又是一直没回家。"说这话的是一位年轻的医生，这个他，是他的老师——谢世光医生。13 年没有在家里过春节？一个老患者不仅没有发出敬佩之声，还悄悄问了一句：是不是怕老婆哟。患者不太懂医生这个职业的特点。医生这个职业有严格的等级制。谁听说过 25 岁的医生名扬全国？唱歌、跳舞、演戏或许可以，医生永远不可能。五年大学，三年硕士，如果读博，又加三年。毕业后三年规范培训，还要有三五年的医院工作经历，才算是一名主治医生。谢世光正当中年，可用之才。年轻了，患者不相信，年老了，自己又做不动。这不是被逼无奈，是职业所定。13年里的早期年轻医生必然是一线班，中期可能是二线班。他是技术骨干，重危病人离不开他。每年春节前后，正是呼吸系统疾病的高发时节，在呼吸与危重症医学科诊室内，前来就诊的患者总是摩肩接踵，病房里是一床难求，好医生一样是一号难挂。在谢世光的记忆中，他连续 13 年参加医院春节值班，还真是实实在在的事。13 年来，别人全家团聚，他在值班；别人走亲访友，他在值班；别人乐享天伦，他还是在值班。他当属好医生之列。不然，何以担当主任？当国家和人民生命健康遭受病毒威胁的时候，怎能退后？又能退到哪去？"我的专业是呼吸与危重症，我不上一线，谁上一线？"说这话是要有底气的。忙碌是他工作的常态。人虽然没有回家，工作之余给家人报个平安，发个视频或微信也是常态。每天不断付出和忙碌着，每天做的事情重复而不重合。ICU 不像普通病房，以出院多少判断疗效。这里每天都要直面死亡的威胁，医生所做的，是让危重的患者病情能够稳定，否则容易出现生命危险。ICU 的目标不是治好多少个，而是把这些危重的患者病情稳定住，为未来的救治争取更多时间。

早上 8 点进 ICU，至少工作到晚上 8 点，每天不少于 12 个小时。谢世光目前负责 4 个病人，这 4 个都做了气管插管，其中有 2 个上了 ECMO，强度很大。医生除管理病人外，还承担病房的日常事务，包括转院病人对接，与医务处工作对接等。

每天的病人不一样，风险承受也不一样。

1 月 24 日，大年三十夜，一位新余病人转到危重病房，当时病情十分严重。接诊经管的就是谢世光，当晚，谢世光就给病人上了 ECMO。这是一种改良的人工心肺机，当患者的肺功能严重受损，常规治疗无效时，ECMO 可以承担气体交换任务，使肺处于休息状态，为患者的康复获得宝贵时间。第二天，谢世光给患者做了支气管镜、灌洗、核酸检测。这位患者传染性非常强，使新余 30 多人受到传染。为他做这些操作，谢世光要担当巨大的被感染的风险。隔着厚厚的防护服，给病人做了支气管镜、灌洗后，谢世光隔离衣内已是汗如雨注。尽管，这是冬天。这是象湖院区做的首个传染性疾病的支气管镜，其风险概率跟气管插管没有任何区别。但对病人的好处高于风险。一是短时间内可以支持呼吸循环，保护重要脏器；二是防止反复出现心跳呼吸骤停；三是在安全的状态下寻找并治疗并存症。

团队还是支持他做，唯一的要求是得全力以赴地为他做好自我防护工作。

最欣慰的是，这个病人在大家科学治疗、认真护理后，康复出院了。这个病人是象湖院区第一个做了ECMO康复出院的，团队也立即总结了经验。

最不安的是，对危重症病人来说，治疗可能是一个漫长的过程，因为病毒测试的转阴并不表示他就能出院，感染病毒以后所带来的后遗症才可怕。比如呼吸衰竭、气管插管、脱机拔管，到最后康复可能需要一到两个月的时间，甚至有些病人最后因为一些感染的并发症面临生命危险也是可能的，所以治疗还有一条漫长的路要走，丝毫不能懈怠。

1月28日晚上，有一个病人突发大面积脑梗，情况十分危急。已是凌晨3点，立马联系了3位神内、神外科主任扩大会诊。6位主任也是分秒必争地赶到隔离病房。结合几位专家意见采取了最优解决方案，紧急处理后，患者病情趋于稳定。几天后终于平稳。

对工作，谢世光充满激情与信心。

穿着防护服，身处隔离病房，人虽然与外环境隔离开了。但他们知道全国卫生资源紧张，为了避免浪费，在进隔离区前半个小时都不喝水，中途不进食，尽量延长防护服的使用时间，何况防护服穿脱也不方便。这也是对医护人员最好的保护。

这次，连续11天没回家，连续13年春节值班表里都有他。科里同志为谢世光医生点赞。其实他一直牵挂着亲人。他儿子明年升高三，他一直没时间关心，忙着自己的工作。儿子很懂事地说："爸爸，我支持你。"儿子的支持使他心中更内疚：他取得好成绩给我做礼物，我呢？他惦着父母，父母理解他：长时间没有回家，肯定是医院忙呗。初七后，谢世光与父母说了实话，父母多了一份担心。好在他爱人也在医院工作，多了一份理解与支持。家里小区已经封锁，儿子在家里一直没出门。妻子中午要赶回去给儿子做饭。他们夫妻两个人都很辛苦。

他喜欢这样一句话："苟利国家生死以，岂因祸福避趋之。"

2020年3月7日0—24时，江西省无新增新型冠状病毒性肺炎确诊病例，新增出院病例2例，累计确诊病例935例，治愈出院病例918例，死亡病例1例；仍有重症病例2例；疑似病例0例。钱克俭、谢世光他们终于坚持到了这一天。武汉的曾振国却还在ICU战斗。截至3月5日，国内数据显示：湖北的致死率是4.2%，武汉是4.6%，最高时，一度过10%。广东是0.51%，浙江是0.08%，黑龙江是2.7%。

不是武汉医疗水平低，是病人急剧增多，到了一床难求的地步，影响住院，影响及时治疗，增加了传染源。

病毒首先在武汉发现传播，其他地区大多数都属于零散的输入性感染。武汉人口高达1500万，在全国支援之前，床位、口罩、消毒药、药物、医务人员等资源严重不足，其他省市因为患者数目小，相关资源较充沛，所以致死率低。人类能否健康长寿取决于多种因素，世界卫生组织指出：7%取决于气候与地理条件，8%取决于医疗条件，10%取决于社会条件，15%取决于遗传，60%取决于个人的生活方式和行为。这次武汉、湖北死亡率高的原因即一目了然，也值得深思与反思。

（22）

以往春节，许飞都是主动值班。今年例外，父亲数月前去世了，母亲一人留在老家，他心不安，老人家会因寂寞而难过。他破例提前请好假，一家三口打算回老家陪老母亲。突如其来的疫情，没有了例外。医院是主战场，他是科室副主任，主力中的主力。他放弃了回老家，冲到战疫的最前线。他有自信的本钱，有 27 年工作经验，有 2003 年非典救治工作的经历。17 年前，在北京协和医院读博，他也是这样主动请缨，参与一线救治，获北京协和医院抗击"非典"先进个人荣誉。如果说，他那时是一名战士，如今他应该是团营长了。"这个时候我不上，谁上？"他对自己说。他要带着自己的团队冲在最前线，做一名尖兵排的排长。他的研究生这样向记者介绍他："江西的许飞，不许疫情飞。"是吗？

1 月 22 日，许飞匆匆告别家人，简单收拾行李后带领团队进入象湖院区。他负责普通隔离病房医护团队的组建工作。医生组有许飞、周从阳、向天新、程娜、李菁、刘志成、刘旻、甘星 8 人，护理组有闵燕、唐侠、甘星、熊素芬、肖艳婷、严青、王巧林、管亚群、范蕾、席晨霞、周文欣 11 人。根据科室的规划，他将人员梯队建设、专科知识技能培训、物资筹备、院感防护等工作一一罗列，详细记录，并逐一落实。

第一夜，他与队友们谈心，他们正处于他当年参与斗"非典"的年龄，有"90 后"刘志成医生、"95 后"的甘星医生。真诚与他们分享自己在应对非典时的经验；鼓励他们克服恐惧心理，树立沉着应战的信心；要求他们要有医生职业道德和爱心，要把自己的生命与患者的生命紧紧地联系在一起，勇敢迎接挑战。"医院是你们的舞台，是我们的后盾。"

他告诉年轻的医生，在北京，他就是这样跟着老师进入隔离病房的。那时的隔离服还没有现在好。现在衣服好了，也要节约。隔离防护服脱下来就没有用了。要节省防护资源，着衣前尽量不喝水、少喝水，解决完大小便，再穿上防护服，开始工作，要坚持四五个小时。

深夜 10 点，ICU 的医护人员还在忙。这里病人病情重了就往 ICU 送，他们那里病人好转了就转过来。许飞想，今后的日子他们转过来的越多越好，最好没有转去的。这是医患的共同希望。许飞不怕病人多，都能治好，什么疲倦什么累都没有了。

每天上午 10 点，张伟院长会带领许飞、周从阳与年轻医生查房，下午开展病例讨论会，总结经验。

凌晨的隔离区里常静悄悄的。他每天总是第一个全副武装来到病房，见到年轻医生过来，总是说四个字："动作快点！"

许飞与周从阳共同负责 152 张病床。

1 月 23 日，腊月二十九，已确诊新冠肺炎的危重患者收入。接下来的几晚，病人一个接一个地收入。凌晨 1 点，许飞还没有解甲卸盔，全副武装在接诊一个从东湖老院区转来的确诊病人。患者小程，男，30 岁，情绪十分低落和恐慌，体温 39℃，喘气、咳嗽厉害。把他扶上床后，立刻给氧。护士给他把输氧管插上，氧气吸上。脸唇颜色有了改观。许飞询问病史，同时安慰了几句。他有一句没一句地回答，自言自语地说着自暴自弃的话："我不想治了，死了算了，你们都不要管我。"闹着要出院……许飞拉着他的手耐心安慰和疏导，和他的家人打电话通视频让他不要害怕孤单，劝说他家人和亲戚都关心、记挂着他，还让他添加自己的微信。交代当班护士及时关注他的病情和日常起居。小程慢慢平静下来，终于配合治疗。一切忙好，已是清晨 4 时许，一夜无眠……

几天陆续收治了 14 位病人。他总在第一时间去看望病人。身高 1.84 米的许飞绝对是一个美男子。平时在普通病房，他在病床前一立，微笑的脸、明睿的眼光、温和的话语，立马就能让病人觉得有信心了。此时，都穿着厚重防护隔离衣，谁认识谁啊。但他会认识病人，记住病人。病人已进入重症期，透过护目镜上氤氲的水汽，他看见病人用无助的眼神望着他。

该说什么呢？医生是病人生命的寄托与希望。病人以男性居多，都是中年人。他们本能的求生的欲望都寄托在他的身上，无神的眼睛里都闪烁着微弱的光，看得出是信任与期许。他也是中年人，正是立业之时。他深感责任重大，他理解。他刚过 46 岁生日。他 23 岁从医学院走出去，在北京获得博士学位回来后，就勇挑重担。在江西省内率先开展了内科胸腔镜等先进技术，主持与参与国家科技部科技支撑计划课题、国家自然科学基金重大项目数项，培养了 10 多名硕士研究生。这些经历支撑起了今天的担当。疫情当前，在医院人事处工作的妻子涂虹，主动报名当一名疫情救治志愿者，也在象湖院区服务。除夕以来，虽近在咫尺，见面次数屈指可数。患者一样有妻室，有儿女，要靠他们养家糊口，也许这时，他们的妻子正在家中哭泣。责任重大啊。那一刻，他对自己说：你们以性命相托，我必与你们生死与共！不仅是语言，不仅是这一个病人，所有他经管的新冠肺炎病人都加了他的微信。他对他们说的第一句话就是："面对疾病我与你肩并肩，你以性命相托，我以生命相搏。我和我的团队尽力尽心为你治疗，面对病毒，请你积极配合治疗。"利用微信与患者交流病情，一是让病人信任医生的真诚。二是因为工作的需要。进入隔离病房时间过长，护目镜就严重起雾，视线不清，影响医患沟通。患者用语音和照片传递信息便捷有效。这能让患者们时刻感受到医生与他在一起，让他们放心！三是减少防护服的浪费。当然，这只是适用于轻症患者。这也算是一种经验吧。

不了解的人以为他婆婆妈妈。了解他的人知道，一贯细致是他的特点。

又一个清晨，屋外下着小雨，隔离区灯火通明。护士脸上满是倦意。几名刚交班的女护士啃着馒头、喝着牛奶。不知楼下什么时候会来救护车。她们会抓紧时间洗漱进食。每次进隔离病房的时间明确，什么时候出来却是未知。查房、讨论病例，处置各种突发情况，还有参加各种会诊、会议……

这就是隔离病房工作人员的日常。

年轻医生开始了进餐，随后要开始一天的第一次查房。透过病房玻璃，能看到全副"武装"的医生在病床前耐心细问，询问病史病情，制订治疗方案，处理病情变化，检查疫情上报。接着是组织开展病例讨论会，讨论治疗方案。护士在给病人量体温、测血压，观察输液管，接送病人。轻症患者有的在看书，有的玩手机游戏，情绪稳定。

也有情绪不稳定的病人，抵触，烦躁，闹着要回家。

一位女患者吵着要出院，说想刚断奶的儿子，想爸爸妈妈。许飞与护士积极对她进行安抚和心理疏导。告诉她，病会传染给儿子，传给父母，请她支持配合。心里安静、配合好对治病有益。许飞会弯下身靠近病人耳边，说："这是隔离病房，你亲人不能陪伴你，我们就是你的亲人！有什么话，需要吃什么，与我讲，我会帮助你的。"

1月27日，大年初三，64岁的老赵确诊新冠肺炎，送进了象湖院区。进院时，老赵没有信心，也不配合治疗，又不愿意这样死去。他心情很矛盾。许飞像给学生上课那样为他解释，从用药到饮食一一关心，老赵情绪稳定后，许飞请中医来为他会诊。

"有什么特殊需求随时对我们说。"许飞说。

老赵发现，这话不假，还真是对特殊患者进行饮食特供。医院每天都会给这些患者提供丰盛的午餐，主要以高热量、高维生素、高蛋白食物为主。孕妇和长身体的青春期少年提出要多吃一份，老年人提出想吃稀饭，都不回绝。牛奶、营养汤均有，荤素搭配，患者的餐食比医务人员要丰盛得多。患者的每一个需求都会被记录，医院根据实际情况尽可能让患者吃好，吃饱。老赵见到这一切，病情似乎好了一半。10天后老赵可以出院了，他激动地说："谢谢你，许主任，是你们冒着生命危险救我，比我子女还亲！"

1月29日夜间，一名来自抚州的非轻症患者，病情变化迅速，仅两天病情就恶化，一度呼吸衰竭到病危的程度，患者情绪波动特别大，甚至抵触治疗。为了与死神赛跑，许飞在隔离病房里帮他实施呼吸机支持操作，守在他身旁连续工作了4小时。

除夕后一周是最紧张、最忙碌的日子。当时，全院三个院区一天接诊的发热患者数量是700多人，留观患者近百。每日收治入院患者最多达20多人。许飞负责分管隔离病房的二楼、三楼，每一位患者的救治过程都要负责，严格按照三级医生负责制。许飞团队的医生数量由1月23日的3人增至现在的20多人，病区床位数从最初的10张增至现在的100多张。

2月2日，凌晨两点半。许飞脱下隔离衣回房休息。好梦未成，电话铃把他从梦中惊醒，电话里是急切的声音："许主任，快，45床龙某某不行了。突然喘得厉害，心电监护显示脉氧85%，一直在吸氧，上不去。"他赶紧从热乎乎的被子里爬起来，穿着拖鞋就跑，火速穿好防护服、护目镜，匆匆地走进隔离病房，直奔45床前，只见病人神色紧张，嘴巴紫绀，端坐在床上直喘气。当班护士邹美红一旁待命。"抽血！"他一声令下。结果显示氧分压低，只有60mmHg。他当机立断，用无创呼吸机辅助通气。以改善缺氧和扩张肺泡表面张力。调好呼吸机管路和参数，和病人解释沟通后，帮病人戴好面罩。病人突然一把扯开面罩，呼吸急促地说："医生，我好怕，我快闷死了。"这时呼吸机的气全扑到许飞的脸上和眼睛上了，此刻他已无心顾及这些，眼看着病人脉氧越来越低，呼吸更加急促，他用力握住病人的手，眼神坚定，大声对他说："别怕，有我在，我是医生，请相信我，什么都不用担心。"病人慢慢平静下来了。

许飞为他再次戴好呼吸机面罩，调整好参数，邹美红护士又耐心为病人讲解了人机配合技巧，唐侠、李春莉护士为他建立静脉通路，给予平喘止咳药物，一系列的操作下来，心电监护仪上的各项指标终于趋于平稳，大家终于缓了一口气。许飞是十分细心谨慎的人，他不放心，坐在病床又守护了半小时，仔细观察病情，病人症状明显缓解，脉氧也有93%了，病人微笑着眨眨眼，给现场的医护人员竖起了大拇指。在那一刻，大家都被自己感动了，感到所有的付出都是值得的。致敬每一位与死神搏斗、奋战在一线的中国医生！

许飞来隔离病房已经15天，他偏头痛的老毛病又犯了。吃一片妻子送来的止痛药，继续工作。休息时间太少了。中午或晚班的休息处是一间10平方米的小房间，有一张1.2米宽的简易单人床、一套简单的办公桌椅、一个取暖器。最忙的时候一天只能睡四五个小时。

这房间还是医院输血科实验室临时为他改造的，这还算优惠或叫特殊。因抗击疫情需要，很多年轻医生都住在了医院，睡的是通铺，高低两层床。偏头痛于他是常态。他说，面对疫情，日夜奋战的不止我一人。在这场没有硝烟的战场上，每一个人，是同胞、是亲人、是战友，大家共渡难关，就会走向胜利！

2月23日，病人小程痊愈出院时，他拉着许飞的手，激动地说："谢谢你，医生，是你们冒着生命危险，给了我第二次生命！虽然你戴着口罩，我不知道你长什么样子，但我会永远记着你现在的模样。"

送别的医护人员眼眶都湿润了。

许飞特别欣慰："那一刻，觉得所有的辛苦和付出都是值得的。"

1月27日，江西首例确诊新冠肺炎患者治愈出院。

2月11日，江西省首例危重型新冠肺炎患者治愈出院。

"江西省首例危重型新冠肺炎患者是在本院治愈出院的。"许飞自豪地跟记者说，"也要感谢你们，能让我抽身从隔离病房出来，晒一晒外面的阳光。"

除夕夜,他拨通了妈妈的手机:"妈,过年期间,医院比较忙,发烧感冒的病人多,还在医院加班呢,年后一定抽空回去看您。"害怕母亲担心,他隔三岔五给妈妈报平安。每次说辞,都是一句"要加班"。电话那端的母亲也不戳破,也只有一句"注意安全"。母亲每天都看新闻,儿子所在的医院被公布为全省疫情医疗救治两家省级定点医院之一,她自然清楚儿子口中的"加班"意味着什么。

（23）

危重病区负责人叫周从阳,1964 年 9 月出生。1988 年从江西医学院医疗系毕业,当年进入急诊科。那时医院急诊科刚独立创建,他从住院医生做起,一步一个脚印,到主任医师、教授、硕士生导师,最终挑起了急诊科副主任的担子。1993 年,他读心血管内科硕士,研究生毕业后,再入急诊科工作。17 年前,他在隔离病房与"非典"较量了 67 个日夜,去年来象湖院区组建急诊科,白手起家,几经磨合,于去年 10 月 8 日开始了试运行。

疫情暴发,他这专业,他这职务,他这人会退缩吗?再接再厉,奋勇向前才是他的性格,他的选择。他接管的病人除了新冠肺炎外还患有其他的病,医学上叫并存症,再通俗说一句:一个人身上有几种病。

这种病人来了,是位老人,家住新余,在当地治疗后,疗效不佳,转成了重症。

老人家有亲人在武汉,回来后看望她,之间有接触。近十天后出现了胸闷、乏力、恶心呕吐等症状，在当地医院确诊为新冠肺炎患者。老人有高血压、冠心病等并存症，治疗时，不能顾此失彼，比普通患者肯定更困难。加之，语言沟通不畅，配合不好，年龄甚高，风险更大。既要精心设计治疗方案，还要给老人专门配一组护理人员。

抗病毒治疗、体能恢复、营养支持等都要安排好，要真正做到细心加耐心。目前达到出院标准，所幸治疗过程没有出现一点意外。

2月20日上午，这位90岁的新冠肺炎患者被成功治愈出院，她是江西省治愈患者中最高龄的新冠肺炎患者。她的出院给惊忧、恐惧的患者发出了一颗信号弹——病毒有战胜的可能。

老人治愈出院，老人的女儿心情十分激动，她说："我母亲有30年的高血压，我们家属提心吊胆，没有想到这么短时间就治愈了，非常感动、感恩，感谢你们非常好的照护，谢谢大家。"

周从阳说："我们一样高兴。我们共同的目的就是治愈，就是要平安回家。回家后，继续给老人口服药物，吃好一点，营养支持，老人要隔离两周，隔离期结束以后要复查，一旦有情况要及时跟我们联系。"

告别老人后，周从阳有了片刻的安静时间。自然想起年近90岁的老母亲。本计划这次春节回老家探望母亲，他有好些年没有回老家了。母亲知道儿子是医生，十分忙碌，自己活一天是一天，最大的希望是儿子能抽时间回乡下看看。儿子尽管过了半百，在妈妈身边总是孩子，在妈妈记忆里总是童年留下的笑脸。妈妈在电话里说："我知道你一年四季都忙。病又不会休假。过了这个年又不知等到哪天。""妈！"周从阳只能在电话里这样亲热地叫一声。

每一个医生都有同一个愿望，那就是竭尽全力让患者病愈平安，再累再忙也无怨无悔。他的下级医生有杨继斌、林时荣、黄仕鹏、刘诗文、邱东东等十多位。病人也多啊。年轻医生邱东东在第一个晚班居然收了 13 个病人，一晚上开医嘱整病历，进出污染区，整夜未眠。他管理重症病区 15 张床位，最多的一天收了 24 个病人。他这个病区的病人都要经他最后制定治疗方案。前期每天在扩充病区都要忙到凌晨一两点钟。一般病人都是分时段来的，不过也会出现多人同时来的情况。比如说有一次同时来了 8 个病人，就得根据病情，先安排重的，后安排轻的。某床的老年患者年过八旬，且有糖尿病、高血压，生活不能自理，身边也没有亲人照顾。诊疗组了解情况后，对老人进行了特殊护理，喂饭穿衣，护士们日夜守在老人身边……

"我在床边，隔着手套握住了他的手，安慰他，给他信心。"急诊科医生杨继斌查房时常常会多陪病人说会儿话。他表示，有些病人很焦虑，医生讲话要"艺术"一点，安抚病人焦躁的心情。诊疗组要关注患者的心理健康和心理疏导，会同心身医学科医护人员组成了心理干预组，不仅在隔离病房为患者进行心理疏导，还建立了心理治疗微信群，有需求的患者可以通过这种方式获得医生的帮助。

2020 年 2 月 13 日，来了一位男患者，姓万，已发热咳嗽 11 天。他的病史是这样的：1 月 29 日，他与已经确诊的同事还有接触，他自信无事。2 月 2 日，出现发热、咳嗽咳痰，体温最高达 38.9℃，伴有明显胸闷、呼吸困难。自认为是感冒，在家待着。2 月 9 日，住入永修县人民医院，胸部 CT 提示两肺大面积磨玻璃影，新型冠状病毒核酸检测为阳性，治疗效果不佳，胸闷加重。于 2 月 13 日转入象湖院区。

病人来时就有明显的呼吸困难、胸闷、咳嗽、发烧等症状。不能下床活动，稍微动一下就喘得很厉害。给予药物治疗、营养支持及维持水电平衡等，基本控制了病情。开始反复用普通给氧，最后高流量湿化氧疗，仔细调理以后,病人还不适应,最后上了无创呼吸机。低流量鼻导管给氧状态,血氧饱和度维持在 98% 左右,体温恢复正常 19 天后,咳嗽、活动后胸闷均较前明显好转,2 月 25 日、26 日两次核酸检测阴性。3 月 4 日,胸部 CT 示两肺病灶较前有明显吸收。

这是一个没有并存症的"新冠"患者。大家作了讨论:第一是不能放松警惕,又是轻型,又无并存症,不能少了重视。病情变化后,要调整给药、要适时给呼吸。第二是要重视心理治疗。病人开始心理负担重,每次查房时都需要反复做心理安慰。之后,病人理解配合,恢复非常理想。没有从重症变成急、危重症,这个是经验。他出院后,给周从阳发来这样的微信:"尊敬的医生,您好。昨天我已回家,睡了这十几天以来最深、最舒服的一个觉。是你们把我从死亡线上拉了回来,真诚感谢你们救死扶伤、无私奉献的美德!"

每天上午 8 点开始交接班,完毕后准备进入污染区查房。熟悉又陌生的一天工作就这样开始了。周从阳拿起护目镜,熟练地在上面涂上黄色的碘伏。刚开始进入隔离病房工作那几天,护目镜上经常起雾,给工作带来了困扰。后来大家都在镜片内部涂碘伏,形成保护膜,能起到防雾效果。不知道是谁发明的,很快普及。每天,值班手机要接 30 多个工作电话,近十次视频查房、会诊;4 个医生在隔离病房要行走 4 小时,对百余位病人进行查房;上午进行一小时的病情讨论,接着是开医嘱,下药单,做记录……吃饭是难得的休息。每天都很累,想想在武汉支援的同事,他们更累,也就心满意足了。每天的值班医生"坐镇"在手机前,通过视频与患者"隔空对话",也是一种查房。视频查房和会诊改变了信息的传播方式,减少不必要的进出病房频次,这种形式已服务患者百余次,对常规查房是一个补充,让患者更加安心,也让医生观察处理更及时。

隔离病房从无到有，从 10 余人到 500 多人的大部队，从首例患者出院到累计出院百余人，收治确诊患者数量不断下降，大家紧张的情绪日渐缓解，最紧张忙碌的阶段已经度过，大家的黑眼圈淡了，胜利的曙光已经出现。

坚持下去，就能迎来春暖花开。这些天，出院患者接连不断送来感谢信和锦旗，或通过短信、微信表达自己的感谢。"戴着面罩，我看不清你们的容貌，但你们的行动诠释了爱岗敬业，诠释了医者仁心，感谢你们无微不至的照顾！"

看到患者走出病房重见阳光，周从阳与他的团队人人脸上露出欣慰的笑容。周从阳刚刚收到医务处发来的一组数字：截至 2020 年 2 月 29 日上午 24 时，我院累计接诊发热患者 7212 人次；住院累计收治 424 人，其中确诊病例 215 人。已经有 192 人治愈出院，其中重型患者 55 人，危重型 33 人。治愈出院患者 339 人，治愈出院患者中年龄最小的是 7 个月大的宝宝，于 2 月 19 日出院，全省最大年龄的 90 岁高龄患者于 2 月 20 日治愈出院。

春天来了，象湖院区南广场的花朵已经悄然绽放。

第七章

好想看看你的脸

（24）

护理部王建宁主任本要去北京看望即将临产的女儿，院长通知她到象湖院区迅速组建隔离病房。通知一到名单即刻递上。她坐镇象湖院区主要的工作是完善好已制订的战疫职责、新冠肺炎各项护理操作制度与流程，落实人员物资调配、护理安全、行动指南。把握住每一个环节、每一个步骤，完善每一项制度，目的是确保安全规范高效的工作，保证为病人服务到位，保证护理人员战疫安全。

新来的护士大多数缺少临床经验，甚至防护服都不会穿。护龄长一点的护士很多也没有进隔离病房工作的经历。为达到护理人员零感染，对穿脱防护服按流程进行实地演练与现场模拟是一堂主课。

医护、护患之间的沟通流程在这个特殊时期需要不断优化。新冠肺炎患者的情绪对疾病的治疗有着很大的影响。心理护理、行为护理必须到位。除了正常医疗的治疗护理工作外，要安排护士在治疗护理的同时，与患者进行有效沟通，帮助患者树立战胜疾病的信心。在医务人员全封闭的情况下肢体语言特别重要，提醒与培训不能间断。

面对象湖院区临时缺保洁员与护理员的特殊情况，王建宁组还组织了一支感控（即感染控制）护士小团队。这个小团队每班有 8 个人，每天固定班次既有分工又有合作。工作主要是负责隔离病房内物表地面消毒和运送垃圾、清洁工作台、仪器消毒等工作，这也是隔离病房内防止感染的一项重要工作。为了保证工作的高效和安全，隔离病房内每个人的岗位都是固定的。隔离病房感控护士也得一样穿着防护服干活，气闷重厚，无疑增加了她们的工作强度。任务如何调置是个大难题。王建宁是南昌大学一附院 ICU 第一任护士长，看着 ICU 从最早的 6 张床发展到今天，她感慨无限。她对 ICU 的护士不是偏爱，而是严管。现任护士长江榕最了解她，她从来都是默默地做事，不张扬，不计较，自己的工作自己完成，别人的工作能帮助的就帮助，不需要呐喊。她每天照常参加隔离病房查房，发现问题就解决问题。

ICU 住着一位 73 岁的老同志，这次疫情中老伴病故，心理负担很重。王建宁知道后，到病房查房，注意到老人家的情绪的确很低落，她站在床旁安慰了很久，效果不佳。她再去，高挑的身材，低下头，弯下腰靠近老人枕头边说话，亲切关爱尽显其中。老人突然问一句："请问主任四十好几了吧？"

王主任笑了："你看哩？"

"看不清你的脸，你别见怪啊，听说，护士过了 45 岁就少上夜班了。我看你夜夜在这里，有几次都是通宵。"

"谢谢你老人家的关心。你们不好，我们天天都会在这里。你安心治疗，我们就放心。"

王主任身后一位年轻护士的插话让老人感动了。"我们王主任做婆婆啦，她女儿前几天生孩子，为了守着你们，她把机票退了。她说，隔离病房何时关闭，她何时回家。"

老人伸出手举上额头敬礼，说："巾帼英雄，巾帼英雄！"

"老同志，你病好出院就是对我们医务人员最大的回报！"

临别她叮嘱护士要好好照顾老人。这位老人转到普通病房继续治疗后，总感觉胸闷气短，经查胸部 CT 已好转，核酸也转阴，难道还有隐性病变？这时，可能多半是心理负担过重。王建宁再次进病房，教会他如何配合治疗，如何锻炼呼吸功能。指导老人下床进行康复锻炼。还抽出时间为老人在床边洗头、泡脚，老人感受到了家庭的温暖。他要求加王建宁的微信，老人在病房内通过护士站的手机端和她视频，他从视频里看到了护士们忙碌中的细心耐心都饱含了爱心，感慨地说："我一定要养好病，才对得起你们一片心。"

隔离病房的医生与护士都建了微信群，病人想吃什么告诉医护人员，医护人员再去与食堂联系，尽可能地满足病人需要。于是，在隔离病房医护微信群，每天都有这样的饮食需求反馈，既有患者主动提出的，也有医生根据病人病情做出相应饮食护理调整的。

"5 床想喝粥，希望粥里放榨菜。""12 床今天想吃鸡蛋面。""64 床病人低钾要喂饭，尽量多吃一点，饭后再喂点橘子。"健康科学的饮食可以有效帮助患者更好地治疗和康复，医院在统一供应餐食的基础上，护士协助一条条落实病人的特殊要求。

王建宁发现一线护士的生活比较艰苦，尤其是睡眠不足。晚上难入梦，白天哪有精力投入工作。她决定向领导汇报，管职工生活的李书记也在考虑如何解决，院领导很快协商达成一致意见，外出租房。

年前这几天因增扩病床，搬运物资、人手不够，她领着护士一起上。也许是太疲倦了，搬完后她晚饭未吃，抹一下脸，跟身边一位护士说："都别叫我，我在椅子上眯一眼。"说着，就发出轻轻的呼吸声。同事都担心她这样会累得生病。她真的病了。深夜打着点滴，趴在餐桌上就睡着了，她实在是已经疲惫到了极致。她说："疫情不退，我一天不休。"

年轻的护士视她为妈妈。她今年已经做婆婆了。她不是婆婆，永远是一个好妈妈。

王主任在值班室的床板上写道："天空黑暗到一定程度，星辰就会熠熠生辉，你们就是我眼中的星辰。"这句暖心的话是写给年轻的护士们的。传递给她们激情和希望，令她们无所畏惧、勇往直前！在年轻的护士眼里，主任才是星辰。

（25）

感控护士中有一个叫龚文娟，今年35岁啦。她19岁毕业于南昌市卫生学校护理专业。同年分配到南昌大学第一附属医院神经内科从事临床护理工作。2009年取得本科学历，是神经内科主管护师。因为有17年工龄，老资格，调来的目的就是要起到带头羊的作用。她还真不负众望，来做了一名意料之外的感控班的护士。

护理部凌华和闵燕两位总护士长带领护士第一步是熟悉"战场"的布局，在感控处和护理部的指导下病房已经改造成了标准的"三区"：清洁区、污染区、半污染区，进入缓冲带有内、外走廊的传染病隔离病房。第二步是培训信息系统的操作，隔离衣、防护服、护目镜的穿戴等。第三步是明确分工，责任到人。

8人一小组，指定组长（护士长）负责，4小时工作制，班次循环轮流更换。具体有电脑班，专门负责医嘱处理及出入院处理；治疗班专门负责分管患者的治疗和护理；感控班专门负责病区所有物表、地面消毒，垃圾的收集和运送，大小便的预处理。

龚文娟的工作就是负责感控。老护士，担重任。她当然知道在这个特殊时期感控工作的重要性，要防止交叉感染，就必须要保持病房内各区域的卫生清洁。为了沟通方便，她在防护服上写上了自己的姓名——龚文娟。

特殊时期的特殊病房，护理的对象是一群生活部分不能自理的患者。这里没有陪客，没有保洁员。她看了在隔离病房内的部分工作内容安排，她知道，在这里，感控护士不仅仅是要当好一名护士，还需要做好保洁员和护工的工作。她认真地把工作内容阅读了一遍。

1. 查看并保证病区内所有消毒物品和药品在有效期内，配置浸泡护目镜的消毒液（含有效氯1:2000）。

2. 为避免病房内交叉感染，每天给每一位病人下发外科口罩，并指导其定时更换。

3. 为保证患者每日饮水量，按需备好每位患者的饮用热水，并送至患者床头。

4. 配制1:1000的含氯消毒液拖地，每天四次，包括护士站、治疗室、走廊、缓冲区，患者的走廊、病房、卫生间（做到一区一廊一房一巾一消毒）避免交叉感染。

5. 配制1:1000的含氯消毒液进行护士站、治疗室、仪器设备、病房走廊扶手、门把手、床头柜床栏、呼叫器、血压计、听诊器等所有物表的擦拭消毒，每天四次（做到一人一巾一消毒），避免交叉感染。

6. 为保证病房内空气清新，每天每班次对所有病房进行空气消毒。

7. 为患者发放一日三餐的营养餐并协助患者进餐，餐毕为患者收拾餐具。

8. 由于患者所用均为一次性餐盒，所以隔离病房每日均有大量的生活垃圾，加上所产生的医疗垃圾，要保证所有垃圾特殊处理。按要求双层黄色垃圾袋扎口贴上隔离病房的标识。

9. 彻底切断传播途径，彻底消灭大小便中的活病毒。每天要配置 1:20000 的含氯消毒液，每班次在患者解大小便前倒入患者的便盆内待用，大小便需要在配置好的消毒液内浸泡 2 小时，才能给患者倒入便池并清洗便盆。

病人大小便要天天处理，天天要用 1:20000 浓度的含氯消毒液冲洗浸泡，一次放进 40 粒药片，浓度高，很熏眼睛。把配好的消毒液给病人，病人都不愿意打开用，说怕熏眼睛。这种情况龚文娟得天天面对。

在工作当中，常常会遇到一些突发情况，如病房内的下水道堵了，浴室灯坏了，患者突然拒绝进食了，患者由于各种压力情绪激动了，这种种问题，在组长黄爱红老师的带领下，都要逐一解决。下水道堵了想办法疏通，灯泡坏了自己换，患者情绪失控时耐心安慰和疏导有时是无法解决的⋯⋯

工作中护士全副武装穿着厚厚的防护服，戴着护目镜，长时间拖地抹桌子，工作量大，流汗致护目镜早早地模糊了视野，眼睛看不清，行动会变得迟缓。

一般都是感控护士放置垃圾，有时轻型病人好一点的也会自己倒垃坂，经常没倒准，倒在地上，这就增加了她们的工作量。工作量是其次，关键是担心交叉感染，又得清洗、消毒、统一放置。后来病人知道了感控护士不是保洁员，病情好转一点的病人学会了流程，主动要求帮忙。

有一次龚文娟走进3床房间拖地，3床的龚爷爷看了看她背上，拉着她的手说："小龚，我们是本家，我也姓龚，你歇一会儿，我看着你们每天每天为我们做这么多事，内心真的很感动，我们的家人都不能做到你们这个份上，真想帮着你们做点什么。我现在能下床走路了，这都是你们的功劳。"龚爷爷一边说着一边抢过她手中的拖把，继续说道："以后这个房间你就不要拖了，这个房间我负责拖地，你把拖把给我，你歇一歇。"他抢过去真的卖力拖起来。小龚拒绝了。

后来，龚文娟每次进来，龚爷爷都要抢拖把。爷爷说："你已经很累了。到这里，就当歇会儿。"她每天都很累，这是她的职责，她不敢怠慢。病人多时，高峰时每天要运送垃圾50—60大包；往往做完了隔离病房的清洁后，已是身疲力竭，把沉重的垃圾包拎到拖车上，手指酸痛无力，她总是咬咬牙，自己给自己鼓劲。有一次，龚爷爷拉着她说："小龚，你为我们服务了这么久，我都快出院了，你是什么样子我都不知道，哪天你摘下口罩、眼镜让我们看看你。记住你这个好姑娘。"听着龚爷爷的话，雾气变成的水珠擦干后，渐渐清晰的护目镜又开始变得模糊了。她的泪水顿时夺眶而出。那一刻她觉得所有的苦和累都值得，疫情把医患的心都聚在了一起。

男护士的英俊形象展现在病友与家属面前是这几年的事。其实，战争年代的炮火下，大都是男护士，他们有他们的优势。

他是一位男护士。新婚几天后，眼看新型冠状病毒疫情就要向南昌蔓延过来，他第一时间向护士长提出申请："我年轻，我是男生，请把我派到一线去。"

护士长问他："你不害怕？"

他坚定地说："不害怕，疫情来了，就是需要我们医护人员上到第一线，这是职责，也是使命。"护士长很喜欢这个小伙子，平时特别是需要力量和胆量的工作或地方，他总是主动向前。

他属于第一批进入隔离病房的护理人员。大年初一把隔离病房最后一名非新冠肺炎病人送到一附院东湖院区本部后，立马返回象湖院区，参与发热门诊工作。他正月初四进入隔离病房。有一次，进入隔离病房后，有两个女同事感觉缺氧，他赶紧让身体不适的女同事该出去的出去，该到旁边休息的到旁边休息，自己调整呼吸后，开始了这班工作。

每天他都会穿好防护服提前半小时到达病房，熟悉分管病人情况，准备治疗物品，与心理紧张的病人聊几句，舒缓他们的情绪。工作开始是抽血，一床，又一床；发药，一人，又一人；时刻关注着仪器参数，给各种检查单分类，配药，换点滴等；负责消毒，帮助脱衣，扶男病人上卫生间，回病房上床；到护士站写好值班记录，有时会插空帮助感控护士拖几下地板。

每天拖班是常事。他的理由很简单："我是男护士。"

出了隔离区他又去当"搬运工"，把防护物资、药品搬运到隔离病房。他主动承担了病房内外的许多重活。正忙着，遇见了主管护士的副院长曾渊临，他关心地说："小伙子，上班时你的体力消耗很大了，早点回房间歇歇吧。"

"隔离病房等着用。本职工作而已。没什么关系，我是男护士。"

在隔离病房，他分管的是一位气管插管接呼吸机辅助通气的病人。这位病人收入病房时已经是处于昏迷、大便失禁状态，病人血压偏高，血氧饱和度不好，他要密切注意病人血氧饱和度。患者气管插管已经接了呼吸机辅助通气，要时时刻刻观察患者心电监护和呼吸机是不是处于正常范围内。每天接班时，他会与上一班护士细致交班。患者气道内痰液咋样，多不多，稀不稀，这是患者的生命线，气道管理一定要做到心里有数。每隔半小时左右，会去大声呼唤下患者，期待她有意识，有呼唤反应。失望，没有。在没有的情况下最担心的是病人会生褥疮。长期不翻身皮肤会溃烂，需要定时给患者翻身，拍背，让肺深部的痰液可以出来，这是每天不可少的反复多次的工作。动作要轻巧、要细致，有点技术含金量。最不好，也最难处理的是大小便。可以这样说，做子女的都难有这样的耐心。久病床前无孝子就是说这样的事。患者大便失禁，导致肛周有失禁性皮炎，每隔十几分钟要查看病人是不是有大便流出，要及时给患者肛周换药，让失禁性皮炎尽快好转。小便观察稍微好一点，因为插了导尿管，每小时观察患者的尿量，保证患者出入量一直都处于机体需要状态，袋子满了就放尿。男女护士都是全副武装，口罩、帽子、护目镜、隔离服等里三层外三层裹得严严实实，走路都很困难，常常说话走路都要喘口气。护理危重病人，体力是成倍成倍地消耗。

终于，所付出的有了回报，经过大家十几天轮班的精心治疗和护理，患者终于醒过来了，能向医护人员眨眼，还能比较有力量地和医生握手。这时，再艰难的过程都忘到九霄云外了，再苦再累都不值一提了。

几天后，突然夜半得知要组建去武汉的医疗队。他立马请命。"治病救人本来就是我们这一行的天职，我们责无旁贷请缨到武汉。"他说。在隔离病房，在危重病人的护理分配上，他常常会把重活、苦力活、脏活揽下。大家用感激之语道别。他说："我要谢谢大家对我的缺点的宽容。工作嘛，想都不用想，肯定我要多做点，男子汉嘛。"送别的同事有点依依不舍，依依不舍的是他蜜月还没有满月的妻子。

他的妻子杨磊本在东湖院区重症医学科病房工作，是江榕护士长的爱将。江榕来了，她特意向组织申请，与丈夫同赴一线。两人原本计划好春节后开始蜜月旅行，没想到象湖院区的隔离病房成了他们人生蜜月最好的纪念。他们说蜜月的象湖将是永久的美好的记忆。他们俩内心有一个计划：从武汉回来后，先到双方家里陪伴父母，再出去补回新婚的蜜月。当下，中国医务人员最大的心愿是全力帮助病患恢复健康，疫情结束后，每个人都能回到自己的家，好好陪自己心爱的人度一次人生最美好的假期。

他叫兰全明，28 岁，1992 年出生的江西奉新人。

（26）

杨海龙是东北吉林人，比兰全明大一岁，生于 1991 年。

那天杨海龙凌晨在值班，9 床的患者突然平静地跟他说："能帮我给我家人打个电话吗？告诉他们，我不想继续治疗了。"听到病人说这话，杨海龙一下语塞。"我真的不想继续治疗了，能不能选择放弃？"病人继续说。杨海龙由语塞到心塞，真不知道该怎么回答。杨海龙只是默默地看着他。听到他一心求死，这一个英俊的男护士的确有点惊讶。要不要马上给护士长汇报，真出了事，还不知道怎么交代。不仅仅是他，医院都会受到牵连。药物能救命，语言有时也能救命。杨海龙冷静下来了。

杨海龙在重症监护室工作了几年，直言想要放弃生命的患者见过不少。有的是因为难忍创伤带来的痛苦，有的是不能承受经济上的压力，有的是觉得康复无望，不想继续受苦。杨海龙总结了一条经验，无论原因是什么，患者渴望痊愈的愿望是不变的。无一例外，只要有缘由，就能找到开解的办法。

病人继续慢慢地说："吃 20 片安眠药是不是可以结束生命。我知道你们也很辛苦，这是我自己想放弃，不用你们负责任的，我会和家人说清楚。"杨海龙干脆听他表述完，一边想从哪里找到对话的切入点。

在 ICU 的重症患者中，9 床的病情相对稳定，坚持治疗一定能有好转。在此之前患者告诉过杨海龙，他患过抑郁症，一度服用抗抑郁的药物。

在这几天里，他总是时不时看放在床后的心电监护仪，问问自己的化验指标。他还是在乎自己的生命存在，有生的欲望。他才刚过 40 岁，正是事业有成的年纪。

这时，病房很静，各项仪器运转的声音似乎都能听见。杨海龙移动了一步把身子靠近了他，把他的心电监护仪朝向他说："你看，你目前各项指标都很好，为什么要放弃自己？你的妻儿、你的父母都在等你回去，不要说这样的丧气话。"突然另一床的护士说："快叫钱主任！"

值班的医护人员穿着防护服在奔忙。

杨海龙又补充说："我们医院 500 多名职工连家都不回了，守在医院、守着你们，就是希望你们能够痊愈，我们拯救的不是你们一个个人，而是一个个家庭。你放弃了，留下你的家人怎么办呢？"杨海龙望着他的眼睛，"对我来说，你能痊愈就是我在这里工作的意义，你能走出病房就是我最大的心愿。"

来来往往的脚步声在监护室回荡着。"你知道吗？抢救的这位老人年近古稀。他想要活着，他要看到孙子上学，上中学，上大学。医生敬畏生命，热爱生命。我们以命相搏，就是为了救活另一个生命。我们在以生命呵护生命。我知道你吃过抗抑郁药。你是从我这个年龄走过来的，你年轻时一定也与我一样热爱生活、生命。你病好了，出院了，一切都一样。请相信我，你会好的。"

病人沉默了。远处忙碌的同事呼唤他前去帮忙，杨海龙没有更多的时间去宽慰他，匆忙紧紧地握了握他垂在床边的手。

厚厚的双层外科手套有些冰冷，不知道手心的温度能不能传递给病人，他只是想让他知道，全国一线奋战的工作者把希望全都放在他们身上。我们还在努力啊，你们也要加油，别让我们失望啊！

第二天早上交班，杨海龙专门把这件事向护士长汇报了。全科加强了对这个病人的心理护理。他痊愈出院时给杨海龙发了一条微信："我们永远是朋友。"

5床患者谈某有武汉旅居史，新冠感染确诊后由九江转入象湖院区。住进ICU这样封闭的病房，看见医务人员的严密防护，环境又是这样森严戒备，他紧张了，出现焦虑和被疏离感，反复询问自己能否痊愈，是不是会被一直隔离下去。杨海龙当即给患者介绍了新冠患者转阴后就可以解除隔离，不会一直有传染性，可以正常和家人生活接触，只是现阶段需要隔离治疗。初期因为条件受限，患者用餐选择不多又清淡，这个病人认为自己被隔离后受到区别对待，又焦虑又生气。杨海龙发现这问题后，主动问他今天饭菜怎么样。杨海龙实话实说："我们这里条件应该是全省一流的。战疫期间，因为炊事员更换，饮食是配合不好，我们正在改进。刚开始，我领导下厨为我们做饭。你看看，我刚才进来之前吃的也是这样，比昨天的好些，新的炊事员来了会好起来。特殊时期你先暂时委屈一下。"他听到工作人员也是同样餐食，放下了戒备心。

新的问题又来了。"爱我"高流量给氧气流量大，不舒适感较强，患者会自行扯脱鼻导管，血氧饱和度指标下降较快，床上轻微活动后出现气促胸闷。这样反复几次对肺部恢复有影响。杨海龙便教他看血氧饱和度指标，让他发现配合使用高流量后血氧饱和度指标提高且稳定，这样他才主动配合使用高流量治疗。他配偶同为感染者，在九江市接受治疗。患者内心一直有内疚悔恨感，一度拒服口服药治疗，表现为自责自虐。杨海龙值班时向医疗组及时沟通反映了这一情况，曾振国主任与九江市医院电话联系后，向患者介绍了其配偶病情稳定，患者情绪才得到安抚。他的自责反被医疗组人员同情，大家都理解他、帮助他。这位心理负担重、思维时变的患者，因为病情发展的不确定性，担忧自己康复无望，有过写遗嘱等行为，为了安抚患者，杨海龙承诺把遗嘱内容拍照传送出去，同时告诉患者没有这么严重，这样会给家属造成心理负担。他有一次询问外面疫情发展情况，杨海龙发现患者对这些内容感兴趣，做治疗时会与患者讲自己平时看到的社会新闻，还有国家出台了哪些政策和防控举措，让患者了解外界信息，聊这些内容时与患者沟通很顺畅。

杨海龙告诉他一个最好的消息，这次治病，全部由国家买单。他情绪更加稳定了，脸上也有了笑容。

还有一位病人很有趣，知道离开了隔离病房还要住几天。他知道隔离病房是免费的，竟说："我没有好，还要继续治疗。"

护士长说："小杨上！"大家都知道，最近小杨心理护理水平着实高。

其实，这个病人不懂何为治愈。所谓治愈，主要是取决于医院给病人的良好医疗条件、护理条件，让病人"熬过"不能自主呼吸的生命极限时刻，身体达到最佳状态，依靠自身免疫力战胜病毒。轻型患者例外。

小杨告诉这个病人，努力提高免疫力是正道，又送给他一本如何提高免疫力的小册子。小杨再次告捷。

（27）

46 岁的重症医学科护士长江榕，负责隔离病房的护理管理工作。这个除夕，弟弟一家陪着 79 岁的母亲吃年夜饭，一大家子专门打来电话，却哄着没让老母亲知道。江榕在电话里故作轻松："今天晚上医院不吃盒饭，可以点餐，食堂说想吃啥都可以。"这夜，她在 ICU。

其实，她每天每夜都在 ICU，都面临着高强度的工作，她坦言"睡不着"。来到象湖院区后，她每天睡眠时间只有 4—5 小时。

她每天六点半起床，接下来是早交班、配药等日常工作；9 点准时进入隔离病房 ICU 对病人进行护理，中午还有数据统计、排班、物资调配等护理管理工作在等着她；下午 3 点她再次进隔离病房查看病人病情变化；出来后，每天晚上例行的晚交班、院长主持的病例讨论常常持续到深夜。如果碰到病人病情变化，需要进行人工膜肺治疗（ECMO）或是气管插管等高风险操作，她必然是随叫随到。她一直住在隔离病房 ICU 的值班房里。

最辛苦的一天，是给 3 位病情危重的患者上 ECMO。下午 5 点，她和曾振国副主任、潘烨大夫按平常的配合用了一个多小时顺利给 19 床患者上了机。刚要结束，詹以安医师管的 15 床患者病情加重，也需要进行 ECMO 治疗，特地问她是否需要出去休息一会再继续，她想着一套防护装备挺珍贵的，决定连轴转继续上完第三例。回到住处洗漱完已接近凌晨 1 点。整个人一点睡意都没有了，只希望时间过得快点，疫情早点结束。

有一次一位年轻的小护士看见江榕站在潜在污染区一动不动，隔着厚厚的防护服，看不清她的表情，以为她在想事情，走近才发现，她的眼眶满含泪水，脸色煞白。原来忙碌一整天的她这时还要给病人送饭，因为餐食太多，忙碌下来，她突然觉得自己喘不过气，一瞬间，有了一种接近死亡的感觉。她走出 ICU，想到身后的危重病人，她只能倚墙靠了几分钟。当她缓过来以后，便又继续投入到战斗中，她知道，她不能倒下，这个战场需要她。下面是她的日记。

（27-1）

1 月 21 日早晨六点电话铃声突然响起，我还在纳闷这么早会是谁给我打电话。是钱主任，通知我六点半在小区一楼坐车去象湖，当时我心里盘算估计是要收新冠重症病人。到了楼下看见车上有张伟院长，还有院感曹处。张院长说医院讨论决定提前开张重症医学科，象湖院区收治重症新冠病人了，这次新冠病毒具有较强的传染性，后期病人会比较多，收治在东湖院区不合适。

下车后，由乐院长快速召集各个部门开了一个简短的协调会，大家提出了各方面存在的问题及解决方案。散会后，大家都紧锣密鼓地准备起来，当时我以为可能会等准备好了后再通知病人。上午 11 点左右接通知说，病人已经从九四医院出发，估计 12 点会到。让我们做好接收准备。当时病房是一间房子，杨珍总护士长负责所有物资协调，我负责重症病房护士的调配。总护士长和我们几个护士长七手八脚地把可能需要的物品用不同的方式快速移入病房，根本来不及整理就忙着穿隔离衣。12 点左右病人来了，我、钱主任、感染向处、护士杨海龙共同接待了病人。告诉患者我们为什么穿成这样，安慰他积极配合我们的治疗护理。

我协调了 3 名男护士杨海龙、任杰、杨洋。第一天在人员未调配齐的情况下，他们完成了每班 7 小时的工作。向护理部请示要人。面临过年，科室全体人员的班次都要调整，安排好这边的事，下午 6 点又赶回东湖院区科室，协调好工作已是晚上 9 点。

（27-2）

1 月 24 日，大年三十。接诊第四例重症患者，由九江第三医院转来。患者年龄 74 岁，男性，高流量吸氧。患者是从武汉回来的。下午李敏华副书记和工会何主席一起组织给我们发放了各种年货。晚餐也加了几样菜，在象湖院区的医生护士一起吃了年夜饭。所有在这里工作的人员建了一个联系群。晚上 8 点左右医院领导来看望慰问并发了红包。虽然没有回家，我们也要让在一线的"80 后""90 后"有过年的气氛，大家分别把领到的红包发在群里分享，气氛一下子活跃起来。在象湖过了一个别样的新年。

（27-3）

2 月 6 日 10 时 39 分 49 秒，从江西省赣州市转来一位危重病人，是赣州赣县人。女性，78 岁。床号：A002。

我简单问了几句病情，抄下了她们带来的大病例。

发热 21 天，咳嗽伴呼吸困难 15 天。患者于 2020 年 1 月 16 日受凉后出现发热，有头痛，呈阵发性隐痛，伴头晕、食欲下降，全身乏力，咳白痰，给予药物（具体不详）治疗后症状缓解不明显。1 月 22 日出现咳嗽咳痰，呼吸困难并进行性加重。1 月 25 日遂至赣县人民医院治疗，效果不佳，病情恶化，进入该院 ICU 治疗。胸部 CT 提示双肺胸膜下多发磨玻璃样改变；动脉血气分析提示氧分压 43 mmHg（面罩吸氧 5L），给予气管插管接呼吸机。

赣州市疾控中心新型冠状病毒核酸初筛阳性，给予抗病毒、抗炎等治疗。患者病情危重，1 月 26 日转赣州市第五医院。1 月 27 日去甲肾上腺素泵入升压。1 月 30 日超声波检查发现右下肢静脉血栓。1 月 30 日因发热，使用亚胺培南＋万古霉素抗感染。2 月 2 日晚间发现右侧胸壁皮下气肿，纵隔气肿，血红蛋白下降，给予输血，抗生素调整为卡泊芬净＋利奈唑胺＋亚胺培南抗感染。2 月 3 日血常规：白细胞 $28.97×10^9$/L，中性粒细胞百分比 88.8%；PCT 0.259 μg/L，去甲肾上腺素 1 μg/（kg·min）泵入维持血压，入院时是昏迷状态。

入院诊断：新型冠状病毒肺炎（危重型），肺部感染，呼吸衰竭，纵隔气肿、皮下气肿，脓毒血症，感染性休克，肝功能异常，右下肢静脉血栓，低蛋白血症。

这个患者十分危重。领导叮嘱特护，特护，特护！目前我们科还是零死亡。

（27-4）

我在值班室睡觉。睡前我叮嘱了夜班护士注意 2 床，不知能熬过今夜不。她原发病与并发病太多了，任何一个并发症发展都可以致命。我刚刚躺下，似乎在梦中，又像是在病房。我看看手机，11 点 50 分我急忙起床，穿防护服，走进隔离病房。主任与经管医生都在。大家都默默地围在逝者的身边。这个病人自 2 月 6 日来我们科住院 4 天。我们照例向死者默哀。这是象湖院区新冠肺炎的第一个死者，也希望是最后一个。

（27-5）

2月10日，洪涛副院长主持死亡讨论会，卿城主治医师汇报死者病史，参加者有钱克俭主任医师、曾振国主任医师、谢世光副主任医师、向天新副主任医师、医务处郑增旺副处长。昨天晚上全力抢救，一夜未眠。讨论会结束后，我穿好了隔离衣防护服，进入病房进行护理质量的督查。10点左右，张伟院长进入病房对病房22个病人进行逐一的查房。剩下的22个病人中有11个病人进行有创通气，10个气管插管，1个气管切开，因为气管切开传染性比气管插管的风险更大。钱克俭主任决定自己带经管医生詹以安进行气管切开，护理组长周丽配合。手术非常顺利。剩下的病人有戴无创呼吸机的和高流量氧疗的，只有少数几个病人用鼻导管吸氧，有3个病人进行了ECMO治疗，两个病人正在进行血液净化治疗。张院长查过房后说："这里的病人确实病情较重，你们穿防护衣状态下进行工作就更繁重，敬佩你们，我为你们喊加油。不能让你们累坏了，我决定为你们增加医疗的力量。"她说干就干，三个ICU医生很快到岗。目前有16名医生，93名护士。

（27-6）

2月16日，昨天晚上收了2个病人（一个戴高流量；另一人吸氧，是尿毒症患者，需CRRT治疗），病人总数22人，7台ECMO，13人有创呼吸机，22床病人试脱机，医生护士都在精心地呵护着这些随时都可能消失的生命。晚上七点半，张院长又准时出现在医生办公室，把每一个病人的病情都精细地查了一遍。晚上七点半张伟院长直接从污染通道进入病房看望一线的值班人员并巡查了病房。八点半结束了一天工作，这个点算比较早下班了。

（28）

在病人与家属眼中，隔离病房戒备森严，寂静无声。每一个进来的病人仿佛是走进了阎王殿，总以为进来就出不去了。没有亲人，没有朋友，连医生护士的面貌都看不清，能不恐惧吗？遇到一些特殊病人，护理部不得不增加护士。一位90岁的老奶奶就是如此，老人听力不好，完全靠手势沟通。老人不懂哑语，手势也难以解决问题。手上在输液，她要上卫生间怎么办？裤子尿湿了就不好了。她年纪大，希望在家里老去，在这里不死不活，一天都难过，用医学的话说，这是治疗的依从性差。进行吸氧、雾化、消炎等常规治疗，老人在护理过程中极不配合。所有操作需要护士反复沟通，耐心解释，而且要好好哄，她才肯吃饭。由于她不配合，血氧饱和度没有达到正常水平。护理部决定安排一组护士勒春、王洁、范雅蓓、张婷芸四人轮班。本来病房人手就紧张，这更加大了她们的工作量。老人需要边治疗边喂饭，换衣裤总要两三个护士协作。老人出现过低血钾，为了保证身体需要，她得口服补钾，护士每天总要花很多的时间像哄孩子一样劝导她吞下药。特殊的病人，特殊的护理，她们做到了。1月29日，老人出现胸闷、乏力、恶心呕吐等症状，经检查确诊为新冠肺炎。她年龄大，有高血压、冠心病等基础性疾病，在治疗过程中又出现了并发症。经过精心治疗，老人于2月20日符合出院标准，顺利出院。治疗时间前后达20余天。这次的住院待遇是老人没有想到的，那些护理细节也是家属无法想象的。医护的一切努力就是为了病人康复出院。90 岁老人满怀恐惧被抬进来，最后是被扶着笑眯眯地走出去的。医护与家属一样脸上绽开了笑容。

2 月 10 日，隔离病房又迎来了一位特殊患者——年仅 7 个月大的宝宝，孩子是被村里干部送来的。他的父母在家隔离医学观察，村干部留下了他父母的电话号码。儿科主任陈晓、护理部主任王建宁知悉后，派出 7 位精干的护士与一位中年女医生专门管理、轮班照顾。"希望你们要像对待自己的小孩一样用心护理患儿，当好'临时妈妈'。因为宝宝年龄小，不能戴口罩，也请你们务必保护好自己，相信你们能赢得这场战役。"王建宁这样叮咛 7 名护士。

孩子是白天入院的。

10 日傍晚，7 名儿科护士收到医院急讯：需要立即进驻"新冠"特护病房，护理一名 7 月龄的"新冠"宝宝。没有犹豫和迟疑，7 名护士立即召开微信会议，线上了解孩子的病情，会议结束后就进入"战备"状态，开始针对宝宝进行特殊的护理。孩子入院时没带衣物，医护人员自发送来衣物、玩具、早餐米糊和奶粉。驻扎在隔离病房的儿科医生余伟说，孩子与父母分离，容易出现恐惧感。医护人员密切监测，给予恰当的情感护理。

7 月龄，特殊的年龄，正好是认生的高峰期，刚离开母亲的怀抱，孩子就哭得让每一个在场的人都难以安心。7 名护士中的"老资历"邹护士已是两个孩子的母亲，她身先士卒，熟练地将孩子抱起，拍一拍、哄一哄、逗一逗……不过几分钟，孩子居然安静下来，在"邹妈妈"温暖的臂弯中睡熟了。抱在臂弯里的孩子离护士是多么近呀，贴面式的护理，孩子没有戴口罩，他呼吸、咳嗽、打喷嚏都可能使病毒袭击这些临时妈妈。而且孩子鼻涕、口水分泌物多，也会蹭在临时妈妈的脸上。躲避不是办法，防备才是智慧。

"新手妈妈"第一时间便向有经验的妈妈讨教"妈妈经"，功夫不负有心人，很快"新手妈妈"们喂奶、换尿布、哄娃都不在话下，孩子几时需要睡觉、喝奶，奶量、奶温，尿不湿的亲肤度、吸水性都了然于心。趁着孩子睡觉的时候，临时妈妈给孩子清洗换洗的衣裤，因为病房条件有限，衣物清洗干净后无处晾晒，穿着厚重隔离服的护士们还要对着"小太阳"将湿的衣物烘干。孩子的衣服干了，临时妈妈的衣服却湿透了。有动力，有技术，而体力却在厚重的防护服和憋气的口罩带来的窒息感中消耗了。穿着这些坐着不动都"喘不过气来"的防护服，再抱着孩子，再做护理操作，累，真累！护理工作完了，人也精疲力竭了。每一个班次下来，脱去防护服的护士妈妈们都已经汗流浃背、衣角浸湿，护士妈妈的脸上却始终都洋溢着充满希望的笑容。到了晚上，值班护士还要向他父母汇报病情。

最艰难的是治疗。全副武装的护士，护目镜雾气重重，视线有限、手套使触感变得迟钝，打针抽血类的侵入性操作每一次都是挑战，在这种情况下，要完成静脉穿刺置管及输液、血气分析、静脉采血、雾化吸入等操作，要万分细心耐心。患儿生命体征是要长期密切监测的，不能戴听诊器，只能靠戴着厚厚的手套小心翼翼地摸索；每一次侵入性操作之前，都要做足充分的准备再进行，她们不想让这么天真可爱的孩子多承受一丁点的疼痛。有两个小护士，给孩子打针抽血时看到孩子哭，也会跟着心疼地哭起来，然后抱起孩子一边抚慰一边道歉。"毛毛乖，毛毛乖。"那一刻，他真的就是她们的小孩。他笑，她们会开心；他哭，她们跟着心疼。

更有趣的是，护士的交班也多加了些项目，互相交流孩子的情况，比如宝宝晚上睡觉喜欢踢被子，要注意别让宝宝着凉；宝宝今天对我叫了"妈妈"，等等。

这样特殊的护理，也带来特殊的难题。儿童的治疗工作本就难于普通病人，宝宝的康复问题仍然是护士妈妈们最关心的。紧随肺炎而来的是继发的胃肠道问题。腹泻严重的几天里，宝宝甚至每小时 1—2 次稀便，"红屁屁"也越来越严重，甚至出现了肛周皮肤破损，这可让护士妈妈们担心坏了。每次宝宝大便完后，护士妈妈都第一时间打好清水给宝宝擦拭，紧接着用氧气吹干、涂油、涂护臀霜，用最温柔的手法擦拭。在这期间要时刻注意保暖，不能让宝宝受凉。而听话的宝宝在这个时候似乎能感受到那一颗颗温暖的爱心，一系列操作下来，宝宝从不哭闹，甚至很享受的样子，这应该就是心和心最近的距离了。

在当"妈妈"的第九天，临时妈妈们终于收到了好消息：宝宝已经完全康复，可以出院了！当护士们脱下防护服，用温暖的手拥抱宝宝的时候，宝宝在这些"妈妈"怀里开心地笑了。宝宝不知道，这样的笑容已经铭刻在各位"妈妈"的心里。从刚入院的"哇哇大哭"到出院时的"咯咯大笑"，从开始的"一言不发"到后面的"咿呀学语"，这些变化都让护士妈妈们感到欣慰。宝宝出院了，所有的护士妈妈都在心里祝福，祝福他有个健康的童年。9 天的战役，9 天的陪伴，正如护理部王主任所说，我们在这样的特护下未感染一人，赢得了这场战役的胜利，这是护理人员过硬的专业储备赢得的胜利。

隔离病房是一个很容易让人产生抑郁的环境。心身医学科护士长黄丽平来了。她第一次进入隔离病房的时候，就注意到了患者赵女士，"她的情绪看起来不好，经常一个人静静地坐在床上，默默地流泪"。这种悲观消极的情绪对疾病的康复是非常不利的，黄丽平觉得必须采取一定的心理干预帮助她尽快改善目前的心理状态。"那天我不应该出去聚餐，这样我就不会被传染，我的家人也不会被隔离，我现在很担心我的家人，我的孩子还小，以后他要怎么办……"赵女士泪眼婆娑地向黄丽平倾诉着自己的心里话。黄丽平在电脑上查阅了赵女士详细的病例资料，熟悉了她的病情和生活背景，还与她的家属通电话，了解赵女士的一些喜好和习惯。

在隔离病房内的患者没有家人的陪伴，也看不清医护人员的样子，不能随意地走出病房，加上对疫情的未知，患者会出现不同程度的焦虑和担忧心理。在一线的医护人员和社会大众群体也面临着一定的心理恐慌，心身医学科黄丽平很早意识到了这个问题，针对社会大众群体、前线医务人员、隔离患者三类人员均采取了不同的心理支持措施：对大众群体建立了线上免费问诊平台；对医院前线医务人员建立了心理干预群并制作了线上量表进行自测，掌握信息后电话一对一进行疏导；创建医患心理疏导群，科室医务人员随时接受患者的倾诉，并进行心理疏导。

"这里有一个声音很好听的护士，她是心理治疗师，她每天都会来看我，鼓励我。他们还有一个群，里面有很多心理医生，他们很有耐心，很温暖，我的心里话都可以告诉他们，他们的话给了我很大的信心和勇气。"隔离病房内赵女士与家人通视频时，语气变得缓和了不少。

在1月，在2月，一天出院一个病人，一般要进五六个病人；到了3月，入院的病人越来越少，出三个进一个，甚至一个都没有。门口的救护车的叫声少了，因为发热门诊病人少了。

经过半个多月的严密防控，全省确诊病例上升速度波动式下降。与确诊病例数同时下降的，是发热门诊就诊人数。南昌大学一附院两院区每天发热门诊总就诊数跌至200例以下。

一直支援发热门诊的全科医疗科副主任医师徐信群说："近一周以来，

就诊人数都较刚开诊时有明显的下降，支援发热门诊的医护数量及班次也都有所调整，虽然疫情有所放缓，但防控仍不能有丝毫松懈！"为了节省防护装备，不吃饭、不喝水、不如厕对他来说是常事。在层层防护装备下，一天下来总是衣服湿透、护目镜模糊、耳朵生疼，但他觉得最难熬的还是晚班。凌晨3点后人困乏得不行，但是在又闷又热的防护服里，即便深夜病人少，也无法休息。虽然不像之前那样排长队，断断续续也没有停止。发热门诊的护士中，年龄最小的是1999年出生的聂淼，大年初一刚好是她21岁的生日。

她对于南昌大学一附院算是有别样的情怀和信任！她出生就是在一附院，当时妈妈是Rh阴性血，她是抢救了很久才勉强活下来的，可以说是被医生护士从死神手里抢下来的！以前是医护人员救了她，现在的她也可以救别人。聂淼十分自豪。

2月12日，江西省首例确诊、首例危重型新冠肺炎患者治愈出院了。抚州市东乡区55岁的危重型新冠肺炎患者老罗在隔离病房ICU救治20天之后，各项指标已确认符合出院标准。这天，老罗被轮椅推出医院时，激动地向记者和接他出院的东乡区相关领导，以及医务人员打招呼："大家好！感谢党，感谢国家，感谢一附院和全国的'白衣天使'！"他去年11至12月份在武汉做生意，居住地距离出事的那个市场仅2公里，后来回到东乡区。今年1月9日发病，是曾振国主任护送他来南昌的。老罗说："是医务人员夜以继日的救治和无微不至的关怀，给了我第二次生命。"

王女士送来了一面大锦旗与感谢信，她说："我代表妹妹、妹夫以及全家人来到这里的，感谢一附院象湖院区的医生和护士。如果没有他们的精心医治和照顾，我妹妹他们一家就散了。"她妹妹和妹夫相继被确诊为新型冠状病毒感染的肺炎患者。两人在住院期间，全家人都揪着心，把全部希望都寄托在隔离病房的医护人员身上。十几天来，妹妹、妹夫在医院的精心治疗下一天天好转，最后终于痊愈出院。

"我妹妹说，除了主治医生外，还有许多为她诊治、照顾起居的医生护士，因为穿着厚厚的防护服，临到出院都不知道他们的样貌，更不知道姓名，这让她又感动又遗憾。"妹妹、妹夫出院后，就千方百计找人制作锦旗。由于他们刚刚痊愈，不便外出，因此千叮咛万嘱咐，请姐姐代表全家将锦旗和感谢信务必亲手交给隔离病区的全体医护人员，以感谢他们对患者亲切热情的态度和无微不至的照顾。

象湖院区的医护人员给出院的患者留下了许多美好的回忆。隔离病房ICU的住院病人林某向他的管床护士杨海龙点餐："明天早上我想喝碗汤，再加个包子或者花卷都可以。"这是他住进病房的第13天，感觉自己状态好多了，胃口也不错。这天是2月4日。五天以前他觉得自己得了这个病即将"命不久矣"，准备交代后事，今天觉得自己再住几天就可以出院了。第二天，他在和护士们一起录制了一段大喊"加油、加油"的视频发给了家人。人生的坎有时候就这样过来了，往往只要那么一瞬间，就在象湖院区的ICU。

隔离病房中有一位老奶奶，入院时已经对她做了宣教，护士也反复指导她应该如何吐痰。奶奶有时候还是会往地上吐，李敏每次都默默地将奶奶的痰液处理干净，转过身来轻声地说："奶奶，为了您自己和他人，我在这里给您准备了一包纸巾和垃圾桶，您想吐痰的时候就叫我一下。"奶奶歉疚地和李敏说："小姑娘，我年纪大了，老记不得这些事，对不起啊，谢谢你包容奶奶。"出院后，让老奶奶记得的是，病房的小姑娘看她吐痰，就是没有发脾气啊！

"我感觉人间有大爱，觉得活下去特别有意义，感谢白衣天使们！"2月10日下午，新冠肺炎患者李女士痊愈了。认真地洗头洗澡，换上一身干净衣服后，她走出医院大门，见到了久违的阳光。李女士于1月28日下午入院治疗，在治疗组的密切观察、精心诊治下，一周后病情好转，体温正常。冠状病毒核酸检测结果均为阴性，符合出院标准。李女士非常感动，在微信上写下下面这段感谢的话语，发给了医院值班医生。

我很幸运遇到了这么优秀的医疗团队，你们不辞辛苦，废寝忘食地从除夕夜坚守到现在。戴着面罩，我看不清你们的容貌，但你们的行动诠释了爱岗敬业，诠释了医者仁心，感谢你们无微不至的照顾！

患者王某、徐某出院后，托家人送来感谢信和锦旗，郑重感谢救治他们的医者。信中写道：

尊敬的医生，您好。昨天我已回家，睡了这十几天以来最深、最舒服的一个觉。是你们把我从死亡线上拉了回来，真诚感谢你们救死扶伤、无私奉献的美德！

你们是最可爱的人，感激不尽！

你们一定要保护好自己，吃好睡好，这样才有精力挽救更多的生命！

2月19日上午，象湖院区，42岁新冠肺炎康复患者董先生成功捐献了300毫升恢复期血浆，他是江西首位捐献血浆的康复者。他的恢复期血浆经检测合格后将用于新冠肺炎重症、危重症患者。

3月11日，江西省11个设区市100个县（市、区）住院确诊病例全部清零，成为全国最早全部"清零"的省份之一，标志着江西省疫情防控工作进入了决战决胜的新阶段。

值得一提的是，江西中医药大学附属医院抚生院区新冠肺炎定点医院收治了29个病人。其中13例为纯中药治疗，16例为中西医结合治疗。与省里同步"清零"。

医院应该是温暖如春，安全如家，医护人员都是患者的亲人。越来越多的出院患者，通过短信、微信留下自己的感谢话语，为医护人员鼓劲加油。

立春后，象湖院区南广场的花朵悄然绽放。医护人员回复病友：以后我们是朋友，这样的事情在人生路上不要再现。

第八章

筑起防疫的高墙

（29）

江西人最担心的是南昌。南昌人流量大，从武汉回来的人多。

南昌人最担心的是麻丘。有人在网上查了，已经有网友公布了麻丘镇武汉返乡情况统计表。据知情网友介绍，麻丘镇每年有近两万人在武汉务工，主要从事鲜肉和家禽宰杀销售工作，今年麻丘这批从武汉返乡过年的上千名务工人员中，有些人极有可能已经感染了新型冠状病毒，并正处于潜伏期。截至2020年1月23日星期四，麻丘镇已经有超过1000人从武汉返乡过春节，而且还不断有麻丘人自驾开车回来。武汉餐饮店老板也有好多麻丘人，这些店习惯营业到凌晨，23日凌晨2点左右开车回南昌的还没有计算在内。

闵师傅就是其中一个。他在回家路上就有点发热，老婆开的药没有用上，被送到南昌大学一附院高新区分院看门诊，留院观察了几天后确诊，转到了象湖院区。

闵姓是南昌麻丘镇的大姓，几个村庄有上万人，在武汉做生意多是伙搭伙的。他们在武汉先占领了猪肉市场，渐渐延伸到卤味领域，再向餐饮市场扩张。小店老板一般都会到二三十公里外的生鲜海鲜批发市场向同乡屠户进货，他们一般不接受配送，担心肉不新鲜。卖肉的与开煨汤馆的联手，南昌这瓦罐汤味道好、便宜，风味有别于武汉的排骨莲藕汤。冬天，一碗鸡蛋肉饼汤，两个面窝或米饼，很可口。瓦罐汤成了武汉人一道新的暖心餐。一时间，武汉街头巷尾兴起很多煨菜瓦罐汤馆。猪瘟暴发后猪肉涨价，这两年，麻丘人是赚了。但这场疫情可把他们闵家吓坏了，麻丘人一下成了众矢之的。几乎是一夜间，赵教授、张主任、李老师，还有九江、赣州、宜春、上饶的人都接到这样的微信："提醒大家，据南昌朋友告知，南昌麻丘镇突发新冠肺炎近千人。南昌大学一附院高新分院已经人满为患，医院封门了。南昌人收到后一是不要外出，二是点击转发，让更多的人知道，减少传染。"主任、教授当然不信，打电话给高新院区护理部涂发妹副主任问情况，涂副主任说："没有哇，我们一切正常啊。"大家明白了这是传谣。

发热还是可怕的。张主任一晚上接了捐口罩的何总三个电话：他儿子发热。他儿子大学放假回来三天就发热。在社区打针无效，要求来一附院看主任门诊。张主任回答："只能看发热门诊。"何总有几个忧虑：如果儿子是普通感冒，在发热门诊会不会感染到新冠肺炎？能不能在发热门诊优先看？排队是最容易感染的。如果儿子真是新冠肺炎，一家人怎么办？张主任问清了他儿子的病史，了解到他在沈阳中国医科大学读书，是从南京方向回南昌的，没有传染源接触史。耐心解释后，陪他去了发热门诊，经过了三天观察，何总儿子最后诊断是普通感冒，何总心里踏实了。

麻丘的又一个闵师傅，一家三口于1月20日从武汉自驾回到南昌。第二天，邀请亲朋好友聚餐。三天后发热，再三天后确诊为新冠肺炎。与闵师傅聚餐的老吴、小淳2人也发热。继续追寻，另有与他聚餐的亲友夫妇 2 人也先后发病。第二波人的接触者再往下追，共查出密切接触者 61 人。这些人统统接受了集中医学隔离，这次聚餐先后致 9 人确诊新型冠状病毒性肺炎。

1 月 22 日，老魏从武汉回南昌的当晚，朋友为他接风，共 8 人聚餐。大年初一，说了不拜年、不聚餐，这位老魏夫妇还是走亲访友。老魏共致 51 名密切接触者集中医学观察，5 人相继确诊。

再有一例。小李于 1 月 21 日从武汉返回南昌。1 月 23 日起，先后有朋友来看望他。1 月 26 日至 2 月 12 日期间，相继接触近 10 名朋友。往下追寻，排查到 68 名密切接触者接受集中医学观察。有 4 人先后确诊住入象湖院区。这种连锁传播太快太多了。截至 2 月 4 日 24 时，南昌高新区有确诊病例 29 例，疫情防控形势严峻。

1 月 25 日 18 时起江西省实行临时交通管制和交通检疫。在江西省跨省界通道（尤其是赣鄂省界所有路口）全面设卡，在 606 个高速公路出入口、50 个服务区、370 个客运站、72 个火车站、7 个机场以及 16 个客运码头设立卫生检疫站，对过往人员进行体温筛检，对发热病人实施分类处置，严防疫情输入。加强重点人员排查监测，实行网格化管理，以城乡社区为网格，配备足够的工作人员，责任到人，联系到户，对来自湖北武汉的入赣人员，逐村（社区）、逐户拉网式排查，逐一登记造册、跟踪随访、健康监测，实行严格管控；对于排查出的发热病例集中隔离观察，没有发热的实行居家观察。为防止误诊漏诊，从 1 月 28 日 8 时起，全省个体诊所、村卫生室、社区卫生服务站暂停接诊不明原因的发热病人，但须按规定做好转诊服务。

南昌高新区迅速行动，区党工委、管委会进行了研究部署，成立了以管委会主要领导为指挥长的防控指挥部，下设 8 个工作组，建立了联防联控工作机制，联防联控成员单位集中办公。

春节期间，加强排查摸底。昌东镇、麻丘镇、艾溪湖管理处、鲤鱼洲管理处针对春节前一个月内从武汉返昌、往返武汉或与武汉人员有过接触史的人员，实行了最严格的排查制度。返昌人数较多的麻丘镇，建立武汉返乡人员日登记和报告制度，迅速摸清了武汉返昌人员底数。对于武汉返昌人员，安排专人对其连续14天进行体温监测，要求其必须做到14日居家隔离、每日做好体温测量，不得随意出门走动，并落实了一对一专人负责制度，一旦发现有发烧或咳嗽的症状，医疗小分队立即安排相关人员到市里指定医院检查、就诊。

高新区南塘徐家共有7400位村民，由于人口基数较大，在疫情发生后，村里18名干部立即支起帐篷，搭建入村关卡，对所有进出车辆及人员进行体温测量、信息摸排，排查湖北返乡人员，进行隔离监测。取消了大年初二"吊谱"年俗。

1月30日，南昌高新区法院认真落实《关于开展青年干部下基层帮助做好新型冠状病毒感染的肺炎疫情防控工作的通知》，成立帮扶工作组，进驻麻丘镇未来城社区和昌东镇华鹏东岸社区、蓝湾香郡社区。得知这里站岗人员没有防护用品，他们想方设法调集了200个外科医用口罩和1台红外线体温计。其间发生了一件令人感动的事，工作组成员欧阳良明在卡点值岗时，一位居民排了近3个小时队购买了一些口罩，送给卡点值岗人员。

2月2日晚上10点起，南昌市高新区麻丘镇全镇境内实行交通管制，除重大民生保障车辆、应急车辆、疫情防控工作所需车辆外，限制其他社会车辆在麻丘镇域范围内行驶。

麻丘派出所民警划分为3个班组，24小时轮班不停歇配合镇村开展人员查控工作，全面加强卫生部门的沟通对接，主动上门了解掌握情况。

麻丘镇有 56 个卡点。对于封闭村庄小区的卡点，24 小时都有民警值守，其他卡点则进行流动式的巡逻。虽然实施了交通管制，但镇上的居民生活不受影响，超市、商贸市场正常开放，居民可以采购生活物资等。镇上的居民不能够开车离开镇上，外面的车辆也不能进来，特殊保障车辆等除外。

对封闭的区域，有专门的物资保障组，在收到居民的采购需求后，保障组就会将生活物资等送到卡点。

过境车辆的通行不受影响。麻丘的交通位置比较特殊，处于出入境的主干道上，所有过境车辆需要进行登记，车上人员需要测量体温，不能行驶到主干道以外的路上。

隔离圈越来越小，越来越小，但新冠肺炎确诊患者还是接连出现。村民们一度产生恐慌情绪，麻丘镇成为江西省疫情防控阻击战中压力最大、任务最重的乡镇之一。

这时，一支女兵从天而降。

（30）

从大年三十到初一晚上查出麻丘镇武汉返乡人员有 1270 人，反映咽痛发热总人数是 15 人，其中居家观察 8 人、医院留观 6 人、住院治疗 1 人。这是非常大的工作量，这样的工作不能间断，没有间断。关键时刻麻丘隔离区来了一支医疗队伍。

1 月 29 日，大年初五，一支由 18 名女护士组成的娘子军医疗小分队进入了麻丘镇，她们宣教卫生知识、实施医学监测、安抚居民情绪。

南昌大学一附院高新院区总共只有120多名护士，派谁去麻丘，谁留守医院？要同时组织好两支队伍。高新院区护理部副主任涂发妹在大年初三就召集护理部的干部商量并在院工作微信群里发出号召，征集自愿去基层一线的护理人员，自愿也是有条件的，要有经验丰富的资深护士长，要有"90后"年轻人。

最终确定了18人名单，先派10名同志上一线，其余人员轮换支援。

初五出发，地点麻丘镇卫生院。明确任务要达到共识：做什么？怎么做？尽管护理部心中有底，但要征得卫生院医生同意以及村干部支持。任务确定了几项：1.给基层干部进行卫生知识培训；2.帮助镇卫生院规范发热门诊等常规工作；3.每天挨家挨户对居家隔离人员测量、记录体温；4.对隔离观察的村民询问身体状况，进行心理疏导；5.最重要的是摸清麻丘从武汉回来的人数总量，进行病情分类，然后进行分类处理安置。这些工作要分工分组安排，不能分片包干，而应该是分类后专门应对，中途可以轮换。第一项工作只要戴口罩，开展讲座；第二项要穿工作服；三四两项就要穿隔离衣了。还有的问题是医疗物资紧缺，如何节约？选用隔离衣加白大褂、双层口罩、医用头套、医用橡胶手套、便携式酒精喷雾等有条件用上的随身装备，出门会不会导致普通群众情绪恐慌？看似简单的工作，因为充满了传染的风险而复杂化了。对要穿隔离衣检查工作的村民做一个初步调查：有多少人？再根据人数确定次数，确定需要消耗多少隔离衣。10个护士分成10个小组，每组队员有医疗小分队护士、卫生院工作人员，还有村干部。

小组分头进行。第一、二项工作相对轻松一点，全镇划了10个重点防控区域，每个区域往往有好几个自然村或小区，交通出行靠双脚，每天要走 1 万多步。难得能搭一次便车。每天任务结束后，全身得喷洒消毒液，绝不让病毒有可乘之机。护士再等大家到齐后乘医院车回到集体宿舍。

困难的是，除了护士外，有的队员不愿与新冠肺炎密切接触者打交道，不愿意上门进行医学监测。往往进门的只有护士一人。这种心情完全理解，谁不怕传染啊！作为护士的她们却始终保持一颗平常心。有时，居民开门时没有戴口罩，她们会善意地提醒："请用纸巾掩住口鼻，保护自己也保护他人。"在一户密切接触者家中，高新院区支部书记邱峰发现常备的溶栓药已用完，当下又无法购买，立刻记下药名，并承诺第二天一定送到家里来。

部分村民隔离多日后产生抵触情绪，有时，她们不得不耐心地一遍一遍地敲门询问，喊哑了嗓子、敲疼了手指。村民激怒了，吼道："烦不烦啊，我没病，你们不要再天天上门来了。"听到这样的话，护士们不得不一次次地耐心解释："万一有什么情况，对自己、对家人都不好，只要再坚持几天就好了。"

不过，大多数居民的理解还是让护士们感到欣慰。有一次，天下着雨，护士张珍女一次性雨鞋被磨破了，鞋袜全部浸湿，上半身则被汗湿透。一位老奶奶感动地说："谢谢你们了，下雨天还来看我，谢谢你们一附院医生，你们年轻人自己也要保重身体。下雨了，别摔倒了。路上小心哈。"雨天有点冷，这话温暖了张珍女，几天吃的苦和累烟消云散。再过几天，她们收获了成果。村民大人小孩看到没有穿隔离衣的护士笑了："你们一个个好恰嘎啊，好辛苦。"他们知道了，只有去从武汉回来的务工人员家里才穿隔离衣，是去量体温，问基本情况，目的是不让新冠肺炎在村里传播，都是为了村里好啊。基层干部群众开始相信政府派来的护士，恐慌情绪就这样慢慢消散了，大家自觉地戴起了口罩。麻丘输入性病例停留在 25 例，一直未上升。

10 名护士都有了成就感。虽然是报名来的，有的为了不让父母丈夫担心，她们选择了隐瞒。护士尤欢欢的想法是，因为有被传染的危险性，所以选择不告诉家人，免得他们担心。她说："我工作 20 年了，对圆满完成任务有信心。"过多的解释会让不懂的人更操心。不过，对一些家里有孩子的护士来说，思念孩子是很不好受的情感，也有委屈。辛苦了一天后回到医院寝室里，就会和孩子视频聊天，孩子的呼唤与慰问声常会让做妈妈的激动得泪流满面。任务结束后，为了保证家人的安全，她们还要继续在医院值班住宿，14 天隔离期满才能回家和思念的亲人团聚。

抵达麻丘的第一天，护士们就聚在一起拍了一个小视频。"麻丘加油，我们和你在一起！"任务结束后就不是加油，是盼望疫情早日结束，希望麻丘早日恢复往日的热闹与欢乐，隔离的患者早日与家人团聚。护士们与麻丘卫生院的医生、村干部相处时间不长，在疫情来临之际，大家通力合作、互敬互让那种共克时艰的氛围让一附院的护士们难以忘怀。上车离开麻丘时，护士们望着这群淳朴敬业的干部与群众还有点依依不舍。

江西省委书记刘奇对从武汉回来与还留在武汉的江西老表特别关心。元宵节后他指出，随着时间的拉长，人的心理承受力会越来越脆弱，要更加强化人文关怀的力度，对确诊患者在加强医学治疗的同时，要做好心理疏导工作，用家庭亲情、社会关爱的力量支撑起他们战胜病魔的信心信念。对于武汉、湖北返赣的感染者要理解包容，他们背井离乡出去打拼，把发展资源留给了家乡人，在外面创造财富回馈了家乡，是我们的好乡亲。要给他们家乡的温暖、家人般的支持，帮助他们挺过难关。听说麻丘镇还有 600 多人留在武汉，刘奇叮嘱镇党委、政府负责同志，要帮助他们照看好家里的老人、孩子，要打个电话去问问他们的情况，提供力所能及的帮助。这个时候，一声乡音、一声问候，是对他们最大最有力的支持。

　　麻丘，省委书记记得你们，一附院医生护士记得你们，你们自己更要珍惜自己啊！

第九章

医者四万暖江城

（31）

2月3日，习近平主持中央政治局常委会会议并对加强疫情防控工作作重要指示，要把疫情防控工作作为当前最重要的工作来抓，真抓实干，把落实工作抓实抓细，坚决遏制疫情蔓延势头，坚决打赢疫情防控阻击战。

2月4日，中共中央政治局常委、国务院总理、中央应对新型冠状病毒感染的肺炎疫情工作领导小组组长李克强主持召开领导小组会议。

会议指出，湖北省特别是武汉市仍然是全国疫情防控的重中之重，要把人民生命安全和身体健康放在第一位，努力提高收治率和治愈率，降低感染率和病死率。进一步扩大床位供给，征用一批酒店、场馆、培训中心等用于集中收治疑似病例、轻症患者或观察密切接触者，将部分三级综合医院转型为定点收治医院。调集一批应急方舱医院，再增加2000名医护人员支援湖北，今晚到位。集中优势力量，调派高水平医护团队整建制接管重症救治医院或病区，配齐抢救设备和防护物资。

一床难求。有床，生命就有希望。各地医疗队继续在星夜兼程，驰援武汉。

1月27日，大年初三上午，江西省第一批援助武汉医疗队终于从南昌启程出征了。省委书记、省委应对新型冠状病毒感染的肺炎疫情工作领导小组组长刘奇，省长、省委应对疫情工作领导小组组长易炼红与省领导、省委应对疫情工作领导小组副组长赵力平、孙菊生一同出席出征仪式。省卫健委党组书记、主任，省委应对疫情工作领导小组办公室主任王水平参加出征仪式，并为援助武汉医疗队出征授旗。

用"终于"两个字，是因为江西各地医院、医护人员得知武汉封城的事实后，先是一惊，后是一震。明白武汉处境十分艰难，武汉医生疲倦至极，武汉患者一床难求。大年三十晚支援武汉的医疗队远远不够。对于武汉急重症病人来说，病床就是生命，生命就是病床！

1月26日，大年初二上午，江西省卫健委统一安排部署，决定在全省各地市三级综合医院和传染病专科医院抽调医务人员组建第一批江西省援助武汉疫情防控医疗队。在不满24小时的时间内，一支由138名医务人员组成的医疗队诞生了。其中医生43人，呼吸科21人、重症医学科13人、感染性疾病科4人、医院感染管理科5人；护士93人，普通患者救治医疗队护士45人、危重症患者救治医疗队护士48人。这些医护人员里有中级及以上职称者共52人。领队2人。他们分别来自江西省10个地市的医疗机构。

南昌大学二附院是第一批援鄂医疗队的负责单位，副院长祝新根任医疗队队长。医院选拔了呼吸与危重症医学科、感染性疾病科以及重症医学科共9名医护人员组建了一支技术过硬、作风优良的医疗队。在出征仪式上，队员们坚定地在迎战书上按下鲜红的手印，立下了无悔的誓言。9名医护人员接受了验血等身体检查后，穿上"战服"，战友间相互整理衣着，传递着无言的信念与决心。

在忙于组建赴武汉医疗队的同时，江西省委、省政府紧抓医疗物资筹备工作。江西省红十字会是接收社会捐赠的主渠道。继2月2日深入企业检查调研生产环节后，2月4日，江西省委书记刘奇又来到省红十字会、省防疫医疗物资收储供应点检查调配环节，他强调：口罩、防护服等医用物资是疫情防控的战略物资，要以对党和人民高度负责的精神调配好、使用好，做到规范、高效、透明，严防跑冒滴漏，确保关键物资用于关键处关键人。

红十字会办公室的一块黑板上，写有117万的字样。刘奇详细了解疫情发生以来各方面捐赠资金和物资情况。他指着黑板上的117万这个数据说，这是117万颗爱心，是我们众志成城、共克时艰的磅礴动力；这是117万份信任，我们要珍视每一笔捐赠，调配好、使用好，发挥最大效益，回应社会关切。

"严听指挥、不辱使命、坚定信心，打胜仗、零感染，一定要保护好自己。全院职工都盼望你们平安归来。"党委书记程学新、院长刘季春再三感谢队员们舍小家为大家，临危受命：出征！

第一批医疗队开赴武汉8天后，即2月4日，江西省第二批援助武汉医疗队驰援湖北。这批医疗队员均为护理人员，共计101人。全称是国家紧急医学救援队医疗护理队。

2月3日晚11时接国务院应对新型冠状病毒感染的肺炎疫情联防联控工作机制（医疗救治组）紧急通知，要求到2月4日下午4时，全体队员在昌北机场集结。不到24小时，江西省卫健委完成了人员抽调、队伍组建过程。被抽调的护理人员来自全省10个地市。101人中，男护4人，女护97人，分别为呼吸内科、重症医学科、感染科、急诊科等临床科室护理人员，其中中级及以上职称44人、中共党员21人。

这支医疗队队长是南昌大学第四附属医院副院长唐浪娟。

2月4日早上8点，她接到指令，派她领队去驰援武汉。对于突如其来的指令，她的第一反应是"同意"与"感觉很正常"。

有着30多年护理经验的护士，又是老党员，在疫情出现时她主动请缨援助武汉。

"只要一声号令，我会毫不犹豫冲在前面。"唐浪娟说，"全省每家医院防控工作都十分紧张，随时都可能被抽调援鄂，只是说什么时候去不知道。这次组织上安排我为领队，深感压力，充满力量。领导高度重视，反复嘱托这次去首先要保证个人安全，其次就是圆满完成援鄂任务。"她相信江西医疗护理队员们的业务能力、团队合作能力与战斗力。她保证完成任务。

2月4日上午9点，南昌大学第二附属医院举行了援助武汉出征仪式。第二批出征的3名护师分别是呼吸与危重症医学科副主任护师余娇、综合ICU主管护师江巍、综合ICU主管护师帕让甘鹏燃。28岁的帕让甘鹏燃，是景颇族小伙子，1月新婚，听到武汉需要支援的消息后，毅然报名前往。与爱人别离时口罩遮住的脸上是泛红的眼，分别时一步三回头地相互叮咛，最后爱人的千言万语只化作一句"保护好自己，等你回来""你为信仰出征，我为爱情守候！"

也是2月4日，江西省口腔医院党委为4位出征的巾帼送行，书记廖岚与院长杨健为她们献上鲜花。她们是刘洁、张觅、魏婷、吴美凤。她们表示自己能为战疫献上微萤之光感到无比幸运。她们的请战书上按着鲜红的手印，在朋友圈里不停地转发。

这天下午1时30分左右，江西滨江宾馆已经聚集了援助武汉的医疗护理人员及其家属在这里候车，待统一乘车前往南昌市昌北机场。许多新婚的、未婚的小伙子拥抱着自己的心上人。这样的场合，谁也不会议论羞涩，更多的是赞美，时间不允许他们亲昵了，临行告别的依依不舍，只能各自留在心中。

在这 101 名护士当中，有一个叫杨辉利的护士，33 岁，是南昌市新建区人民医院护理部副主任。她支援的是武昌洪山体育馆方舱医院。

医护人员素有白衣天使之称。这次，又增加了一个敬称：白光。在方舱医院的夜，熄灯后一片灰暗。患者都静静进入梦乡。患者说："每次醒来，总看见值夜班的护士们静静地守护在各自分管的患者身边，白色的工作服明暗闪烁，就像一束白光。她们在，我们就坦然了。"

白光成了许多患者心中的慰藉，成了方舱里最美丽的星星。杨辉利是这闪闪烁烁星群中的一颗。来到方舱医院，她享受了人生中的好多第一次。第一次穿尿不湿；第一次把头发剪短；第一次进入隔离病区，每天工作 6 个小时，负责 20 多名病人的抽血、打针、吸痰、送饭、生命体征监测等工作。虽然方舱医院住的是轻症患者，但患者的心理负担有时比重症病人还厉害。焦虑与恐惧，不安与烦躁；每天，他们追问：我会好吗？

"放心，会好的，都会好的。"这句话，她们每天都要说几百遍。

2 月底，一个"寻找杨护士"的故事，在武昌洪山体育馆方舱医院传开。年轻患者刘猛从这里康复出院后，始终难忘自己在医院里最为焦虑的时候，是一名来自江西医疗队的杨护士给了自己最宝贵的信心。"小伙子，你不要怕，你很年轻，要相信自己一定没事的，我们会竭尽全力救治每一名患者。"杨护士温馨的话语和坚定的眼神，让刘猛心头一暖，信心一下子重新树立了起来。

出院后的刘猛一直想再次见到这位杨护士，最终在央视记者的帮助下，圆了自己的心愿，知道了"杨护士"是江西援助武汉医疗队的杨辉利。

这个故事在中央电视台《新闻联播》播出后，打动了全国无数观众的心。"自己不经意间的一句话，就能被患者记住，我也没想到。"杨辉利说，那一刻，她从未感觉自己如此被需要。

尘土星辰。是尘土，也是星辰。

2月6日，按照一省援一市的精神，江西省第三批援助湖北医疗队驰援湖北随州。不到8小时的时间里，省卫健委完成了人员抽调、队伍组建等一系列工作。在全省10个设区市的77家医疗机构中抽调了135名医护人员。

江西省人民医院（南昌大学附属人民医院）副院长、中共党员黄清任队长。从这时开始，他的人生又要迈出新的一步。

南昌大学二附院是这天下午5时左右，接到江西省卫健委紧急通知，呼吸与危重症医学科主任医师魏益平、感染科主管护师胡家旭要远征。在1小时内医院为出征队员整备好行装，为他们举行了出征仪式。

江西省第四批援助湖北医疗队，也叫国家紧急医学救援队。于2月8日晚11时接到指令，2月9日上午11时前集结完毕，江西省人民医院应急办主任、主任医师张维新任江西国家紧急医学救援队队长。由来自江西省人民医院、南昌大学第一附属医院、省妇幼保健院、省儿童医院、省胸科医院、省疾控中心、省寄生虫病防治研究所、省血液中心8家省直卫生健康单位的40名医护人员组成。一附院派出的是司机队队长喻燕春。

2月9日，他们乘坐9辆救援车从南昌紧急出发赴武汉，2月12日进入武汉市江岸方舱医院开展医护工作。他们在方舱医院的26个日夜里，全力开展科学救治，严格做好防护，共收治患者632人、培训方舱医务人员920人、完成CT阅片1421人次、核酸检测2581例，达到了患者零回头、患者零死亡、医务人员零感染的目标。医疗队工作的武汉市江岸方舱医院被评为"全国卫生健康系统新冠肺炎疫情防控工作先进集体"，国家紧急医学救援队（江西）队长张维新获"全国卫生健康系统新冠肺炎疫情防控工作先进个人"称号。

2月11日，全国退役军人事务系统支援湖北第一医疗队，从"英雄城"南昌启程。来自江西、浙江、山西省荣军医院的40名医务人员斗志昂扬、全副武装地奔赴湖北抗击疫情一线。全国退役军人援鄂医疗队分三批，每批40人左右。三批医疗队都在江西省集结培训，再统一派往湖北武汉。

2月11日，江西省第五批援助医疗队驰援湖北，是对口支援随州市的第二批医疗队。医疗队由全省10个地市的144名队员组成，主要来自呼吸内科、感染科、重症医学科、CT影像科、院感科等。

2月13日零时，江西省接到国务院应对新型冠状病毒感染肺炎疫情联防联控机制（医疗救治组）紧急号召令，要求南昌大学第一附属医院、南昌大学第二附属医院各组建一支整建制医疗队前往武汉，接管华中科技大学同济医学院附属协和肿瘤中心2个重症病区。不到12个小时，江西省完成了人员抽调、队伍组建、仪器配备、物资筹措等一系列工作。被抽调的278名医务人员中，男性98人、女性180人，医生77人、护士201人，中级及以上职称147人，人员涵盖了呼吸与危重症医学科、重症医学科、感染科、院感科、急诊科、烧伤科、麻醉科、影像科、消化科等十余个临床科室。为了更好地开展医疗救治工作，医疗队随行携带了ECMO、呼吸机、除颤仪、心电监护仪等多种急抢救医疗设备。时间之紧、任务之重超出了他们的想象。

这是江西省第六批援助武汉医疗队。

2月15日，江西省第七批援助武汉医疗队驰援湖北。第七批医疗队由南昌市 10 家医院共 105 位医护人员组成，是第一次由南昌市单独组建的援助湖北医疗队。

2 月 17 日，江西省第八批援助医疗队驰援湖北，系江西省对口支援随州市的第三批医疗队。这批赴随支援的医疗队伍人员相对集中，全部来自赣州，中级以上专家占到 60%。128 名队员中，专业涵盖呼吸内科、感染科、重症医学科、院感科、医学影像科、心理咨询、麻醉科、心血管内科、中医科、公共卫生、流行病学、预防医学、疾病控制等。16 时 30 分，江西省第三批援随医疗队抵达武汉天河机场。17 时 15 分，医疗队专家们分乘三辆大巴出发，直奔随州。

2 月 20 日，江西省第九批援助医疗队驰援湖北。被抽调的 170 名队员中，医师 47 人、护士 120 人、药师 2 人、技师 1 人，男性 58 人、女性 112 人，中共党员 55 人，中级及以上职称 78 人，专业涵盖呼吸与危重症医学科、感染科、重症医学科、急诊科、麻醉科、影像科等。

截至 2 月 20 日中午 12 时，江西省已累计派出 9 批 11 支医疗队，共计 1221 名队员支援湖北疫情防治工作。其中，8 支医疗队 832 名队员在武汉支援，3 支医疗队 389 名队员在随州市对口支援，江西省对口支援湖北省随州市新冠肺炎防治工作前方指挥部人员 15 人。

截至 2 月 24 日，江苏与广东支援武汉医疗队医务人员最多。江苏省先后派出 13 批，共计 2804 名。上海和广东医疗队派出最早，除夕夜疾驰武汉。2 月 24 日下午，广东驰援湖北第 24 批医疗队的 30 名心理专家出征武汉。此时广东已累计向湖北派出 2461 名医疗队员。国家卫健委高级别专家组组长、中国工程院院士钟南山就属于广东医疗队。

东南西北"四大名院"会师武汉。"东齐鲁、西华西、北协和、南湘雅"是医学界的四大标杆。2 月 7 日，山东大学齐鲁医院和四川大学华西医院的医疗援助队在武汉天河机场相遇，他们共同接管了武汉大学人民医院东院区。

2月7日13时，北京协和医院第二批援鄂抗疫国家医疗队142名队员乘机奔赴武汉。2月7日下午，中南大学湘雅医院第三批援鄂国家医疗队130人（30名医生、100名护士）北上援鄂，接管武汉协和医院西院区重症病房。

截至2月22日，全国各地支援湖北医疗队人数已超过38000人，其中投入武汉的重症专业医务人员已经接近全国重症医务人员资源的10%。

从南到北，从西到东，整装待发，驰兵救援；日夜兼程，兵贵神速，一心赴救，急进阵地。面对疫情，全国人民携手打了一场人民战争。

第十章

赣鄱楚天一江情

（32）

1月26日凌晨，他接到江西省疫情防控应急指挥部通知，要去武汉援助的通知，他没有一丝犹疑："我是一名医务工作者，随时做好了出征的准备，这个时候就该站出来！"

1月27日8时，他带领团队踏上了征途。"把武汉的疫情控制好，就是在守护我们自己的家园！"在出征仪式上，他的话语朴实有力。临危受命，勇挑重担。他是南昌大学二附院副院长祝新根。

138个江西人，138条"江西好汉"。他说："是我把这支队伍带到武汉的，我也一定要把他们完完整整地带回来。"

江西是革命老区。新中国卫生界的很多第一就在这里诞生。中国共产党创办的《健康报》在瑞金诞生，至今已是中国卫生界第一流的专业报纸；第一家红军医院在赣州兴国县建立，中国医科大学的前身是中国工农红军军医学校，先在于都后搬至兴国，又迁往瑞金。红色的故乡，红色的经典，红色的后代，赣州各医院的医护人员在第一时间纷纷请战。

1月24日除夕夜，赣州市第五人民医院发出倡议，58名干部职工在请战书上签字，自愿加入医院防控新型冠状病毒性肺炎的各项工作，放弃休假，坚守工作岗位，不计报酬。医院有274名医务人员递交请战申请书。

赣州市领先一步，1月25日组建援鄂医疗队，派出医务人员29名。其中普通患者救治医疗队员13名、危重症患者救治医疗队队员10名，于1月26日晚上抵达南昌。另有6名临床检验医疗队及后备护理组队员随后赶到。

兴国县人民医院刘素珍主任、呼吸内科护师曾晓琴、重症医学科主管护师肖钺是第一批援鄂医疗队队员。刘素珍从事院感管理工作多年、熟悉疫情防控，是防疫前线急需的人才。肖钺递交请战书与入党申请书后仅几个小时，就接到命令：支援武汉，马上出发！她还没来得及告诉家人。出发时，爱人在照顾病中的爷爷，爸爸妈妈在照看她5岁多的孩子，哥哥送她踏上了开往南昌的列车。在出征的路上，爱人连打了几个电话表达支持，再三叮嘱要她多加小心。她说："交了入党申请书，就以党员标准来要求！"她对9岁的儿子说："病毒是敌人，现在是大敌当前。我主动请战，赶赴前线，抗击疫情。你要支持妈妈。"当晚她们赶到南昌，参加了出征前的培训。

于都县人民医院安排了呼吸内科黄秀华、重症医学科李靓萍两位骨干护士，代表于都县人民医院参加江西省第一批医疗队援助武汉。医院为她们紧锣密鼓地调配药物、防护装备等紧急物资，她俩用最短的时间收拾好行李即刻出发，在新长征路上她们会谱写新篇章。

曾璐和曾桂花是瑞金市人民医院的护士。1月26日，她们从瑞金市出发，1月27日跟随江西支援湖北医疗队进驻武汉第五医院驰援武汉疫情防控工作，是瑞金市第一批支援湖北的医护人员。1月29日，曾桂花被分配到呼吸内科，29岁的曾璐被分配至ICU病房。她们都是来自红土地的儿女，她们用红土地的精神投入这场没有硝烟的战役。

1月26日，正月初二，吉安市中心人民医院、井冈山大学附属医院和上海市东方医院吉安医院的微信群里，百余份请战书纷纷涌现。"我是党员，有在北京协和医院进修一年的经历，我申请去支援湖北。""我是党员，年轻，抵抗力强，我报名去支援湖北。"吉安市委、市政府主要领导得知百余名医护人员主动请缨的消息后，非常感动，赞叹道："海横流苍方显井冈山儿女本色。"向医护人员致以崇高的敬意。要求相关部门和社区，一定要关心、关爱医疗队员的家属，让他们无后顾之忧。12名医护人员很快分配好：吉安市中心人民医院5名，上海市东方医院吉安医院3名，井冈山大学附属医院4名。12名队员分成普通患者救治组、危重症患者救治组，涵盖了感染科专业、重症医学专业、呼吸重症专业。

正月初二晚上，天气十分寒冷，送行的人们依依不舍。正月初一刚奔赴泰和县人民医院会诊疑似病例的高雪萍医生，是井冈山大学附属医院第一个报名者。出征仪式上，她说："我入党几十年，从医也几十年，我感觉使命在肩，在这关键时刻，一定要冲在前面。"上海市东方医院吉安医院在一楼大厅为3名队员举行出征仪式。该院呼吸内科医生陈林是一名"90后"，本来计划初三第一次去见丈母娘。他是党员，得知要支援武汉的信息，他毫不犹豫地写下"请战书"。吉安市中心人民医院也举行了出征仪式，家属前来送行。"医院培养我十年，现在正是需要我的时刻，我愿意支援新型冠状病毒感染的肺炎疫情防控工作。"袁水生是市中心人民医院呼吸科主治医生，爱人也是该院职工，牵着3岁的儿子在送行的队伍里，摇着手中的红旗与小花。

第二天的《井冈山报》上与电视台里有了这样的赞美词："他们是井

冈山精神的传承者，他们是和平时期出征的战士，他们是最美逆行者。"

蒋孔明，男，共产党员，25岁。赣州市南康区第一人民医院ICU护士，是江西首批支援武汉医疗队的男护士。在支援工作中其"业余手艺"得以展示。

刘涛是武汉人，家里还有一个65岁的妈妈，因为新型冠状病毒感染的肺炎疫情，现在还在隔离居住。如果不是疫情，他计划初二值班后，一家人回武汉陪妈妈。

妈妈就再三叮嘱："你们绝对不能来武汉，谁也别来，一定要听话。"

刘涛还是回武汉了，只是人在武汉，没时间，也不能去看妈妈。

刘涛是江西中医药大学附属医院重症医学科副主任医师。大年三十，在岳父家过年。

这天下午，他接到医院电话。根据武汉疫情防控需要，江西省要从各大医院抽调医务力量组建医疗队援助武汉，特别需要重症医学科医生。"好，我去！"他立马报名。

他担心家中会使用否决权。同在医院上班的张欢也是党员，一眼就看出了他的心思。他们相识相处近20年，张欢说："我们是夫妻，是同事，是战友！你是我老师，我们经历了'非典'，我们知道，只要保护好自己，没那么可怕。我们是党员，是医生，别无选择，必须得去。"刘涛笑了。

刘涛初二值班，到了晚上八点半，晚饭还没吃，他接到集结电话，不得不和同事紧急交班，到集结地滨江宾馆，参加出发前的统一培训。回到家，妻子张欢却出现在眼前。因为知道他当天值班很忙，张欢放心不下，特意叫弟弟开车追了过来，帮助刘涛整理行李用品。

饭后，张欢想送一下，刘涛阻止了，10岁的女儿还在房里看书呢。女儿得知爸爸要出门，哇哇大哭，刘涛抱起女儿："爸爸只是出去一下，明天就回来，你在家要听妈妈的话。"这个善意的谎言，让刘涛和张欢湿润了双眼。第二天早上是出征的时刻，刘涛依旧没让张欢去送。这个场面肯定很难过，时间这么紧，事情也这么多，难过只会让工作分心和添乱。

说不担心肯定是假的，每一个去武汉出征队员的背后都有无数双牵挂的眼睛。

（33）

1月29日，祝新根带领培训和演练完成后的医疗队队员，于20时准点进驻武汉市第五医院，全面接管3个病区的医疗护理工作，负责包括重症的300多名病人的救治。祝新根是一名神经外科专家，来到武汉，他更多的是一名组织者、服务者，是领头羊。依靠专家、依靠集体是这次援救的胜利之本。他主动与每一名队员谈心交流，做好心理疏导，帮大家舒缓压力。一些年轻的医护人员第一次面临这样的抗疫战场，特别是被抽调到医院隔离病房医院工作的队员，心理上有一些恐惧和害怕。他就一个个地与他们交流，告诉他们自我防护的知识和经验，给她们战胜疫情的信心和勇气，做好引导工作。虽然他从事神经外科，但医生对病人的态度、医患关系的处理方法没有异样，而且医学的诊断治疗思维是一样的，流程与制度是一样的，医学理念是相通的。根据工作需要和病区设置，他做了工作安排部署，制订各班职责，安排各项流程，严格强化防控意识，在医疗救援物资匮乏、工作量过大、病人过多、医护人员缺乏足够的休息的情况下，他尽最大努力安排好大家休息，保护好医护人员的个人健康，细致做好服务工作。

医疗队以组为单位接管病人，确保病患救治 24 小时无缝衔接。

一日三查房，早晚两例会；及时召开危重病例讨论会；要求交接班要详细，查房要认真、要有亲情感。每天他都会认真听取值班医生的汇报，提出问题思考，结合实际情况及时做出调整和部署；每天他都会走进 ICU，凡危重病人，心中有数。每个病人的诊疗方案要逻辑清楚有根有据，做好突发事件的预案。病人、医生、护士天天都可以看到他的身影，身体力行，坚持以病房为家。身先士卒就是榜样，积极参与就能给予能量。他说："我是队长，队员们看到我在，他们心理上就会有力量支撑。"

元宵节那天，祝新根在厚厚的防护服上写着"我是祝新根，祝大家元宵节快乐"，走到每个病房为队员、病人打气。队员们看到祝队长的背影，心里踏实了；病人看到他在，心里踏实了。第二批江西援助武汉医护人员到达武汉时，祝新根除了给他们带去医疗物资，还不忘"传经送宝"，把好的防护经验带给他们。

1 月 29 日，刘涛准时进入重症隔离病房，开始零距离接触重度感染患者。进入隔离病区之前，一切都是未知。不知道里面的病人的情况，也不知道物品的情况，一切只能靠自己。穿了隔离衣和防护服后，就不能上厕所了。出来一次就得把防护服换了。此刻，物资匮乏，前线的同志把防护服看得比任何东西都宝贵。为了节省时间，更为了节省防护服等防护物资，医护人员只能少吃东西，少喝水，不上厕所。刘涛的胆囊已经手术摘除。知道自己消化不好的刘涛更不敢吃东西，水也尽量少喝，饿了也只能挺着。谁知这一进去就是不吃不喝 15 个小时，工作是高强度的，精神是高度集中的，是对患者负责，也是对自己的安全负责。从刘涛的"任性"中可以看出他的责任心。

连续戴 15 个小时的 N95 口罩，因为时间过长，脸部和鼻腔都勒出了深深的痕迹。其实刘涛打个盹的时间是有的，他一眼都没合，不敢睡，是怕弄破防护服。他利用这个时间段，干脆把所有病例都手抄了一份，方便自己掌握，也方便外面的其他同事掌握。通过这点小事，同事都知道了：他果然是条汉子！

武汉的同学知道刘涛回来支援，由于防护服缺乏他不得不在隔离病房工作 15 小时，都心痛了，想方设法弄来 50 套送给他。雪中送炭，弥足珍贵。但考虑到整个医疗队的防护服都很紧张，刘涛想都没想，把这 50 套 "私人" 物品充公了。"一个团队，一个整体，谁也不能丢下，一个也不能少。" 刘涛啊，大家这时都感到赞美是多么无力啊！这时，刘涛突然想起了妈妈：绝对不能告诉妈妈，我已经回到了武汉。这是他对爱人张欢的叮嘱。老人家接受不了她的独生子回到武汉的惊吓。为了掩盖这个谎言，刘涛和张欢商量，也只能每天想办法和妈妈通通电话。"明明对武汉、对情况一清二楚，还得装着问问武汉的情况"。这几天忙，这事搁下了。再忙，再累，刘涛都承诺了妻子：每天一次对话。然而，一开始就失约了，直到 1 月 31 日 10 点 31 分，才给了张欢一个惊喜，一个男子汉的 "撒娇"："我很疲惫，长久佩戴 N95 口罩，鼻腔和脸都压坏了，勒得好痛，手也被消毒水浸破了，正在用酒精做简单处理。我没有精神与你说得太多。"

重症医学科主治医师杨小刚来自江西省人民医院（南昌大学附属人民医院）。1 月 31 日晚，他进入重症病区值晚班。在清洁区里穿上防护服后，请同批一起来援助武汉的喻杰医生帮助他写上名字，想想，又在左胸前加上 "必胜！" 喻杰问："你背后写什么吗？" 那瞬间，他想起了 "岳母刺字"，立马说："写'精忠报国'！" 周围的医生帮他录下了这段视频，成为他在武汉工作的见证，也成为他工作的动力。

他从医20年，参与过鹰潭火车脱轨事故救援。来武汉支援战疫，他做好了充分的心理和身体准备，取下帽子的小"光头"可以为证。医院重症医学病房就是他的"战疫阵地"。

进入病区以来，每天的日常工作是在病房查房、调整诊疗方案，包括一些治疗上的操作和文书书写。病房里病人那期望的眼神就是医生工作的动力。杨小刚总觉得他是受到"恩人"的待遇，社会给了医疗队员无上的荣誉。病房里，武汉人很热情，总是说谢谢，总是点赞，其实这都是日常工作啊。

1月28日下午，杨小刚的重症病区有一名57岁的患者出现呼吸衰竭，经团队会诊，决定对该患者采用ECMO治疗。

第五医院从未开展过这项技术，设备不齐全，条件欠缺。救命要紧。总不能转院。请武汉专家来会诊吧。上！队长祝新根与医院协调，很快从武汉亚心总医院调来设备与器械。穿刺、扩张、置管……这是客场。他深知在操作过程中与患者密切接触的任何时间段都有被感染的风险，每一步都是关键。

在陌生环境进行ECMO治疗，激动紧张几分钟后杨小刚很快冷静下来，由于医院没有专用管钳，就用大血管钳代替，他操作起来也显得格外小心。在ECMO小组合作下，杨小刚顺利完成了所有操作，超声定位确定管路在合适位置后，接上ECMO系统。ECMO将替代患者的肺脏，成为"人工肺"，为患者供氧，患者的肺部将得到休息和保护。患者生命体征趋向平稳，呼吸机调整到适合肺部休息的状态。这是第五医院使用ECMO治疗的第一例，给第五医院新冠肺炎重症患者带来了新的治愈希望。在杨小刚的努力下，第五医院开展了ECMO治疗。重症病区出现了2位病情好转的老年病人，脱离呼吸机转入普通病房。"援助这么多天，难忘的是有个患者好转，用着无创呼吸机，面带笑容会心地给我们点赞，笑得很开心，这是最好的回报。"杨小刚说。那夜，他背着"精忠报国"四个字，写了入党申请书。不久，他火线入党了。

2月3日，是于都县医院ICU李靓萍护士来武汉支援的第八天，这天她们给一位队友过生日。她用日记记下了那个时刻：

今天是来到武汉的第八天，感觉时间过得那么漫长，每天犹如在战场，一声令下，快速果断迅速集合。手机随时充电24小时待命，因为在特殊时期，出门戴口罩，随时与其他人保持一米距离。刚开始的时候还是很不适应，慢慢地也接受和适应这里的生活和工作环境。辛苦肯定是有。每天穿着厚厚的防护服，里三层外三层地包裹着。戴上护目镜的那一刻，感觉一阵眩晕，慢慢调整呼吸，工作时间不敢多说一句话，不然喘得更厉害。这种心情也许要亲身体验才能真正地感同身受！

今天是我们重症组一位队员胡晶老师的生日，晚上赵琳护士长在群里通知大家集合。在这个特殊时期过了个意义非凡的生日，打开手机灯当生日蜡烛，泡面是长寿面，爱心人士捐赠的面包当蛋糕，简单地给她送了祝福。生日很简单，但让我们觉得很有力量，很温馨，让我们更加团结，众志成城。大家都心怀感激，满心期待！只有到了不一样的处境才能真正明白拥有的都是幸福！我们相信蛋糕会有的，我们等着疫情结束的那一天，大家都能摘下口罩，热泪盈眶地庆祝！

在开展医疗援助、奋战在抗击疫情最前线时，受身边党员的感召，李靓萍给于都县人民医院党委写了一封信："能在祖国和人民最需要的时候，来到最需要的地方，我内心感到无比骄傲。这里工作压力很大、任务很重，但每当我感觉很苦、很累、很想家的时候，就能看见身边许许多多的共产党员，他们勇敢、坚韧，碰到困难冲在最前面，苦活累活总是抢着干。和他们一起奋战，我成长了许多，坚强了许多，我也希望能成为他们当中的一员，成为一名光荣的共产党员。"新长征路上，李靓萍迈出了新的一步。同行的呼吸内科护师黄秀华说："武汉这边挺好的，虽然精神压力大，但不觉得累。危险是有，但不觉得可怕。能够代表于都人民来支援武汉，觉得很光荣。我们分为3个组，一个大组就相当于一个科室。我们专门为发热的病患做护理。穿好防护服以后，在隔离病房要待6个小时，刚开始的时候非常不适应。穿防护服、戴上护目镜觉得看不到，走路很笨拙，第二天开始就习惯了。在前线，每天都有特别多的事情让我们感动。武汉人民和江西人民一样，对医务人员特别感谢，无论我们给他们做任何事情，他们说得最多的一句话就是：'谢谢，辛苦了。'当地的护士也非常辛苦，无论我们做什么，她们都会说一句：'加油，辛苦了。'这些很简单的话让我挺感动的。现在跟他们在一起，就像一家人一样。看到家乡于都发的新闻报道，知道百万于都人民的支持和鼓励，以及对我们的祝福，我们特别感动。感谢父老乡亲的关心！我一定会保护好自己，胜利、平安回来。"

五医院 ICU 病房查房时护士都有一块"图解护理需求表"，表上画有图，写有字。这不是看图识字，是看图要物，或讲需求。考虑到病人难以说话，与戴了面罩的医生护士无法交流，江西省人民医院的护士陈钰浠自制了这张"图解护理需求表"。吃饭、饮水、上卫生间、想吃水果，或身体痛苦有不适，病人只需用手一点，减少了一半的交流时间。这张"图解护理需求表",解决了重症患者不方便言语和医护人员听不懂方言的困难。

还有一个小伙子用拼音标注了武汉话,方便了全队的护患沟通工作。这个小伙子就是ICU的男护士蒋孔明。在五医院支援已经"满月"了。在"月子"里,他意外地获得了业余手艺提高的机会,突然"一夜成名"。队里的老师们为了方便日常打理以及减少感染的机会,希望剪短头发,无奈那时节根本找不到理发师。他在南康区第一人民医院ICU上班期间,为了护理和康复的方便,有时也会主动帮病人剪短头发,仅仅是剪短,没有任何技术可言。他这时自告奋勇表示可以为大家剪头发,同事廖化愿充先锋,各位老师纷纷同意。他也就大胆放心地开始了工作,男男女女,全队百来个人找他。他还真珍惜这次机会,认真、耐心,因人而异,有心设计。还真成了医疗队里的"香饽饽"——一名抢手的"理发师"。记者钟秋兰采访他,他说:"没有工具,就请酒店帮忙,提供了一把大剪刀;没有理发店的披肩,队友主动贡献出用来练操作的隔离衣。"他戴好手套,让"顾客"往凳子上一坐,隔离衣一穿,还挺像模像样的。剪完第一个,"哇,好丑!"大家哄堂大笑,一时完全忘记了当下的紧张压力。

剪完第一个,又一个,女队友站了出来。第三个、第四个、第五个……想不起那天晚上为多少战友剪了头发,只知道大家都很开心,亲切地称呼他为"托尼蒋"。为了纪念自己失去的长发,队友们纷纷要求与他合影留念。最后脱下手套时,他发现右手中指第二关节处有一个水泡已经溃破了。那天,很累,累到没有多余的时间去感受疫情带来的恐惧;那一晚,睡得很香,梦回赣南。第二天,同一个时间段,就有战友们在微信群里呼唤着"托尼老师"。顾不上手指的疼痛,简单吃过饭,戴好手套与口罩，又匆匆"上岗"。幸运的是，后来发现有个医生带来了一把电动理发刀，理发的速度大大加快。70多位战友剪完了头发，他们都有了统一的发型——寸头！

他2019年7月才刚刚从赣南医学院毕业，他学的专业就是护理学"急危重症"专业。同行的队员都是经验丰富的医护精英，他下决心好好向同行老师学习。第二天他就进入了ICU。医护上班时间错开，夜班是8点到0点、0点到4点、4点到8点，这样轮着上。每次上班要提前准备一小时，穿好防护服。下班后，脱防护服加洗澡要半个小时。一个班算下来实际要6个多小时。吃饭不规律了。16点至20点这班，15点出发，回来已经21点，这时饭已经冷了，用微波炉热热。上班心理压力大，生物钟紊乱，消耗也特别大。千万别给大家拖后腿啊。他急，晚上失眠，要靠吃安眠药才能勉强入睡。

理发手艺让他认识了不少老师，也让老师们喜欢上了他。他写下了一段关于为女生理发的文字：我自称为美丽"终结者"。岁月静好，谁不想拥有一头乌黑亮丽的秀发？可是疫情当前，青春是场有去无回的旅行，很荣幸这场旅行中我能让这次逆行增添不少色彩！都说没有生而勇敢的勇士，我们只是选择了逆行。

（34）

2020年2月7日的国务院联防联控机制新闻发布会公布，国家卫健委建立了16个省支援武汉以外地市的——对口支援关系，以一省包一市的方式，全力支持湖北省加强病人的救治工作。

江西省委书记刘奇、省长易炼红接到支援随州指令后，第一时间指挥调度，部署落实，明确提出："把自己当随州人，把随州的事当自己的事。"

黄清记住了省委领导的叮嘱。黄清是江西省人民医院（南昌大学附属人民医院）副院长。他从医40年，在心血管疾病领域业务精深，长期分管医院感染防控工作，历经SARS、禽流感等传染病疫情，是一名经验丰富的医院管理专家。这次他是江西支援随州前方指挥部党委委员，挑起了三批389人援随医疗队的大梁。

在2020年2月6日晚，江西对口支援随州医疗队首批135名队员乘飞机于凌晨2点到达武汉天河机场，随州市副市长郑晓峰带领的市政府接待团队早已在等候，他们向远道而来的江西医疗团队表示热烈的欢迎，随后，医疗团队分乘四辆大巴车星夜兼程直奔随州。寒夜驰骋，直奔随州。2月7日凌晨4点30分左右抵达。在他们当中，许多队员几个小时前还坚守在单位战疫一线，几个小时后就出现在随州，完成了工作岗位、工作地点和生活方式的转变。支援随州集结可以用两个字表达——紧迫。

2月6日17时，芦溪县人民医院护士彭婷在家准备做饭。接到了即刻出发的紧急电话，她把手上东西一扔，穿戴收拾完毕就出发了。4小时内从芦溪县马不停蹄赶到南昌昌北机场。宜春市人民医院呼吸科护士黄琴，仍清楚地记得接到征召令的时间——2月6日17时15分。"晚上10点，南昌集结，支援湖北。"根本就没有准备的时间。宜春到南昌还有几小时车程。好在上交请战书的那一刻，就做好了随时出发的准备，行李一直在手边。目的地仍是未知。没关系，最好是武汉，别的地方也行，只要上一线。她想。

三批支援随州医疗队员，都是在 24 小时内集结，星夜抵达。三批医疗队共 389 名医护人员，队员平均年龄 35 岁，来自省直和 10 个设区市的 145 个医疗机构和疾病防治机构。其中中高级职称 249 人，占比 64%，专业包括呼吸内科、感染科、重症医学科、院感科、中医、流行病学调查、心理、影像等。都是从全省各地精挑细选出来的，其中不少人参加过"非典"医疗救援、援外医疗等任务，分别从江西省南昌、九江、赣州、吉安、上饶、景德镇等地方集结到南昌。

　　黄清接到任务后几夜未眠，他要迅速熟悉队员情况和任务要求。2 月 7 日凌晨 4 点 30 分全队抵达随州驻地，黄清顾不得休息，做好了人员安顿工作，立即部署当天的工作。第一批第一时间进入随州市中心医院等 5 所医院开展工作。

　　2 月 6 日出征前，黄清就深刻认识到随州疫情的严峻。

　　三天前，2 月 3 日随州新增确诊病例达到一个峰值。这时，外援只有 4 名来自内蒙古疾控中心的医护人员。唯一的一家三甲医院感染科承受高压。到了 6 号，物资不是告急，是没有了。

　　一份湖北省随州市广水市二医院紧缺物资需求清单显示，该院 27 项防护物资均标示为"需求中"，13 项标记为"0"。广水市政府直接面向全国发布了一封求助信《SOS！！！广水紧急求援！！！》。当晚，随州被《新闻 1+1》关注，医用物资、医疗人员、重症救治方面的短缺情况被更多人看见。

　　如果以 6 号为原点，随州正式进入了对口支援时间。直播刚刚结束 2 分钟，救援来了！

　　6 个小时后，2 月 7 号凌晨 4 点 30 分，江西省 135 名医疗救援队到了随州。5 天后，第二批增援共 128 人到达，随之向好的是每日治愈人数。

其后，随州平均每天有 16 名新冠肺炎患者治愈出院。治愈人数的增速在上升，截至 2 月 17 日，随州的治愈率仍然在 11.05%，低于湖北（11.41%），更低于全国（15.37%）。不仅如此，随州还有近 70 例重症患者。2 月 17 日 24 点，随州市累计确诊病例 1278 例。进入确诊病例过 1000 例的地市了。

中央指导组当即要求第三批救援队 106 人继续增派。

随州地处大别山革命根据地内，别称"神农故里"，"世界第八大奇迹"的曾侯乙编钟在这里发掘，是一个有着 258 万人口的中小型城市，医疗水平欠发达，全市只有一家三甲医院。2 月 4 日随州已累计确诊 706 例，如果计算确诊人数占总人口的比例，随州市高达 0.027%，仅次于武汉。病例总数列湖北第四。

不到 4 小时集结到一起的江西援随医疗队伍，来后又分散在各医院、各病区。如何管理好？如何有凝聚力？黄清心中有数。在医疗队抵达当日，黄清即成立临时党支部，将医疗支援与党建相结合，在随州抗疫前线高高举起党旗。他要求全队讲政治、明纪律、顾大局，以防疫需求、患者需求和当地政府与医院需求为指引，迅速熟悉环境，在注重自身防护的情况下顶在疫情的第一线。做到每个支援点、每个诊疗组都有党员，在实战中发挥党员先锋模范作用。受身边党员同志影响，当天临时党支部便收到了 26 人的入党申请书。几天后又有很多队员纷纷递交了入党申请书。返赣前已有 2 批 21 人火线入党。

黄清安排队中的呼吸、院感专家迅速开展防治培训和院感防护训练，要求人人掌握防控指南。同时，他按照医护管分工调配人员，形成互相支撑的诊疗组，整建制地接管病区。以最快的速度适应，从互不相识到配合作战仅用 3 天。三批医疗队员入驻后，随州所有的新冠肺炎病区都由江西医疗队员完全接管，替换掉了本地的医护人员，展现出全队自力更生的优良作风。

随州严重缺乏抗疫必备的医疗设备。江西医疗队抵达之后，主要使用自备物资上岗。定点医院的防护物品部分来自社会捐赠，标准不一，江西队员穿脱方法与本地医院不统一。黄清当机立断，要求全队按照培训要求严格执行国家防控标准穿戴。为做好分配，他要求各小组组长本人到队部向他当面领取防护物资，并竭尽全力向后方申请物资，咬紧牙关度过了开头最艰难的2周。2月14日，江西省交通运输厅紧急开通江西省对口支援湖北随州重点防控物资物流专线：每3天发送一趟车次，专人专车、中途不停站，以定期或不定期客、货运班车的形式，向随州运送应急防控工作人员及应急物资。

2月15日，满载首批106箱防疫物资的厢式货车驰援随州。有防护服、N95口罩等，用于一线人员的防护。

2月19日，中共江西省委书记刘奇、省长易炼红与湖北省随州市委、市政府视频连线会商，坚定表达了江西省委、省政府支援随州的坚定决心。

当天，第二批价值千万元的医疗物资和60吨粮油、40吨蔬菜等生活物资同批发送。

随州市只有两辆负压救护车。2月14日，江西省委、省政府捐赠的4辆负压救护车运抵随州，随即分配至4家新冠肺炎患者定点收治医院。为加强远程巡诊会诊工作，南昌大学第一附属医院向随州捐赠了一套便携式远程设备。

2月25日，江西省对口支援湖北随州新冠肺炎防治工作远程医疗系统建设完毕，正式上线启用。该系统由江西省卫健委和中国联通江西省分公司共同开发建设。依托江西省远程医疗系统、"远程影像会诊＋人工智能"云平台,由江西8家省直医院对口支援随州9家新冠肺炎医疗救治定点医院,开展远程医疗工作,实现远程影像诊断等功能,提升随州重症病例救治能力。

黄清利用远程会诊技术来弥补当地诊疗技术的不足,他抓住急重症患者在市中心医院集中收治的特点,将远程会诊设备架设在该院,建立随州医疗队与江西专家组会诊机制,提高诊疗质量和效率,为降低死亡率提供了技术支撑。自2月15日黄清在市中心医院主持第一场远程会诊以来,已开展了多场"随州—南昌"两地会诊,利用5G技术,江西多家省级医院与随州各地开展了会诊。

江西8家省直医院与随州9家定点医院,通过江西省远程医疗平台逐一接入,对随州患者开展远程会诊,打响重症患者救治攻坚战。

江西医疗队建立专家会诊制度,整合医疗队内重症医学、呼吸、CT影像、中医、护理等领域专家,成立专家救治小组,形成多学科联合诊疗机制,对危重症患者实行一人一方案,进行有针对性的精准治疗。同时,借助现代通信手段,应用远程诊疗系统,搭建起随州市专家、援随专家、江西后方专家的三方会诊工作机制,加强随州定点医院与江西省内医院远程巡诊和疑难重症病例会诊,切实提高治愈率、降低病亡率。

2月28日下午,南昌大学第二附属医院远程连线随州市中心医院,对该院龙门院区收治的新冠肺炎危重患者进行远程会诊,对存在的问题和下一步治疗方案进行深入分析和研究。像这样的联合攻关,已成常态。远程医疗会诊系统已累计会诊患者86人次,远程咨询近500人次。

在随州市政府的支持与医疗队的努力下,治愈率从11.05%上升到15.49%,高于湖北的11.41%。政府抓牢防控与隔离,他们抓好发现与救治。

截至 3 月 1 日 24 时，江西省已援助 10 辆救护车、8 台呼吸机、9000 套防护服、1.5 万只 N95 口罩、10 万件隔离衣、22 万只医用外科口罩、5 吨中药材等紧缺医疗物资，以及大量粮油蔬菜等生活物资。捐赠的 9 套远程医疗系统、6 套远程会商系统已安装投入使用。

至 3 月 2 日，江西支援随州医疗队接管病区 12 个，管理住院病人 544 例。其中重症危重症病人 70 例。治愈 378 例，仍管理住院病人 166 例，其中危重症病例 16 例。数字告诉全国人民，江西医疗队与随州人民一起谱写了一曲"赣鄂相随、风雨同舟"的生命赞歌。

（35）

2 月 15 日，大雨转大雪，随州迅速换上银装。这段时间夜晚的温度最低到了 -3℃。为切断病毒传播途径，室内不能开空调，取暖成了问题。江西省委、省政府提前预判，在 14 日夜间发来御寒物资，黄清与工作人员手提肩扛，第一时间将 263 件羽绒服送到各支援点，保证每位队员都能穿上冬衣御寒。8 批物资都已分发到 5 个定点医院。有位队员抵达随州后，发现自己怀有身孕。得知消息的黄清第一时间打了电话，了解情况，并与护理组组长沟通，提出要根据工作情况帮助队员安排合适的岗位，尽力让孕妇身心得到好的休息，给予更多帮助。

根据不聚集原则，黄清的手机 24 小时开机，大部分工作都是在线处理。他每天凌晨 2 点多睡觉，不到 6 点就起床了。队员都担心，希望他珍爱身体。他累，很累。他要对 389 名队员的安全负责，要对随州市人民负责，要做到零投诉，要树立江西人民的良好形象，要提高治愈率、降低死亡率。他只有做到抓紧时间休息，让队伍朝着总目标挺进。

随州战疫的重点在曾都、广水和市中心医院，其中曾都是随州确诊（轻症）病人人数最多的地区。

曾都、广水、随县与随州市中心医院，随州市高新区医院是随州市的五家定点医院。当时曾都有 619 例，患者接近全市二分之一。黄清将 389 名医务人员中的 95 人部署到曾都医院，这是一家二甲医院，已有 7 个感染病区。重症医学科主任、副主任医师王小林是医院内科党支部书记。江西医疗队未来之前他组建了"党员先锋突击队"，带领"突击队"一直战斗在第一线。大年三十他在 ICU 抢救一个危重病人，奋战三小时后，病人转危为安。南昌大学二附院呼吸与危重症医疗科主任医师魏益平来后，任组长，他与战友们连续 30 多个小时没合眼，将糖尿病区改造成一个有 37 张床位的新病区，是第八病区，称"感染八区"，整建制接管该区的医务、治疗、护理。这个病区安排了 22 个医护人员。新冠肺炎患者数量骤增，一床难求。魏益平与南昌市第一医院呼吸科护士吴婷、景德镇市妇幼保健院护士吴芷钦等 21 位战友一道连续奋战了 19 天，病区扩大到 11 个感染区。

2 月 10 日 13 时正式开区，第一天就收治 17 名新冠肺炎确诊患者。最多的时候，病区还要加床，收治了 39 位患者。"感染八区"战功显著：累计接诊患者 42 名、治愈出院患者 15 名。在这里，首例由江西援随医疗队全程诊疗的新冠肺炎治愈患者李女士出院，85 岁高龄患者黄大爷在这里治愈出院……

85 岁的黄大爷是随州年龄最大的患者。他因咳嗽检查出是新冠肺炎。住院还对隔离很恐惧，情绪很不稳定，不配合治疗。老人还有胆结石、慢性支气管炎等基础病。心理治疗必须摆在第一位，吴婷、吴芷钦与护理组轮番为他疏导。老人听力不好，只好把要说的话写在纸上；行动不便，护士扶他，给他做按摩，做口腔和皮肤清洁护理，生活起居上无微不至地关心，送鸡蛋、牛奶、水果，打饭。终于老人开始积极配合救治。出院时，老人含着热泪向江西医护人员说："我要向你们说声对不起。刚开始的时候我不配合你们，态度不好，但你们还是对我那么好……"

王女士一家 5 口，3 个大人都被感染了，在不同的医院隔离，她的小儿子才 2 岁。入院时心里特别难过，魏主任与队员一直在鼓励她。她痊愈了，流着泪说："真的特别谢谢你们！你们穿着防护服不好拥抱你们，就让我给你们鞠一躬吧。"她深深地鞠了一躬说："我永远都不会忘记你们！"

近 20 天里，"感染八区"里有太多温暖的故事和刻骨铭心的记忆。吴芷钦清楚地记得，在"感染八区"上岗的第一天，她有记忆以来第一次穿上了尿不湿。待穿上密闭的防护服和隔离衣，感觉走路如踩浮云，看人如雾里观花。担心做事不利索，病人有意见。患者十分理解宽容：护目镜起雾看不清，病人帮忙核对床号、姓名，看抽血刻度……在"感染八区"，队员们最忙的时候需要在病房连续工作八九个小时，但患者出院时回馈的一个微笑、一声鼓励，就能让一切疲劳灰飞烟灭。治愈出院人数越来越多，入院病人减少。感染科八病区要撤并，2 月 29 日上午，22 名队员转向另一个病区。剩下的 25 名患者分流到医疗队接管的一病区和七病区。即将出院的 4 名新冠肺炎患者，送上了一个条幅："感恩八病区"。一样的字不一样的情，难忘的"感染八区"。

随州市中心医院是随州唯一的三级甲等综合医院，承担着收治全市重症和危重症患者的重任。医疗队派出 80 多名医护人员增援。医疗队重症医疗组组长是九江市第一人民医院重症医学科副主任邹颈。她组成的重症医疗组接管了 ICU。

一位 80 多岁的老奶奶，刚来 ICU 时状态很差，呼吸快又没有亲人陪伴，看着"全副武装"的医护人员，特别紧张。医疗队医生护士与她聊天，喂她吃饭，安抚情绪，指导治疗，老人家的情绪很快安稳了，安心地配合治疗。她主动与护士说："给我儿子打个电话，告诉他，我很好。"

一位确诊的危重症产妇，心理治疗胜过了药物治疗。医生、护士每天给她看看宝宝的照片和视频，给予她关爱和鼓励。她情绪很快稳定下来，像患了普通病一样与医生、护士共处。

一位疑似新冠肺炎的老奶奶，因呼吸困难要上无创呼吸机。她紧紧抓住罗蕴琛的双手问："我走着进来还能走着出去吗？能让我姑娘来见见我吗？"永丰县人民医院的护士罗蕴琛用力地握住她的手说："奶奶，您放心！要对自己有信心，您姑娘暂时不能来，我们现在都是您的姑娘！"奶奶听后热泪盈眶。罗蕴琛每天精心为她吸痰、做口腔护理、采集标本、清理大小便……奶奶积极配合治疗，很快转到普通病房。

邹颋感谢这个年轻的团队。这里有不少"90 后"，她们克服了医疗、生活、天气、个人生理状况等困难，始终战斗在抗疫工作的第一线。她们战胜了各种困难，出色完成了医疗任务。自 2 月 9 日以来，她和战友们连续实施了大大小小 30 多场抢救，17 名危重症患者度过了一个又一个"生死关"，转出了 ICU。

余腊梅，毕业于华中科技大学同济医学院，江西省妇幼保健院产科主任医师，三个月前，她刚完成远赴突尼斯的援外医疗任务。面对疫情，她毫不犹豫地向院党委递交了"请战书"，来到随州与市中心医院妇产科医生并肩战疫。

一个有多次剖宫产史合并瘢痕妊娠的患者清宫不成功，需要开腹手术，她做随州黄主任的助手，虽然手术粘连严重，还是顺利完成了。他们来后第一次的赣鄂医生合作成功。

一位孕妇临产。下午4点16分，余医生双手接住了3公斤的男宝宝，迎来了一个生命来到世界上的华丽初啼——这是新冠肺炎疫情防控期间江西支援湖北医疗队帮助湖北接生的第一个新生儿。孩子妈妈说，她给这个孩子起名叫"冠冠"，让他不忘记自己的来处，懂得生命的可贵。

兴国县人民医院神经内科护士长曾凡荣，像当年红区兴国人民送子当红军一样，她第一时间报名，剪长发，递上入党申请书。抵达随州后，参与接管随县洪山医院新冠肺炎感染科，进驻洪山医院的医疗队员大多是"80后""90后"，她是负责人。她事事带头，关心年轻人。每次看到他们身体在防护服里闷得湿透、脸颊被口罩勒出痕，脱下防护服后，她会像大姐姐一样心疼，为年轻人按摩。

一名14岁的小女孩确诊入院，与家人失去联系。她与团队四处询问查找。原来她父亲在医院隔离区。女孩病情相对严重，父亲是疑似。她们用手机连通视频帮助父女俩见了面。小女孩抬起手，向在场医护人员竖起了大拇指。

3月15日，在掌声和祝福声中，随州市随县最后一名新冠肺炎确诊患者走出县人民医院隔离病区。在广水市第一人民医院，最后7名新冠肺炎患者治愈出院。这意味着江西援随医疗队接管的607例患者中，普通患者全面"清零"。

截至3月21日，江西医疗队接管随州市8家定点医院的12个病区，管理患者607例，其中重型病例75例，出院603例，占随州市出院患者总数近一半；随州市疾控中心人员完成核酸检测12071例，开展流行病学调查161例，排查密切接触者2473人；参与现场流调排查密切接触人员近3000人，为当地医务人员、患者提供心理干预服务209人次。在物资缺乏、人员紧张的情况下，随州市疾病预防控制中心党委委员、副主任、主任技师练祖银等认真做好常态化的疫情防控工作，赢得这场战疫的胜利，也赢得江西朋友的尊重和信任。

随州人民说："对口支援的队伍，一批又一批。我们不知道他们是谁，但我们非常清楚，他们是为了谁。他们是医生，是护士，是战士，是生命的守护神！"在对口支援战疫中，随州的变化是呈现在全国人民面前的一个典型样本。

3月23日下午，在南昌，江西援助湖北随州医疗队队员走下了飞机。昌北国际机场举行"过水门"仪式，为胜利归来的战疫英雄"接风洗尘"。

江西还有38名医疗队员继续留在随州。

附录：随州日记

宜春市人民医院血透室护士王玲，是江西支援随州医疗队队员，跟随大部队于2月7日早晨到达随州，被分配到随州市中心医院危重症护理组。她写下了点滴感受。

2020年2月6日，星期四，天气阴。

17点15分，接到通知赶紧准备，18点20分，医院领导再三嘱托后给我们整了个欢送仪式，19点之前由医院专车送我们到南昌滨江宾馆，22点之前到达南昌，并于23点直接坐飞机飞往武汉。下飞机的那一刻感觉特别冷，骨子里的冷，空气都像凝住了，漆黑的夜晚，萧瑟的冷风，只能看到几个乘务员在路上走动。凌晨1点40分我们到达了武汉，准备转坐汽车去往随州，到达随州已经是 4 点 40 分了，安排好宾馆住下后已经到了 5 点 20 分，我们实在困得不行了，简单洗漱下就躺床上睡觉了。可是陌生的环境和一个人住一间房子里空荡荡的感觉，辗转反侧，终于快到天亮时迷糊了一会。医院工作的生物钟在 7 点的时候叫醒了我，第一件事看疫情新闻，还是特别严重，再看到的就是随州市长向社会发起求救信号，严重缺物资，严重缺工作人员。物资多么珍贵，但是来了，我应该有必胜的信心，相信全国人民都会关注这里的情况，早日完胜！

2020 年 2 月 7 日，星期五，天气阴。

今天决定将我定在随州市中心医院的危重症护理组。现在随州严重缺乏物资，市长向外发表了紧急求救信息。物资缺乏，人员缺乏，重病患者大幅度增加等。今天下午两点半援助队开了培训会，加强对理论知识的学习；加强防护意识，湖北的疫情现在非常严峻，要求医务人员只能在医院与住所两点一线；最后就是加强穿脱防护服的培训，要人人通关，因为自己医院培训我都在上班，没能参加，很紧张，晚上我们一直在练习，到了 23 点 30 分了一点也不觉得困，只希望自己能操作再熟练点，零职业暴露。

2020 年 2 月 8 日，星期六，天气晴。

天气预报昨天晚上温度到了 0 度，今天上午中心医院的其他医院的医务人员分派下去了，我的同伴黄琴被分配到了广水市，一个县级市医院，那里离我们分配的医院 60 多公里。意味着我们只有回去才能再次见面了，我们本以为会在一起的，至少互相监督，互相商量，可事与愿违。她今天上午吃完早餐立马去医院报道，帮助她整理她的行李时我是无限的不舍。繁重的行李把她矮小的身材压着只剩一点了，亲爱的战友，一定要好好保护自己，防护好自己，我们一起来的，咱们得一起回家，就像今天的天气，雾霾散去，晴空万里。

邓丽花，南昌大学第四附属医院门诊护士长，2 月 6 日晚，她第一批来到随州。以下是她的日记：

2 月 23 日，随州，晴，援随州第 17 天。

到今天为止，"感染八区"已经有 5 人出院了。

看到这些患者康复出院，脸上洋溢着笑容，他们发自内心地对我们说"谢谢"，我们都感觉付出得到了回报。我家孩子现在是一名医学生，还记得以前，初出茅庐的他对当下医疗环境有些许担心，会为一些"医闹"事件打抱不平。我告诉他："作为医务工作者，没有什么可以用价值衡量。只要生命还可贵，我们所做的一切都值得。"

多一个患者出院，也能给还在住院的患者多一分信心。科里小姑娘方佳在她的朋友圈中写道："我们感八区的'大个子'小伙儿出院了，开心！经过这次特殊的抗病经历，只想祝你今后健康幸福！江西医疗队、'感染八区'加油！""大个子"小伙儿不善言辞，也可能因为生病的关系，刚来的时候总是闷闷的。我们医护人员天天给患者治疗，打针、发药、发水果，"大个子"身体慢慢好转，心态也逐渐变得积极乐观。昨天，我们给大家发橘子的时候，"大个子"笑着说："我今天通过了检测，明天就可以出院了！"这么多天，这是他笑得最灿烂的一次！我们在口罩下的嘴，也咧开了花，由衷为他感到高兴。

我们和患者朝夕相处，却因为防护服和口罩似乎"未曾谋面"，我们心里就像朋友和亲人一样。

成娟是赣州市肿瘤医院主管护师。2月13日到达随州。这是她的日记：

3月2日。

来曾都医院已19天，过程虽然很艰辛，但看结果还是很可喜的，我们来的时候在院新冠肺炎患者400余人，现在80余人。一位位患者渐渐好转出院，这让我们情绪高涨。只要结果是好的，让我们怎么辛苦也心甘。

1床患者是一位30多岁的志愿者，在社区执勤时被感染，因为合并血糖超高急转入我们病区。转入的时候正好是我们组的夜班，他的心理压力很大，缺氧严重，我至今记得当时他那惶恐的眼神，我们安抚他鼓励他，经过积极治疗，他各项指标逐渐平稳，几天以后，转为轻症。每天还找我们唠嗑，给我们看他的志愿者证、党徽，每天坚持戴着写着"中共党员"的红袖套。真是个可爱的患者！

49床，是最早被感染入院的年轻患者，从年三十住院到现在，最严重的时候呼吸机、心电监护都上了。因为焦虑，他经常闹脾气，对医护发牢骚。最近一周，他各项体征都平稳了，连续不发热了，他说他终于可以安心睡个觉了。今天还特地写了感谢信，感谢我们江西医疗队的医生、护士长和所有队员。

很多很多患者，我们能明白他们心里的忧惧，看着他们经过精心治疗和护理在一点点变好，心里特别高兴。每一个学医的人都是这样，穿上这身白衣服，就有了无限的责任感。每天戴 N95 口罩、护目镜、防护服有多痛苦，自不必多说。另外下班后还要用盐水冲洗眼睛，酒精清洁鼻腔、耳朵……每天进门出门酒精消杀，喷到脸上、鼻子上、衣服鞋子上……那酸爽真是一言难尽。但是只要有助于战胜疫情，吃这些苦都是值得的。

李俊玉是江西省肿瘤医院胸部肿瘤放疗科医生。他毕业于华中科技大学同济医学院，武汉是他的第二故乡。他在日记中写道：

　　是啊，为什么我会来到湖北？我相信，如果你随便问一位中国的医护人员，你愿不愿意去湖北支援，99% 的可能性会得到一个肯定的回答。

　　是的，国内 450 万医护人员都会告诉你，他们不仅是愿意，更是迫切地希望到一线去，与新型冠状病毒战斗。那究竟是为什么呢？直到今天，我听到了我同济医学院校友、学姐，江西最美医生余腊梅师姐的回答，才恍然大悟，因为我们是医生！

　　是的，因为我们是医生，这就是我们的职责所在。即便在非疫情时期，这也就是我们医生的本职工作啊。

　　一口长期发热、咳嗽不止、气喘连天的患者咳嗽出来的老痰，普通人避之不及，我们医生却视若珍宝，这或许就是患者明确病原学、调整抗生素用药的关键。

　　一泡恶臭连天、形若烂泥的大便，普通人闻之翻江倒海，我们医生却会嘱咐患者拉了大便千万别冲，让我看看，这或许是了解患者身体状况的前哨。

一个菜花状、如同无数白蛆扭动的暴露伤口，普通人视之恐惧，我们医生却不能熟视无睹，心里惦记着如何让伤口快点恢复。

新型冠状病毒，在医生看来，可能也就是一个敌人，相对于我们面对的细菌、肿瘤、外伤这些敌人来说，只不过是新一些，不够了解。抗击新冠肺炎的道路，与我们平时走的路没有本质的区别，可能就是窄一些、陡一些。但这就是我们的本职工作啊，这就是我们医生时时刻刻在做的事情啊，这就是我们存在的价值和意义啊！

有人问我："你怕不怕？"怕，当然怕，不怕的估计是脑子不好使的。但是怕也要上啊，医护人员身后已经无路可退，你的身后不仅仅是病人，也是你的家人、朋友、亲人，倾巢之下，岂有完卵？

为什么我们会来到湖北？问这个问题的或许应该是普通老百姓。或许是他们对我们医生不够了解。其实你身边的医生，时时刻刻都在做着抗击新型冠状病毒肺炎这般工作。

真心希望，这次抗疫让大家都能真正地了解医生、懂得医生，珍惜医生、爱护医生。希望疫情尽早结束，毕竟还有那么多平诊的病人在等待着我们。

在湖北的短短二十多天里，遇到好多好多的事，见过好多好多的人，在这场全民战疫里，不仅仅医护是英雄，还有志愿者司机，医院的清洁工、维修工，社区的志愿者，逆行的建筑工人……每个人都是拼了命地在尽自己的一分力。阻击疫情的钢铁长城，是所有人用自己的热血一起建造而成的。

（以上日记选自中国江西网特别推出的新闻策划《随州日记》，选用时，一附院团委专人征求了作者意见，获得同意）

第十一章

风暴中心闪电战

（36）

2月13日，江西省第六批援助武汉医疗队驰援湖北。这支医疗队的紧急号召令是凌晨零时下达的，要求南昌大学一、二附院组建两支整建制医疗队前往武汉，接管华中科技大学同济医学院附属协和医院肿瘤中心2个重症病区。须13日抵达，14日接管。

南昌大学二附院抗击新冠肺炎支援武汉国家医疗队队长是副院长徐建军，在他带领下，137名医护人员组成的国家医疗队于2月13日下午2点出发，顺利抵达武汉，准备第二天接管武汉华中科技大学同济医学院附属协和医院肿瘤中心Z15重症病区。

在离开南昌赶赴武汉前线的动车上，徐建军就立马召开了临时党支部的第一次支委会，明确了支委的分工和工作任务，组建了青年突击队，对转运途中的各项工作都做了细致的安排，保证了医疗队在开拔至武汉驻地的路途中两次物资搬运顺利进行，全体人员平安到达，所有医疗设备和物资完好无损。到达驻地安顿好后，他又立即召开了第二次支委会，明确了近期工作安排。

抵达当夜，徐建军召开了医疗组和护理组的组长会议，确立了"防治并重"的医疗宗旨，要求各治疗组通过采取临床救治与多学科支持，医疗与护理、医疗与管理相结合的治疗措施，有效避免轻症患者向重症患者转变、重症患者向危重症患者转变，切实提高救治效果；制订了业务培训计划，对医疗队员进行防护培训及新冠肺炎的诊治规范培训，保证队员全体过关。徐建军要求："不过关，别上岗！"这夜就开始了第一轮的防护培训。医疗队连夜进行了三个批次的防护培训，保证每个队员都过关，为15日顺利接管重症病房做好充分准备。

安排副队长龚园其、张超负责质控，建立医疗质控体系，从制度上保障医疗质量。结合武汉现状制定切实可行的制度，根据医疗队医护人员的专业和年资，合理调配治疗小组，使得每个班次的医护人员能应对各种突发情况，从人员结构上保证医疗安全。每日召开医护组长联席会议，每日还要就诊疗及护理活动的问题进行交流。每周由徐建军带领各医疗组和护理组组长进行大查房，对疑难危重患者进行详细讨论，针对危重病人采取"一人一策"的个体化治疗方案，必要时提请院内会诊以及远程会诊。将呼吸、重症、麻醉、内科及外科专业的临床医生划分为四个医疗小组，由副主任或主任医师任组长。护理分为8个小组，每个组由护士长带队。麻醉科的华福洲博士将自己的一项专利技术——简易呼吸器，用于需要氧疗的新冠肺炎患者。这款呼吸器在快速提高患者氧交换能力的同时还可以大幅减少患者呼出的带病毒气溶胶的形成。

邀请第一批医疗队队长祝新根、援鄂护理队队长唐浪娟、余娇护士长来到驻地，指导护理工作，分享防护经验。

还决定，临时党支部支委、医疗队联络员何显炬加入协和医院肿瘤中心的联合医务处，每天及时将国家卫健委及医务处制订的各项制度及规范传达给医疗队，同时也将病区医护救治工作中遇到的各种困难和问题向医务处反映或者进行协调解决。何显炬从医务管理的角度协助医疗队副队长龚园其、张超，制定符合医疗质控的各项诊治制度及工作计划，为更加安全规范地救治新冠肺炎患者提供管理保障。接下来又开支委会，要充分发挥医疗队中61名党员的先锋模范作用，发挥党支部的战斗堡垒作用；支委会确定，首个工作班次的医护人员以党员为主。

2月14日召开全体队员战前动员会，徐建军说了一席话，结尾这样说："我们是一家人，你们是我的战士，更是我的孩子。我们一起加油，一定打赢这场战争！"在场的一些男女队员纷纷举起手表示决心，大家才发现，他们变成了光头。一大早，队伍中的46名队员为了防止病毒感染，决定剪去头发。男的是光头勇士，女的也是光头美女。血透室护士长肖清英、胃肠外科二区护士万琳、综合介入室张丽都加入了剪发的队伍。队长话语中的温馨与坚定，队员的勇敢与无畏一下让全体队员们都湿了眼眶。

ICU的年轻医生王萌2020年初还在南京进修，提前返昌，主动向医院申请加入战"疫"队伍。1月29日下午，江西省卫健委紧急通知，赣州市第五人民医院急需呼吸病学及重症医学专业医疗队前去支援，他第一时间向医院提出支援赣州的申请。2月6日，他圆满完成了支援赣州的救治工作。2月12日是王萌的生日，这天深夜，他接到电话紧急通知，医院要组建一支137人的支援湖北国家医疗队去武汉接管一个重症病区，第二天就要出发，他毫不犹豫地同意了。他妻子非常理解支持他。当夜，王萌收拾好行李，第二天去医院集合。科里的同事们已在为他做准备。午饭后随队出发。他看到每一位队友都是这样坚定、无畏，他感到自己做得远远不够。在往后的日子里，他与每一个队员还真感受到徐建军父亲般呵护队员的温暖。

开科收治病人的前一晚，临时党支部又召开了第三次支委会。这次会议针对第二天的开科工作做了详细的筹划，包括诊治区域划分、防护流程、诊疗规范、收治制度、人员组织等各方面任务。

2月15日上午，入隔离病房的第一天，徐建军要求第一批进入的是党员。他同支委张超及龚园其率先进入病区做好区域规划及物资准备。

这天的武汉雨雪霏霏，严寒刺骨。越是这种时候，徐建军工作越细致，他守在门口，把一个个队员亲自护送上车，不断地叮嘱大家防护要做到位，又不断地安抚大家的紧张情绪。

下午1点，三名支委龚园其、王恺、杜晓红带领其他9名队员，其中7名是党员，首先进入隔离病房收治患者；首个班次里的12名医生里就有10位党员和2名支委；护理团队的第一个24小时班次，39名党员均进入了隔离病房工作。支部组织还建立了医疗队青年突击队，由35名青年队员组成，平均年龄31岁，其中有17名党员、6名团员。青年突击队带头挺进隔离病房，主动为身体不适的同事顶班，加班救治病人……在每一个夜班里，在每一次的抢救中，都有这支朝气蓬勃的队伍的身影。第一天收治病人的工作整体忙而不乱、有序进行。

2月15日的武汉，寒潮来袭，雨雪戚戚，侵骨的风把送来的盒饭冻得冰凉。徐建军觉得很对不起队员。从15日下午1点开始，一直到深夜、凌晨，队员们一层层严实地将自己包裹在防护服下，一次次认真地清洗、消毒。虽然是4个小时一班，但每班至少要经历7—8个小时，他们才能陆陆续续返回驻地休息。一轮紧张的工作下来，已经是第二天上午了。上午的宿营地寂静得连一点脚步声都没有，有个队员昨晚的晚餐盒饭还放在门口，意味着她昨天的晚餐和今天的早餐都没吃——她太需要睡眠了。今天的早餐还有很多队员没来拿走，现在都已经凉了，只能用微波炉加热一下。徐建军很焦虑，吃不好，他们哪有力气上阵？得吃！

怎么才能保障队友的用餐补给呢？徐建军立马和武汉江汉区政府联系沟通，很快获得当地政府的支持。当天晚上，酒店就在一楼大厅设置了"外援天使爱心超市"，24小时免费供应热汤和各种小食。队员们可以在下班的时候喝上一口热汤，吃上一个茶叶蛋或包子。

队友们纷纷在群里点赞叫好："徐院长辛苦了！真的很好吃，下了班能喝到一碗热腾腾的汤，很幸福。"

"吃得热乎乎的，好温暖，就像家里一样。"

"好暖心啊，这个点还有热乎乎的银耳红枣汤和茶叶蛋。"

李丽是内镜室的主管护师，她与心脏大血管外科主管护师何亮交流时感动地说道："我今天流泪了，一下班徐院长就在门口等我们，领我们去喝热汤、吃煮蛋，这是我吃过最甜最浓的银耳汤！"何亮也真挚地回复："真的，徐院长就像一个慈祥的父亲。"

重症监护病房里，传统的高流量吸氧、面罩、无创呼吸机等呼吸支持治疗过程中，容易产生气溶胶，这对医护人员来说，有不小的隐患，麻醉科副主任华福洲发明了一种简易给氧装置。解决这个问题，十年磨一剑。经临床实践显示，这些患者的呼吸症状均有改善和好转，已经有2名危重患者转为重症，15名重症患者中8人转为普通型，7名患者呼吸症状改善。在Z15病区，17例需要氧疗的新冠肺炎重症和危重症患者，应用这种装置后，极大地改善了呼吸状况。

2月28日中央电视台的《新闻联播》节目介绍了这项技术。徐建军在采访中回答记者说："氧疗关键就是要提高流量持续的一个供氧状态，这个装置可以迅速提高病人的供氧状态，它带了一个过滤装置，可以减少病人的病毒排放，也保护了我们医护人员。"华福洲表示要让这个饱含自己心血的发明专利挽救更多人的生命！

丁岚是心内科的主管护师，在 Z15 病区十多天的日子里，每天除了照顾新冠肺炎患者的身体，她更加关心患者的心理健康。她每天和患者面对面地交流，想到可以制作一档音频节目送给病友。

2 月 23 日，一台电脑、一部手机，支起了一个简易"电台"，《疫区最美声音》音频节目诞生了。从那天开始，丁岚每天都会录制一篇美文或励志故事，第二日推送到病患微信群里，节目开播后很受病友欢迎。每天都有一篇暖人心脾的故事在患者的耳边萦绕，只有短短的七八分钟，声声入耳，篇篇沁心。患者王阿姨说："听了以后整个人都感觉舒服了很多，感觉心都被打开了，让我焦躁的心里平静了很多。"很多患者都是节目的忠实听众。有些患者都要反复听好几次。悦耳的声音是安抚，温暖的故事是希望，春雨般滋润着患者的心田。丁岚的目的达到了，她与患者一起笑了。

2 月 19 日下午，5G+ 远程会诊连线在南昌大学二附院远程医学中心举行，视频一端连接的是武汉"疫"线战地医护人员，另一端则是总部专家组。会诊后，专家组很快给出具体的治疗方案。

2 月 22 日，江西二附院医疗队迎来了首例治愈出院的新冠肺炎危重症患者。该患者是国家卫健委派驻的来自四川、浙江、福建、安徽、江西等省市的 10 个国家医疗队中第二位治愈出院的危重患者。

在这半个月里，Z15 病区累计收治住院病人 79 人，其中在院 61 人、出院 18 人，累计诊治危重病人 3 人、重型病人 37 人，已出院重型病人 7 人，无死亡病例，中药使用率 100%。

2 月 26 日，徐建军做客中央电视台新闻直播间《对口支援：汇聚决胜之力共克疫情》节目。

2 月 15 日至 3 月 15 日，医疗队圆满、出色地完成了第一阶段的各项任务，累计收治患者 114 人，治愈出院 99 人，实现了"零死亡、零回头、零感染"的"三零"目标。

这支医疗队的护理工作获得湖北省护理学会与武汉协和医院的高度评价。3月26日，武汉华中科技大学同济医学院附属协和医院肿瘤中心护理部副主任胡德英专程来到医疗队现驻地，为队伍送来奖牌与荣誉证书。医疗队完成第一阶段的工作任务后，又在武汉大学人民医院东院区感染科第25重症病房开展第二阶段的任务。

3月30日，清明临近。40余位火线入党的新党员以及部分老党员代表，在徐建军的带领下来到了驻地附近的施洋烈士陵园进行祭扫。在施洋烈士像前，队员们庄严列队。徐建军指出，医疗队来到武汉战疫的47天以来，辗转武汉华中科技大学同济医学院附属协和肿瘤中心、武汉大学人民医院东院两个战场，圆满完成了援助任务。此刻，他们在革命先烈施洋同志的陵园庄严集会，通过缅怀那些在民族崛起、国家前进道路上抛头颅、洒热血的英烈先辈，继承先烈的革命遗志。这支国家医疗队是一支来自红土地的队伍，全体队员尤其是党员同志冲锋在前，充分发挥了先锋模范作用，发扬革命的优良传统，圆满、出色地完成了各项任务。这天，徐建军带领队员们重温了入党誓词。新党员代表心内科副主任医师、CCU负责人陆鹏作发言，表示将时刻以党员标准严格要求自己，以革命精神不断勉励自己，坚持不断提升自己的思想政治修养，永远跟着党走，全心全意为人民服务，克服一切困难救治更多的危重患者，争创一流业绩。徐建军率领大家向纪念碑敬献鲜花。全体队员鞠躬默哀缅怀先烈，在革命精神的洗礼中汲取更大的前进动力。

徐建军，1963年7月出生，中共党员，1984年8月参加工作，南昌大学第二附属医院副院长、二级教授、博士生导师，享受国务院政府特殊津贴。亲切和蔼的徐建军一丝不苟地征战在抗击新冠肺炎最前线。用他自己的话说：“要到最困难的地方去，到祖国最需要我的地方去。”他用行动践行了自己的诺言。

（37）

南昌大学一附院出征的国家医疗队队长洪涛是医院副院长，二级教授，博士生导师，江西省医学会神经外科分会主任委员。曾获"卫生部有突出贡献中青年专家""全国卫生系统先进工作者""赣鄱555人才工程领军人物"荣誉称号，荣登全国"国之名医·卓越建树"榜，获第十一届"中国医师奖"，内镜手术斩获"大师金奖"。他的个性特点是低调、务实、高效。

时间紧，一切抓紧办。

他请院医务处、护理部、总务处、医学装备处等职能处室为出征医疗队通宵备战，准备各类物资。医院在本身承担着江西省重型、危重型新冠肺炎患者的省级定点救治任务，考虑一到即战，出师必胜，在有限的资源里，临时调配了ECMO、呼吸机、除颤仪、心电监护仪等多种急抢救医疗设备随医疗队出征武汉。

2月13日，队员背起了行囊与家人匆匆道别，在医院大门口队旗下集结。飘扬的队旗下是一队即将出发的精兵，来送别的领导与亲人怀着依依惜别的深情在队旗下或笑谈，或合影，留下这宝贵的纪念时刻。14时，医疗队在南昌火车站乘坐D3226次专列出发支援武汉。晚上住进酒店。医院到酒店只有15分钟左右的路程，整个3层楼全都采取了隔离措施。

2月14日上午，医疗队抵达武汉协和肿瘤中心。开始分批次对医护人员进行院感培训。下午，正式进驻接管并开放华中科技大学同济医院附属协和医院肿瘤中心 Z14 病区。

从接到通知到抵达武汉，到开放病区收治病人，不到 20 个小时。这支队伍包含了 40 名医生、101 名护士，是包括重症医学科、呼吸科、感染科、心血管科、内分泌科等多学科人员的 141 人的团队。队长是副院长洪涛，兼任临时党支部书记；护理部副主任曹英任党支部副书记；吴佳乐、朱小萍、凌华、黄建生、淦鑫、曾振国、曹春水、彭小平 8 位同志组成支委会。有党员 52 人，分为 5 个党小组。

在前五批援鄂医疗队中南昌大学一附院榜上无名，事出有因。江西最大、设备最全、技术最好的医院在这个关键时刻为什么不伸出援助之手？江西早就有人提出过质疑。

守土有责。一附院的主战场就在南昌，是江西的主要定点医院，三家联体医院有三处发热门诊，专门收治危重患者。其实白衣人早已在摩拳擦掌，跃跃欲试。夜半三更手机铃声响，知道是要去武汉，一个个兴奋地直奔医院写请战书，戴上口罩就出发。行动看似匆匆，心理早有准备。

在南昌开往武汉的火车上，洪涛就制定了周密的团队管理制度。一是化整为零。将 141 名队员分成 10 个护理组和 6 个治疗组，实行组长负责制；组长由科室副主任以上职务的队员担任，组员分配尽量涵盖各学科。二是集中优势兵力。一组到三组，从组长到组员的配备阵容最强大，必须会插气管，会用呼吸机，还要会血滤等，应对危重症患者的救治。三是专业专用。根据队员专长设置专家组、院感控制组、对外联络组。四是成立了青年突击队、插管突击队、蓝天使突击队和人文关怀突击队。同时制订医疗队各类突发状况应急预案，从各个方面保证所有工作的高效有序开展。

来后方知，这里距离全国人民谈之色变的武汉华南海鲜市场仅仅 500

米，如果说武汉是全国的抗疫最前线，那么武汉协和医院肿瘤中心则应是抗疫的风暴中心。该中心有来自全国各地的 11 支医疗队。南昌大学一附院第一次出征，成为这次从全国各地来到武汉协和肿瘤中心的 10 支医疗队里最早进驻隔离病房工作的医疗队，在这里打响了这次战疫第一枪。队员们自豪地说："风暴中心，闪电应战。"

　　抵达武汉即刻开会与整理内务。对内的管理是保护好每一个队员健康，平安返回；对外工作，是保证每一位患者能受到最有效的治疗。落实驻地物资管理、后勤生活保障由护士长马久红负责。战时负责与平时管理有着质的不同，微生活管理细到让你张口吐舌。常规建立物资清单，记录每日耗材，出物资统计报表，每日晚 8 点汇总物资统计，严格记录每一项物资的进入库数量、原因与领用人。为保护队员不受到传染，她每日要对酒店电梯按钮、电梯间、公共区域、每位队员房间门把手进行消毒。要为每一位去医院上班的战友准备上班物资，并送到房间，出发前发送温馨提示信息。为队员理发，准备理发衣服，引导队员定点等候避免交叉聚集等。队员开玩笑地说，只差没有安排给我们喂饭。为了加快进出隔离病房的速度，保障队员防护安全，曹英与凌华专门安排了一个经验丰富的男护士张庚华管理与帮助队员穿防护服，并与协和医院物资部门对接。他要做到上班在前，下班在后，朝七晚九，每天收捡好、消毒好男女更衣室；检查每个队员的防护服有无破损，确保万无一失。每天帮助队员穿防护服，检查着装。领导心细，他也心细。为了让每位队员在出舱洗完澡后能第一时间戴上口罩预防感染，他会把每一套手术衣都叠好，手术衣口袋里都放好一个口罩；为了防止护目镜因为水汽糊了，他反复对比，用碘伏及洗手液进行擦拭保持清晰；为了解决护目镜鼻梁处有缝隙不够贴合的问题，他把防水布剪成合适的"假鼻梁"，减轻压伤。

每天能听到："庚叔，帮我拉下拉链""庚叔，我眼镜糊了，帮我处理一下""庚叔，帮我戴下手套"。他很忙，不能与大家一起进餐，一日三餐都是同事顺带带饭。洪涛提出帮他顶班，他拒绝了："保证每一位队友安全进舱、平安出舱是我的职责。"

医疗队负责整建制接管的 Z14 重症病区，有 64 张床位。

14 日下午 4 点，第一批医护人员进入病房接管病人，一次性住入 61 名患者，第一天便近乎饱和。原定于凌晨 2 点进行交接班。第二批医护小组提前到下午 5 点 30 分左右进入病房。都是重型、危重型患者，高龄患者较多。人数多与危重程度，对整个医疗队来说，都是前所未有的艰巨挑战。每一个医生护士都需要尽快熟悉环境与病人。洪涛提出了一个要求：熟悉患者，熟悉生理上的病情、心理上的心情，用自己的感情治愈患者。

曹英理解队长的要求。身体力行，开始的几夜，夜夜在病房巡视。这位老资格的护理副主任很快熟悉了 61 个病人。住院患者中一半以上有心脏病、高血压、糖尿病等基础病史，四成是七旬以上的老年人。她感受到了任务的艰难，做好穿着防护服"泡"在病房的打算。有两个气管插管病人，她想靠前，护士关爱地叮嘱："主任，有气溶胶传播的风险。"她加戴面屏，来到患者床旁，弯下腰观察这位危重患者。她与凌华商量后要求凡经管护士人员，要做到对危重病人了如指掌。如何做到？制度管人、流程管事，他们制订详细的询问流程，查看每一位患者的病情发展，床旁、线上、下班后要组织讨论。建立专项观察、查检清单，实行"一人一策"精准护理方案。护理部已经成立了插管、血液净化、ECMO 维护、心理疏导 4 个小组。面对老人，业务还要加强组织线上复培考核。建立了"组长自查—科护士长督查—院区抽查"三级质控体系，组织线上疑难重症护理疑难病历讨论。

总护士长凌华与她密切配合。两人查房，现场发现并解决病区存在的问题，指导特护小组做好危重患者护理。协调心理医生对患者进行线上疏导，做好人文关怀。出隔离病房后，凌华闲不住，订盒饭、搬物资、扛重物，什么活都干。在她的眼里，来武汉的这99名护理人员，就像是自己的孩子，不少的是"90后""95后"，有的尚未结束新婚蜜月，有的是夫妻双双"上战场"。男护士刘骏，1997年出生，比凌华的女儿年纪还小。凌华总会在工作和生活中"有所偏袒"。杨青的女儿还在上幼儿园，恰好是凌华妹妹所在的幼儿园。桂玲、章芳怕冷，晚上睡不暖，凌华又将自己带来的电热毯和热水袋给了她们。

其实，她们早已不再稚嫩，她们用行动展示出青春的蓬勃力量，交出了合格答卷。她们脸上的压痕越来越深，上班时内衣总是全部湿透，皮肤也出现了破溃。护理ECMO专业性很强，"资深"的小伙子杨洋每天主动进舱2—3次协助。

自己多干一点，能让孩子们舒心一点，凌华就高兴。有一天清早，有爱心人士前来捐赠洗衣机，她冒出一句："我最重，我来搬。"她体型偏胖，眉眼含笑，挥动胳膊喊口令时护士们都笑了，像个"胖叔叔"。此后，每次需要搬运什么，总会听到她的熟悉的声音："我最重，我先来。"即使自己是个半月板损伤者她仍要上前。

回到酒店，她要与护理小组组长一起召开视频会议、查阅报表、调配人员、跟进排班、整合人力资源……只有睡前抽空给家里报个平安。夜深了，阿彪一定还在等她的微信。阿彪回复了，凌华才带着笑意进入梦乡。

她们与全队人的共同努力，便有了如下成果：

2月16日，成功完成重型患者CRRT治疗，是武汉协和肿瘤中心所有国家医疗队里最早实现血滤救治的队伍；

2 月 20 日，医疗队实现了首例重症患者治愈出院，患者是武汉协和肿瘤中心所有国家医疗队中首位治愈出院的病例；

3 月 4 日，医疗队成功给一名危重患者进行 ECMO 治疗，是整建制接管以来武汉协和肿瘤中心里的首例 ECMO 治疗；

3 月 5 日，医疗队与"死神"赛跑，实施紧急救援，从死神手中抢回了一名心跳呼吸骤停的新冠肺炎患者；

截至 3 月 14 日，病区累计治愈出院 70 人，其中危重症 7 人、重症 40 人，转出 16 人。完成 4 例气管插管，血液滤过 5 人次，ECMO 上机、转运 1 人次。

在与协和肿瘤中心护理部主任的工作对接总结时，她们一连用了几个"特别专业"来形容曹英和她的团队。

叶李莎是 113 床王奶奶的经管护士，管护理治疗，管"话疗"，还管"吃疗"。王奶奶有糖尿病、高血压等基础病，心脏放过支架，入住科室后胃口一直不好，因为医院食堂饭菜固定、不够多样化，老人家牙口不好，太硬的饭嚼不动，太辣的菜吃不了，叶李莎带来榨菜和酸奶给老人家尝。老人家说，这个口味好。她于是从驻地带了一箱酸奶和不辣的榨菜给老人家。后来没有了，她便到酒店旁边小卖部买了五包不辣的榨菜，凌晨 1 点钟上班时，悄悄地放在王奶奶的床边，希望她醒来有一个惊喜。叶李莎知道王奶奶喝牛奶过敏。开始叶李莎还试着拿了两种品牌的酸奶，王奶奶选了一种。王奶奶很开心，连声说谢谢。家属知道了病房里居然有这样的祖孙关系，放了一百个心，感动地说："你们太细心了。"没有多久，王奶奶带着愉悦的心情出院了。

3 月 8 日清晨 6 点多，患者慢慢醒来。李敏巡视病房时，发现 131 床老奶奶不小心将大小便拉在身上。前天她们学习了第七版新冠肺炎指南：

大便、尿里面检测到了新冠病毒。李敏立刻来到131床老奶奶身边，细心地用温水帮老人擦洗身体，严格按感染控制要求处理污染物品，帮老奶奶换好干净衣服。一夜没有睡的李敏已经大汗淋漓，护目镜内满是水珠。坐在床上的老奶奶看着，眼神中透露内疚，不停念叨对不起，怪自己添麻烦了。李敏笑着说："这是我们应该做的。"李敏拉着老奶奶的手，亲切地告诉她："奶奶，您不要有任何顾虑，您有事只要按床头铃，我们会第一时间到您身边。我们来武汉就是帮助你们早日康复，平安回家！"奶奶竖起大拇指说："谢谢你们！有你们真好！"此前的不安瞬间化作了感动。老人的女儿得知后，特意给值班护士打电话："你们为我母亲做的这一切，就如我这个亲生女儿一样，谢谢你们！"

2月29日，王老师从方舱医院转到隔离病房，他觉得自己肯定是病情加重了，十分担心不能完全康复，担心会落下后遗症。李敏鼓励他要相信科学和医学，相信自己一定会战胜病毒。下班前将自己的手机号码留给他，说随时可以与她联系。看看号码，他心情明显好转。心情好了，饮食恢复了，配合治疗了。出院后，王老师还给李敏发来微信致谢。他们不仅仅是治疗者，还是陪伴者。隔离病房里，病人是孤独的，内心的焦虑与恐惧可以助长病毒。在救治时，心理抚慰有利于患者早日康复。

3月17日，援鄂医疗队开始陆续撤回，王老师特意发微信关心江西医疗队是否撤离。李敏告知王老师，医疗队临时接到国家卫健委指挥部通知转战湖北省人民医院东院继续战疫。王老师发来了自己的感言："爱是担当之责，爱是奉献之歌。隔离病房里，你们为焦虑恐惧的患者送上贴心的话语，你们为老年患者送上精心的照顾，你们为口渴患者送上一杯热水，你们为昏迷者在寒夜盖紧棉被。穿上防护服的你们也许步履蹒跚，但在我们焦虑恐慌时，你们送来了温暖与安全。平凡与伟大有时远在天涯，有时近在咫尺。在你们平凡的身影上，我看见了伟大。"

（38）

说是闪电之战，实际上是用爱心与医术演绎出一个又一个动人的医患新故事。故事里有信仰与担当，有真情与责任。故事会让人反思、感动。

一名70余岁的女性，已经3天没有做过血滤。Z14病区医疗队得知后，多方联系转院未果，只得自力更生。通过医务处紧急调来一台血滤机。这时已经是晚上了，曾是血透室护士的杨洋已经下班回了旅馆，但配合曾振国医生，非她莫属。她刚入睡，擦了擦脸就赶来了。两人配合，得心应手。为患者行股静脉穿刺置管术。老人身边无家人照料，担惊受怕，不停地给家人打电话。曾振国安慰老人："老人家，请你相信我，相信我的团队，我们一定尽全力做好这台手术！"杨洋像女儿一样守在她身边，老人终于放下疑虑，接受手术。护士叶柄峰紧握着老人颤抖的双手，嘴里安慰着："阿姨，不要怕，很快就好了。有我们在身边，别担心！"有经验的曾振国在没有超声引导的情况下，完成了置管术。老人笑了："医生，你技术太厉害了，太强了！"

曾振国将"接力棒"传给了曹春水，为患者实施连续肾脏替代疗法（CRRT）。他们在患者身边守了6个小时，观察患者上机之后的情况变化，随时调整治疗方案，直到凌晨1点才结束。老人与家属都不会想到在治疗肺炎的过程中还完成了血透治疗。电话里传来家属对医生的祝福："医生你们辛苦了，你们真好，祝你们身体健康，万事如意！"

2月25日，一位昏迷了10余天的九旬老太太，终于睁开了双眼。刘婆婆入院时处于休克、神志不清、意识障碍等垂危状态，病情十分凶险。她合并有高血压、心脏病等基础病史，骶尾部已有大片的褥疮，体格非常虚弱，各项生命指征的红色警报都意味着老人家随时有生命危险。怎么救？

洪涛主持了床头急会诊。救！

迅速制订施救方案，给予锁骨下中心静脉置管，纠正容量不足引起的休克。

穿刺这关得过！成功完成，老人得到了及时的扩容补液，休克症状终于得到了纠正，生命体征平稳。

第二天发现患者出现深大呼吸、明显大气道痰鸣音的症状，考虑痰液堵塞气道，眼看老人病情又一次发出红色警告，呼吸越来越困难，血氧饱和度越来越低，曹春水立即进行气管插管联合呼吸机纠正呼吸道通气。又一道关口过了，老人呼吸平稳了。痰多！护士要每小时定时给予吸痰、记尿量、测血压，翻身、褥疮换药，做功能锻炼，防止肌肉萎缩，从头到脚每一寸皮肤都小心翼翼地呵护。

洪涛时刻高度关注老人的一切病情动态，丝毫不敢松懈，连夜联系武汉协和医院、联合医务处组织全国 10 多家医疗队的联合扩大会诊，将这例特殊病案单独上会讨论。这样高龄、多基础病且昏迷的病人抢救到这样程度非常不容易。

历经 5 天的奋力救治，精心护理，老人的脏器功能损害情况、各项生命体征都逐步改善。又过了两天，老人竟然睁开了双眼，恢复了意识。这几天医护如履薄冰、战战兢兢地守着，随着她的病情进展变化，情绪跟着跌宕起伏。一路艰辛寸心知。大家只知道医护人员的累，谁知道他们心比肉体更累。对于老人的"重生"，医护人员犹如对待一个新生命，每一个生命都应该善待，每一个医护人员都应该尊重。

敬畏生命，永不放弃。

在危重隔离病房里，生死是一瞬间的事。

上午 11 点，病房传出轻轻的呼救声："快！快！病人呼吸和心跳都已经停了！"

重症病区危重型新冠肺炎患者，合并心、胸、肝等多种疾病，送到病房时神志不清、瞳孔散大，转移到病床上时，呼吸心跳突然停止，生死抢救，迫在眉睫！患者 89 岁，已触摸不到脉搏，皮肤已出现青紫。内科副主任彭小平组织抢救。护士长桂玲触摸患者颈内动脉，也摸不到，立马上前为患者进行胸外按压，并叫两名男护士一起轮流胸外按压，为患者开放气道，给予心电监护，显示心率呼吸都没有，一组人员立即静脉给抢救药物，另外一组准备有创呼吸机……各项抢救措施紧张有序地进行着。十多分钟后，随着心电监护仪的波动，患者的心跳总算恢复了！

"患者呼吸微弱，30—40 次每分钟的心跳仍然十分危险，需要立即气管插管。"彭小平边说，急诊科毛洪涛已做好了准备，不到 2 分钟，就为患者进行气管插管，连上了呼吸机。继续建立中心静脉通道、使用血管活性药物、呼吸气囊辅助呼吸，注射肾上腺素、阿托品……在医疗队的全力抢救下，患者心跳慢慢地达到了 100 次每分钟。近 1 小时过去，一系列的操作下来，心电监护仪上的患者各项指标终于趋于平稳，十多位医务人员终于缓了一口气。似乎没有更多的话要说：病人有救了。89 岁的老人又回到了人间。什么叫生死时速？只有经历过这样的紧张、这样的负荷的人才知道。世界上又会有多少人会有这样的经历呢？

一位 64 岁的患者凌晨入院，入院时诊断为重型新冠肺炎。病情比较重，下午开始恶化。会诊后决定立马为他进行 ECMO 治疗。曾振国主任在

ECMO 治疗方面有着丰富的经验。

但这里的病房是由普通病房改建而成的，在操作中会受到不少场地的限制。虽然 ECMO 的操作对于经验丰富的他们来说不是什么难题，但是特殊时期的特殊情况让这次治疗并不那么简单。重症医学科丁成志、护士杨洋、麻醉科朱小萍、胸外科刘晓明、骨科黄江、护理部曹英迅速集结。虽然已是午夜，凌晨 2 点医疗队终于完成了穿刺置管及上机。整个过程平稳安全，患者机体缺氧情况明显改善，病情转危为安。上机后，大家仍然不放心病人，一直守在床边，仔细观察病情，精细调整治疗，直至清晨 5 点才起身。此刻虽然疲惫，但他们的内心却充实。这是在协和肿瘤中心整建制接管以来首次完成的 ECMO 治疗。

他是九江籍患者，来武汉陪伴因急性重症胰腺炎住院的父亲。几天后自己出现发热、咳嗽，接着肺部 CT 和核酸检测结果出来了，被诊断为新冠肺炎，住院治疗。

他才 29 岁，又担心传染给了父亲，心情非常恐惧和沮丧。当见到熟悉的"南昌"字眼，听到一位九江医生的乡音，心情豁然开朗。他的经管医生是感染科副主任钟渊斌。入院的时候，他的症状比较严重，发烧、咳嗽、胸闷，CT 检查显示双肺有多发的毛玻璃影并伴有实变，肝功能还有损伤。入院后根据病情，给予了抗病毒、干扰素雾化治疗，使用了护肝药物及维生素 C 营养支持等。

除日常的治疗护理外，医务人员还特别关注到了这位老乡的心理状况，每天查房的时候都会抽空跟他聊几句，帮助他树立战胜疾病的信心。经过医务人员的精心治疗和照顾，患者的身体和心理都得到了较好的恢复。他治愈出院，他父亲病情也转危为安。他特意录制了一段视频表达对"亲人们"的感谢："你们是疫情前线最可爱的人，是家乡的骄傲，是真正的英雄，温暖了武汉的冬天。你们一定要保护好自己，祝愿你们平安凯旋。"出院时，钟渊斌主动添加了他的微信，希望能继续关注他的病情及心理状况，减轻他的心理压力。他说："他希望能捐献自己的血浆救治更多需要帮助的人。"

两位年过七旬的老夫妻携手走过了 50 余年，不幸双双确诊新冠肺炎，双双住进肿瘤中心 Z14 病区。刚入院时，医护人员不知他们是夫妻关系，两人被分别安排在不同的病房。住院期间患者相对隔离，老两口住院后 10 余天没见面，靠手机联系。护理部副主任曹英介绍，陈老爹有个性，不"听话"，会拒绝治疗，张婆婆担心老爹，常在门口打转。"他有心脏病，装过支架，在家里是我照顾他，我真的很担心他。"张婆婆常常偷偷抹泪。曹英副主任发现这个问题后，在医疗队的行政管理会议上提出调床。曹英与护士长赵云、赵娜亲自给两位老人收拾东西，搀扶着他们来到刚腾空的病房里。

老伴相见，相互鼓励："我们要一起回家啊！""这是我的'爱心苹果'，想要感谢你们日日夜夜守候，今天还让我们在病房重逢，很感谢！"张婆婆硬把苹果送给医护人员。

3 月 1 日是陈老爹 79 周岁的生日，按照民间习俗，是八十大寿。

曹英特别为他们准备了生日蛋糕，曹英说："老人家八十大寿是个大好日子。让他开心一点高兴一点，身体尽快好起来。"

他们住在隔离病房，不能子孙环绕。医疗队队员们却悄悄为他们备好了生日蛋糕，送上了生日祝福。那时要买到蛋糕很不容易，医疗队人员费尽周折才订上。护士长胡洁还驱车前往领取蛋糕。特殊时期，蛋糕虽不贵重，但却寄托了所有医护人员的真挚祝福。护士长赵娜双手捧起蛋糕走向两位老人，说："爷爷奶奶，生日快乐。"

老奶奶声音哽咽地说："我一定会记住你们的热情和关怀！"几天后，

核酸检测阴性，两老含着泪出院了。泪水里有高兴、感激。

生死之间，常会感受到悲欢交集。

几天前，刘晓明、戴少华以及当班医护人员在查房时，翻阅病历，发现203床李女士的生日是2月24日。队员们不谋而合，决定在病房中为她过一个简单的生日。

这天，在为李女士做完治疗后，刘晓明和李敏一人手拿着一只红苹果，当班医护人员一起唱着生日歌，送上真挚的平安祝福。

李女士被突如其来的祝福感动得泪流满面，紧紧握住刘晓明的手，频频致谢。当李女士听到医疗队的袁朋朋护士与自己同一天生日时，她将怀里的一个苹果送给了袁朋朋说："姑娘，你一直都尽心照顾我，没想到我们这么有缘分，还是同一天生日，我在这借花献佛，这个苹果送给你，祝你生日快乐，平平安安。虽然看不清你们医护人员的面容，但是你们每一个坚定的眼神无时无刻不在为我加油。你们辛苦了！谢谢！"

患者们在病房里隔离，不能外出，又没有亲人陪伴，在心理上变得脆弱，尤其是女同志，更为感性。医护人员对她们来说无疑起到了"守护神""强心剂"那样的作用。同为女性的曹英对女患者的紧张、恐惧、无助感同身受，每天查房也经常宽慰安抚她们，希望在这种特殊时期，给予力所能及的帮助。"三八"妇女节快到了，她与凌华总护士长商量，决定医护人员自己出资，辗转托人购买礼物，给病房里的女患者们一份惊喜、一份温暖、一份信心。鲜艳的康乃馨、甜蜜的巧克力，他们精心准备了20份礼品。节日这天，突如其来的礼品和祝福，让病房里的女同胞们大为感动。191床的戴阿姨在收到礼物时不禁哽咽着红了眼眶。新冠肺炎疫情以来，她和家人陆续感染入院。能不能康复？什么时候能康复？能不能回家？家里的其他人是不是还好？……每天无数个问题让她恐慌焦虑。

"医疗队的到来，让我们看到了曙光，真的很感谢你们，希望我们早日康复，你们平安回家，武汉感谢你们！本来应该是我们送礼物给你们这些辛勤照顾我们的医护人员，没想到你们反而给我们送上了礼物！"在做好治疗、护理的同时，人文关怀对缓解患者焦虑、紧张情绪会起到事半功倍的作用。

她们也向所有的医护人员送上节日祝福。"祝南昌大学第一附属医院所有的医护人员三八妇女节快乐！"

尚奶奶今年93岁，因感染新冠肺炎，2月18日转入武汉协和肿瘤中心Z14重症病区。尚奶奶入院时患有高血压、心脏病等联合基础病史，体格非常虚弱，经过了几天治疗后，身体好转，但始终没有清醒。经管医生曹春水和王瑜主动联系了家属，询问尚奶奶的喜好，想要为尚奶奶注入心理"强心剂"。得知尚奶奶是一名有50多年党龄的老党员，对共产党爱得深沉，王瑜在病房里的工作手机上下载了《义勇军进行曲》和《国际歌》，有空的时候就去尚奶奶的身边播放给她听。

尚奶奶今年还没有交党费。医护人员就站在床边每天给她放歌，告诉她，党在等着她交党费，儿子在等她回家。2月25日那天，昏迷了10余天的尚奶奶终于睁开了眼睛。医疗队的所有人都感叹这简直是生命的奇迹！是党和国家给了她醒来的信心和力量。

曹春水主任、王瑜主任，每天都会和老人的儿子保持电话联系，告诉他母亲的病情进展。他儿子知道护士每天都守在他母亲身边，是他们用汗水换来了母亲的好转。

3月14日，南昌大学第一附属医院援助武汉国家医疗队接上级指挥部通知正式休舱，尚奶奶已于当日安全转运至定点医院继续治疗。

3月19日下午，南昌大学第一附属医院党委办公室接到了一通来自武汉的感谢电话。电话那头是远在武汉的新冠肺炎患者尚奶奶的儿子，他声音哽咽："非常感谢国家，感谢中国共产党，感谢南昌大学第一附属医院援助武汉国家医疗队，让武汉人民、让我的家庭感受到了党的温暖，也让我的母亲有幸得到了江西最好的医生、最好的护士的救治。你们医疗队逆疫而上的无畏精神，为我的母亲在死神前筑起了一道安全之门……"

附录：武汉日记

以下的日记是南昌大学一附院援助武汉医疗队部分队员写的。

（1）

今天的我，多么希望听到，病毒败了，疫情结束了，春暖花也开了。这样，我就可以在午后暖阳下看花开，听花落，闻花香，不用太着急，不用戴口罩，更不用穿上密不透风的防护服……

可事实上，我却从一个战场转到另一个战场，从一个前线来到另一个前线。2月12日晚上的一道命令，得到全院医护人员的积极响应，我们141人迅速组成了一个大集体，来到疫情最严峻的湖北武汉。当时还在象湖院区抗疫前线的我，也是毫不犹豫，主动请缨入战，连夜从象湖赶回。

同样是隐瞒，同样是谎言，这次还是一如既往，我的父母毫不知情。因为不想增加他们的负担，不想让母亲彻夜无眠，不想让父亲忧心挂念，我选择待我平安归来再细细诉说。

2月14日16点，我们这支队伍便接管了武汉协和医院肿瘤中心Z14重症病区。陌生的环境，突发的状况，但这丝毫不影响我们的专业细致。穿好防护服来到病区，我们陆续把亟待治疗的患者们接收并送至病房。

即使此刻形势严峻、困难多，但在病房里，却仍旧不乏温馨与爱。房内的一位老奶奶正打开扩音通话，那头传来的是一个同样苍老的声音："老婆子，晚上冷不冷？睡得好不好？你要加油啊，我等你。"奶奶哽咽着说："我在这都好。你现在怎么样，没人管你抽不抽烟了，是不是很自在？""没你管我，我不习惯，你要快点好，我想见见你……"平淡朴实的话，却透出一片情深似海，隔离病毒，但并不隔离爱！

疫情以来，我有担忧、有压力、有辛苦，会迷茫、会忧思、会泄气。可是，在这样一个特殊时期，正是普通人之间的点滴温暖，在不间歇地为我提供着能量，让我能够继续穿上"战衣"，持续战斗！

你问我，为什么我的眼中常含泪水。是的，因为我对这片土地爱得深沉。

（吴映霖）

（2）

天空湛蓝，阳光甚好，是一个难得的好天气。我在距离华南海鲜市场400米的"战营"进行换场休息，新冠疫情的暴发把这个普通、不起眼的市场推向了风口浪尖，在所有的讳莫如深和闭口不谈里，我们医疗队接管了协和肿瘤中心14楼的重症病房。

独自立在落地窗前，看着往昔喧嚣热闹、人潮涌动的汉口火车站现在空无一人，隐隐约约感受到这个城市的焦虑、压抑和紧张。"叮——"是战友徐洁的微信："我们折千纸鹤好吗？让病房多一些生机。"如果天空阴暗，何必等候火炬？我们也可以成为照进心底的那束光！

我们援助武汉国家医疗队护理七组，将此次活动命名为"纸鹤行动"。很快，不同颜色、不同姿态的千纸鹤在酒店不同房间陆续现身，它们或许粗糙，或许笨拙，或许没那么生动，但有着同样的寄语和祈盼：望珍重，我们和您在一起。

下午3点，所有的千纸鹤在护士的护送下，出现在病房的各个角落。"谢谢你们，既给我们治病，还关注我们心情！""虽然，在这里我不知道外面现在如何，虽然我也很惧怕疾病，但你们总让我觉得心安。""我记得以前，洪山广场有很多白鸽，春天，我会带着孩子们自由地奔跑，等我好了，我一定好好出去呼吸一下新鲜空气。"

有时去治愈，常常去安慰，总是去帮助。大家所理解的打针发药，从来不是护理的全部。千纸鹤，千颗心，因疫情蒙难，我们愿将幸运分享予你。亲爱的武汉，它只是"咳嗽"了，没有关系，好的心情也会增强免疫力。

冬将至，春可期。山川异域，风月同天。希望您在和疾病斗争的这段艰辛的时光里，因为有我们的呵护和陪伴，也会有那么一丝眷恋。2020，我们都会更有勇气！

（杨阳）

（3）

一座城市让我如此念念不忘，大抵是因为那里有我念念不忘的青春和挥之不去的那些人。

算起来离开武汉，在南昌大学第一附属医院工作已经九年了。2019年，我来了武汉四次，讲课、学习、手术、交流。原以为多年未见的同窗相聚，总该是在热热闹闹的聚会上，去严老幺吃豆皮，去雪松路上啃虾子、撸串，去西北湖喝茶，去知音号看表演，大家天南海北聊个尽兴，共同回顾学生时代的糗事笑闹一场。

在同济医学院的五年、协和医院的五年，这些回忆至今让我都不想更换"航空路13号"的身份证。

而我却从没想过，我真正地回归武汉，会是在没有硝烟的战场上，和故人成为并肩抗疫的战友。

年前，我从同学那儿知道了疫情，武汉同学们甚至连骨科、皮肤科、肿瘤科的都在抗疫一线。准备了大半年的赴日学习交流的行程，原定于2月1号出发，这时候，我推迟了行程，也毫不犹豫地向喻本桐主任请缨："我曾经在武汉同济医学院协和医院学习、工作了十年，现在，我想过去帮忙，和我的同学一起并肩作战。"

2月12日，终于接到了医院的电话，那一刻，更多的是紧张和兴奋，心中的同济、协和情结，终于得以释放。

不用收拾行李，我那准备好了带去东京的箱子可以原原本本地带到武汉。那天，我立马给日本国立癌症中心外事部的老师回了一封邮件，告诉他们明天我将去武汉，同我的战友一起，抗击新冠肺炎。

日本友人和教授们对我的行为非常赞赏，十分佩服我的勇气。而我的回答是："我没有那么伟大，我也不是英雄，也说不出壮志凌云的豪言壮语。说不害怕是假的，但是作为医务工作者和一个真正的男人，就是害怕也依然要勇敢地冲上去。"

他们回给我的邮件中写道："青山一道同风雨，明月何曾是两乡。唐建医生加油，中国加油！"日本国立癌症中心也为我开通了"特殊通道"，表示"待你平安归来，随时欢迎你的到来，务必保重！待疫情结束，再来日本，再来东京"。

同时，他们也为中国祈福，为患者祈福，为医生祈福。

时隔十年，不长不短，可从未想过以这种方式，血液相通于我的母校。十年前的我，懵懂于她，历练于她。十年后的我，成熟于她，倾情于她，感恩于她！

来武汉快半个月了，由于疫情的管控措施，和老师们、同学们还没有见过面。

局势一天天在好转，待疫情结束，我希望大家都好好的，我们同济011的同学们，能够共饮庆功酒，去看看这座城市的繁华、平安。

有一分热，发一分光，就像萤火一般，也可以在黑暗里发一点光，不必等候炬火。

此后如没有炬火，我便是借光的火。

（唐建）

（4）

华灯初上，我们护理六组——彩虹小分队的队员刚刚出舱下班，行走在暮色里的武汉，耳畔时常传来树梢上小鸟清脆的呢喃，温柔的晚风轻轻吹拂着我们的发丝，这是一天中我们最最放松的时段。大家特意放缓脚步，慢慢向暮色深处走去。

我们彩虹小分队是来武汉后，医疗队通过综合评估病区工作量、考虑各层级人员梯队后临时组建的10支护理队伍中的一支。我们的组长是沙娟老师，她是一位充满活力、踏实肯干，又细心温柔的年轻护士长，平常我们都喜欢称呼她为娟姐。

她将我们护理六组命名为"彩虹小分队"，正如歌中所唱："向着风，拥抱彩虹，勇敢地向前走，黎明的那道光，会越过黑暗，打破一切恐惧，找到答案……"我们分队由来自不同科室的九位女生和两位男生组成，有直接从象湖隔离病房连家都没回就直奔武汉而来的沙娟姐、章芳；有取得未婚妻的支持，延迟婚期的陈景华；还有刚刚安慰好身怀六甲的妻子，毅然前行的我……不管是男儿郎，还是女娇娃，我们都怀揣着一颗无私奉献之心，有着对抗疫情、保卫江城的决心。当我们化身"大白"步入隔离病房时，我们与武汉老百姓的故事也就开始了。

"哎！人老了，糊涂了，毛巾都没带。"准备入院阿姨的一句自我抱怨，正好被路过的夏莹听见，夏莹赶忙走上去帮阿姨提行李并安慰她："阿姨，您别担心，有我们啊，等会我给您拿一包湿巾，您先用着，明天我给您带毛巾来。"阿姨看见眼前这位热情的小姑娘握着她的手说："谢谢，你真好。"第二天，夏莹入舱上班时，第一时间来到阿姨床旁，把早早准备好的毛巾放在阿姨手上，并说道："阿姨，这蓝色小方巾，您洗脸用，这粉色大毛巾您就洗澡用吧。"阿姨一直拉着夏莹的手，感激地说道："你们南昌大学第一附属医院真好，真贴心！"这是一份温柔的传递，更是我们医疗队爱的传递。

"护士，护士，你们队里那位个子最高的护士，在吗？我想请她帮个忙。"病区潘阿姨急急忙忙要找的是我们护士长沙娟："小沙，我女儿给我送来了些生活用品，放在门卫处，等下会送进来，你帮我接收一下吧。"护士长爽快地答应了。从病房出来后，我看见娟姐在她的"宝典"里记录了一排文字，我很好奇，早就想知道这"宝典"里究竟记录着什么？等她放下时，我翻阅了一下，这里记录着每一位患者的需求和患者护理的重点事项，大部分的后面还打着一个小勾，这样就能确保患者的每一项工作都不会遗漏，真是细心贴心。下班时，我们还没有收到潘阿姨女儿送来的物品，娟姐电话联系门卫得知，特殊时期家属物品要在下午三点送入，错过了运送时间，要等到明天才会送入。下班后，娟姐和队员们还是不放心，主动来到门卫处找到潘阿姨的物品，我们用一个大袋子把三袋物品并为一袋装好，写好阿姨信息、做好登记，再与门卫人员沟通把这些物品暂存在这。门口的保卫科工作人员看见后询问："你们是哪个医院的医疗队？真是认真负责，请你们放心，明天一定准时送到。"潘阿姨收到物品时，竖起两个大拇指给了我们大大的赞，并对我们说："你们这支医疗队做事靠谱！"

在隔离病房的 13 天里，有太多太多的故事，或感动，或温暖，但更多的是一份责任和担当。在彩虹小分队里，我看到了队员给予病友的关爱，它藏在一声声温暖的问候里，它藏在一遍遍认真的核查里，它藏在一回回细致的操作里；我更加感受到了团队的凝聚力和战斗力，它藏在一次次默契的眼神里，它藏在一滴滴浸润的汗水里，它藏在一道道美丽的彩虹里。

（张勋）

（5）

凌晨三点从疲倦的梦中醒来，一看时间，才发现参加南昌大学一附院援助武汉国家医疗队到武汉不知不觉就过去 17 天了。每天不停地奔跑、埋头工作，不舍昼夜，此时这一幕幕却像电影般在脑海中闪现。

从步入医学殿堂那一刻起，就笃定我们的这一生去治愈，去帮助，去安慰。救死扶伤，不为其他，只为初心。"亦余心之所善兮，虽九死其犹未悔。"

2月12日，半夜受命，迅速进入备战状态。来不及仔细收拾个人行李，只想着详细交代科室工作，带上战"疫"时可能最需要的用品。

13日正午，大家齐声宣誓："武汉必胜！中国必胜！一附院必胜！"领导的鼓励问候叮咛，亲人的拥抱，挥手的送别，热血沸腾亦热泪盈眶……

列车在前行，回想往年我多次被武汉消化内镜护理同行邀请来做专题讲座和学习，同样我们这支战队的很多专家也是如此，而今却怀着别样的心情坐上了这趟专列。

此时车厢里回响着《我和我的祖国》："我的祖国和我像海和浪花一朵，浪是那海的赤子，海是那浪的依托……"高昂的歌声在车厢荡漾。武汉挺住，南昌大学第一附属医院战队来了！

"马老师、马老师，我们出发的第二天辛老师摔伤了，肋骨骨折，肺挫裂伤，胸腔积水，已经在医院躺了两天，现在躺在家里，他一个人在家，你知道吗？"告诉我这个不幸的是我丈夫辛国华的学生："辛老师不让任何人说，也不让任何人告诉你，我是听师兄说的，但我觉得必须和你说，他担心你的身体，怕你担心。最近小区都封闭了，进不了你家，谁照顾他？要不你赶紧回去照顾他吧。"

正在忙碌的我一时愣住了。从出发到现在我还来不及和他打电话报平安，只有一个电话要他取快递，他说在值班，就挂断了。我呆呆地站着，随后迅速地打电话给同住一个小区的朋友和科室的同事，先解决了他吃饭的问题。驻地领导得知后也劝我回家照顾爱人，但我深知此时战地更需要我，我不能抛下我的战友们。当我拨通爱人电话的时候，忍不住流下了愧疚、心疼的泪水。

2月17号，我郑重地递交了入党申请书，这是我终身的奋斗目标。

一夜之间全国各地的逆行者，坚定地出现在武汉的各个战地，并肩抗击疫情。我来了，我期待武汉的樱花盛开，结着一个梦。愿梦里的所求所念所想，在盛春早日落进现实。

（马久红）

（6）

来武汉已经快一个月了，每天我们入舱查房，都要穿着不透气的防护服，戴着被气雾模糊了的护目镜。虽然有时候动作会慢一些，但我们还是会非常认真仔细地了解患者症状与体征变化，告诉他们接下来的治疗和复查安排，让他们安心地配合治疗。

我分管的病人中有一位84岁的老奶奶，在查房中我们得知，奶奶的儿子和老伴很多年前已经去世，女儿在北京定居，她一直过着孤独的晚年生活。奶奶确诊入院后，一度情绪非常低落，充满焦虑和恐惧，所以我们医生、护士们每天都会陪奶奶聊聊天。"奶奶，您别担心，我们南昌大学一附院象湖院区已经治愈了很多位老年重型患者。您要相信我们，我们的医护团队有经验的，您一定能够平安回家的。"我们还会告诉她那些已经治愈出院病友现在的情况，不断地鼓励她要有信心战胜病魔，拉家常式地进行心理疏导和抚慰，让她倍感安全和温暖。

一场沟通下来将近一个小时，由于戴着口罩，我们说起话来会比平常更费劲。不停地讲话呼出的水汽甚至会使防护服里的头发、衣服都被打湿，护目镜里也全是水滴。但我们付出的努力都起到了效果，老太太脸上露出的笑容越来越多了，只有看见奶奶的笑容，我们才放心出舱。

"两次核酸已经阴性，CT复查肺部病灶也已经在明显吸收，奶奶，您马上可以出院啦！"当老奶奶知道自己可以出院时，她激动地对我们医护人员千恩万谢："谢谢你们，真的谢谢你们！在这里的这几天，是我这些年过得最开心的日子，我真的很感谢你们的耐心陪伴和精心照顾。出院后，我会加强锻炼，开心愉快地生活，向天再借20年，有机会你们一定要再来武汉看我！"

有的路，是脚去走；有的路，要心去走。

你若心苦，我便化为甘甜；你若心寒，我便化作春天。

（钟渊斌）

第十二章

泰山青松江边草

（39）

在奔赴武汉的众多医疗队中，有一个不起眼的群体，他们很少有整建制的队伍，小到以一人或两人作为志愿者的身份来到武汉。他们就是被个别不了解实际情况的自媒体指责为无动于衷的民营医疗机构的医生。这种指责是一种误会。说到民营机构支援武汉先得从泰康人寿说起。

中国老百姓大都知道泰康保险集团，但少有人知道泰康同济（武汉）医院。

2007 年，泰康投身养老、医疗健康事业，从一家寿险企业跨入大健康领域。经过 12 年的积累，已经在全国拥有了 19 城养老社区及康复医院、5 大区域医学中心、专科医疗体系的布局规模。其中区域医学中心总规划床位 5000 余张。

泰康同济（武汉）医院是泰康保险集团投资近 40 亿而建，是环境高雅、设备先进、名医汇聚、管理国际化的医学中心，是泰康作为险资办医的代表，是泰康首个自建以患者体验、质量安全、效率与公平为核心的医疗健康服务旗舰。医院原计划于 2020 年 3 月底的"世界大健康博览会"期间开业，用董事长陈东升的话说，是给家乡湖北的一份献礼。突如其来的新冠肺炎疫情，改写了这所医院的命运。这个改写的过程必将在整个中国医疗卫生的历史上留下浓墨重彩的一笔。这一笔的起始是2020年1月下旬，疫情暴发之际。

1月23日，武汉封城，湖北省医疗资源紧缺。四面八方的信息告知泰康人，等待床位的患者、渴望医疗救助的市民，期盼医院的床位像期盼天降甘霖。家乡的百姓这样的状况与心态让陈东升、让泰康人无比心焦。对于泰康同济（武汉）医院来说，此时此刻，能有谁比这些肩负救死扶伤天职的医护人员更渴望挺身而出的呢？但是，客观地分析现实条件，除了证照不齐外，还有很多接诊条件也不能满足，氧气、通风等硬件设施不到位。何为泰康人？就是把患者的疾苦放在心上，敢于攻坚克难，敢于担当。泰康不等待，不盲冲。疫情医疗形势是，此时的武汉，不管场地、床位、医护人手，都是紧缺的，有什么就给什么，不管用什么形式，尽最大努力贡献力量，做好随时上阵的准备。泰康同济（武汉）医院火速组建起60人的突击队，积极采购储备口罩、隔离服等防护物资。疫情防控保卫战的形势愈发严峻，新冠肺炎确诊人数超过万人。武汉人急，湖北人急，国家急。

泰康人要与这座伟大的城市同呼吸共命运！

三天内要抢建出一个"方舱医院"。董事长陈东升心中有数，方舱医院只会是开始，往下的路还很长。

2月2日，在对自身条件缜密地考量后，泰康保险集团向政府部门正式提出请战，泰康同济（武汉）医院要在这场武汉保卫战中贡献更大的力量。

2月6日晚9点，一直有着浓厚家国情怀，作为湖北人，桑梓情深的泰康保险集团董事长陈东升再一次作出了重大决策："不惜一切代价，举全集团之力支持泰康同济（武汉）医院，英雄出征，势必打赢这场人民的抗疫战争！"漫天硝烟中，冲锋的号角吹响！12年坚实布局、专业团队、运营能力、资源整合的硬实力，给了这次英勇出击、沉着应战最大的底气！

做出这个决定并不是件容易的事情。一旦接收新冠肺炎患者，意味着医院将临时成为传染病定点医院，即使疫情过去，也无法预知会给医院未来的正常运营带来多少影响。另外，如果启用，医院当前的硬件还需要进行大量改造工作以满足接收新冠肺炎患者的条件，短期的使用后，再恢复成原样，预计额外成本投入将不少于一个亿。尽管一切充满未知，泰康人迎接的是挑战，做出的是担当，承担的是责任。

2月8日，武汉市防控新型肺炎疫情指挥部同意泰康同济（武汉）医院火线开张，投入救援中。接到指令后，医院在只有前后三天的时间内，要将门诊部改造成为方舱医院。先将医院门诊楼改建成500张床位的方舱医院，2月10日开始接收治疗轻症患者。

深夜11点，医院全体干部员工召开了线上会议，令人感动的是，在危难面前，没有一个人退缩。大家纷纷请缨上前线，更有不少身在外地的医生当即表示马上想办法逆流回汉！这天凌晨，医院执行院长肖骏写道："想过很多种隆重开业的样子，谁曾想到泰康同济这艘医疗航母，会在如此惊涛骇浪之下，拨开笼罩这座城市的阴霾，以这样勇敢的姿态投入战斗！"

医院的项目部团队在与时间进行赛跑。得知医院门诊楼目标是改建成500张床位的方舱医院，2月10日开始收治轻症患者时，他们没有半点退却，撸起袖子加油干！综合医院的门诊楼和方舱医院完全是两个不同性质的医院配置，需要重新设计、改建。比如方舱医院需设传染病医院专有的"三区两通道"，要有病床隔断、生活冷热水、电力、消防、污水处理等。仅污水处理一项，正常工期得一个月。如今，整体改建包括设计、审核、施工在内只有三天三夜。一场硬仗迫在眉睫。时间紧，任务重，关键是缺人。春节本就用工荒，赶上疫情，当地已无工人。6 日当晚，项目部连夜全国寻人。总包公司中建三局紧急从已完工的火神山医院、雷神山医院抽调工人，中建五局从长沙专车调人，四川港通、成都联邦从成都出发驱车 20 多个小时驰援……大家从全国各地排除万难赶来。7 日图纸设计，8 日方案审核修改，当晚工人进驻医院，连轴转 40 个小时后，门诊楼改造完毕！

为了尽早取得新冠肺炎疫情指挥部的批复，泰康同济（武汉）医院副院长张铭冒着严寒的天气，多次跑到市防疫指挥部，办事人多，公务员少时，他就坐在台阶上等，历经一番周折，终于用最短的时间，在 2 月 8 日获得了同意泰康同济成为"新型肺炎确诊病例治疗点"的正式批复。

2 月 9 日，泰康旗下另一家大型综合医院——泰康仙林鼓楼医院火速组建支援泰康同济（武汉）医院的医疗队。全院近 500 位医技护人员纷纷请命，要求奔赴武汉一线。次日，由副院长、院感主任、呼吸科医生、护士等构成的先遣队出征逆行进入武汉。

2 月 10 日，泰康同济（武汉）医院开始接收轻症患者。方舱医院启用的当天，就收治了 99 位感染者，3 天内收治了 150 位新冠肺炎患者。

"昨晚做了一个梦！我们医院今早要迎患者。明亮的大厅里，一群训练有素的年轻护士姑娘们唱着歌，做着操，排队消毒做运营的准备工作！我站在那里，心里有一种说不出的喜悦！我们呕心沥血近四年的现代医院没有张灯结彩，没有锣鼓震天，没有高朋满座。在非常时刻争分夺秒，紧张有序地开张了！多么有意义啊！这将成为我们一笔巨大的精神财富！"

在泰康同济（武汉）医院接收首批新冠肺炎确诊患者后，泰康保险集团董事长陈东升动情地将自己能为家乡亲人服务，能是这次战疫之战中一员的欣悦之情与泰康人一起分享。

2月11日，中央政治局委员、国务院副总理孙春兰来到泰康同济（武汉）视察指导，并考察了医院各项硬件条件。

2月13日上午，经中央军委主席习近平批准，医院被正式确定为参照武汉火神山医院运行模式，由军队支援，承担确诊患者医疗救治任务。同日，湖北省卫健委核发医疗机构执业许可证，准予泰康同济（武汉）医院执业，医院性质为非政府办非营利性医疗机构。

泰康同济（武汉）医院再次转型。要从方舱医院的轻症收治转型到重症患者救治，级别更高、规模更大、挑战更大。泰康保险集团总裁刘挺军一行连夜逆行进入武汉，坐镇督战，并与军队医疗队进行会议沟通。为了迎接重症患者，泰康同济（武汉）医院开始了第二次改造，作为收治传染病人的定点医院，有着不同于普通医院的设计要求，这意味着医院此前的许多设计都要推翻重来。要具备重症患者接收的条件，硬件又是第一大挑战。相比门诊楼改造，这次级别提高，规模扩大，挑战更大。除增设"三区两通道"外，要建专用负压病房、消毒中心、临床检验室等，其中负压病房改造难度和工程量最大。所谓负压病房是指在特殊装置下，病房内的气压低于病房外的气压，外面的新鲜空气可以流进病房，病房内被患者污染过的空气通过专门的通道及时排放到固定的地方，特殊处理。这样病房外的地方就不会被污染。尤其ICU，现在的26张床都要改造成负压病房，需新建一个长50米、宽1.6米、高63厘米的通风道，正常情况下10个工人需要半个月完成。人手少、材料缺，同样的问题再次出现。

既有建筑没有风道，就临时建在走廊里。材料不够，伙伴们就从地下室等暂时不用的地方拆下来、人抬肩扛、连接、安装。人手不够，项目部、施工单位、工程师、管理者能上的全上。整个医院改造期间，前前后后投入300多人，至少有一半以上48小时没合眼。在武汉降温寒冷的夜里，有的工人实在困了就找个椅子眯一会儿，醒了继续干。人手不足，那些平日里拿柳叶刀、听诊器的医护，来回奔波帮忙装载卸货；那些受人景仰的科主任、大专家们，弯下腰跟工人、志愿者们一起搭病床收拾病区；那些刚刚参加工作的"90后""95后"，一人扛起了几百人吃住的任务，安排酒店、对接餐饮，丝毫不差。这些拼搏在最一线的勇士们，给了所有人必胜的信心。短短几天的时间，太多泰康人留下了平凡又伟大的身影。

　　医院升级后，医疗及防护物资紧缺。治疗新冠肺炎需要哪些设备？需要多少？这些设备市场上是否能买到？买到之后能否及时安装使用？紧急投入使用的医院，面临着设备、物资的大考验。春节前，医院按照正常计划90%的医疗设备均已到位，但这都是三级综合医院的装备，并不是传染病医院的标配。医院物资采购人员前往火神山医院对标学习，与军队医疗队沟通设备缺口。消毒物资、干燥剂、呼吸机、ECMO、ICU吊塔配件、高效过滤控制器、防护物资等都需要紧急采购。尤其是呼吸机，目标需求200台，算上医院自有、社会捐赠，政府调拨总共才86台，有创呼吸机只有15台，总体缺口较大；ECMO，被称为拯救病人的最后一道防线，国内只有大型医院才会配置，当时市场上很难找到，更甭提其单台百万元的价格；高度依赖设备的ICU，负压所用的高效过滤器没有，吊塔配件没有。此外，医护人员的防护物资最为紧缺，防护服、N95口罩缺口较大。

　　"你们不要考虑钱的事，提高救治率是现在最重要的事情。"刘挺军说。

泰康发动所有资源，调动朋友圈，不计代价在全球市场扫货，同时也收到各方支援。武汉大学校友企业家联谊会、湖北省楚商联合会、武汉大学校友会北京分会、安联保险集团、上海复星集团、华泰保险集团、普洛斯、阿里巴巴公益基金会、亚信集团、德龙集团、武大校友张健等纷纷伸出援手，捐赠防护物资，组织提供货源，帮找物流。正常情况下，物资采购要走规定的流程，但这次采购，泰康在微信群内全部搞定，从领导决策到财务付款不超过一个小时，真正启用了一切为生命开道的一条绿色通道！

有创呼吸机阶段性供应 100 台，两台分别从北京的宣武医院和航天总院调剂支援的 ECMO 运抵。医用吊塔配件厂家从国外发货，紧急调配工程师。负压病房必备的高效过滤控制器，连夜运到，通宵安装，交叉测试，万无一失。256 牌高端 CT 提前到位并安装培训，确保及时使用。防护物资也在陆续筹备当中。此次泰康采购的货源来自美国、英国、澳大利亚、土耳其等全球多个国家。

陈东升董事长再次呼吁：国难当头，匹夫有责，充分发扬救死扶伤的伟大的人道主义精神，创造一切条件为武汉市的疫情防控做出贡献。

2 月 13 日夜，泰康同济（武汉）医院灯火通明，刘挺军针对现场的问题，一项项仔细询问并协调解决。施工过程中缺一种配件，沟通后供应商表示第二天上午发货晚上可到，刘挺军当即指示："既然是现成的东西，为什么今晚不能发货？非常时期，大家要打破常规思维，尽力赶早完工。"

2 月 14 日，当医院在战地中揭牌，项管中心总经理王成林说："当时虽然站着，但我已睡意蒙蒙，眼皮都抬不起来了。"仪式上泰康保险集团司歌响起，当唱到"国泰民康"时，许多人止不住留下了热泪，这泪水里闪耀着两种光辉——奉献和希望！ 在武汉百姓急切盼望中诞生了方舱医院，在武汉百姓生死忧患里医院接收治疗危重症患者，在抗疫的战场上，泰康人用奉献点亮了希望之光，用爱心挑起呵护生命的重担。

2月14日，医院顺利交接，军队医疗队成功进驻。医疗队一位负责人说："泰康是一支战斗力很强的队伍，召之能战，能打硬仗。"

解放军医疗队进驻泰康同济（武汉）医院后，积极对接指挥关系，健全各级救治体系，改造和规划专门的救治病区，调整完善救治方案，以最快的速度收治新冠肺炎确诊患者。医院严格按照第5版诊疗方案，坚持中西医结合，区分轻重缓急，有序组织实施，对一些危重病例，集中专家力量，一对一制订诊疗方案服务患者。做好收治更多患者的准备，对医疗队员防护技能进行专项培训和考核，统一院内感染控制工作流程和标准。

2月19日是一个"转折点"，改造抢工、设备进场胜利达成，全面准备工作基本完成，A、B楼接收中重症患者，实现满负荷运行。军队医疗队带着医院部分医护在院内与病毒"厮杀"，原有医院团队的工作重心转向后勤保障。包括专业工程师、前来支援的泰康之家·楚园的伙伴在内，医院形成每日47人的专业运行保障混编团队，统筹管理、科学排班，24小时在线确保医院后期运行平稳，做好军队医疗队的保障工作。医院所有的超500人团队也将就地持续支持。

在这次战疫中，经过医疗资源整合，泰康同济（武汉）医院从原计划提供860张床位，提升至1060张床位，其中中重症床位及ICU床位达780张，成为武汉这个生死战场上的"主力部队"之一。截至2月23日18时30分，泰康同济（武汉）医院当日在院确诊患者达到1002名，收治还在继续。

经过 58 个日夜的艰苦奋斗，4 月 5 日 11 时，泰康同济（武汉）医院在院患者人数清零，宣告了这座在疫情期间火线开业的定点救治医院胜利完成使命。截至 4 月 6 日，泰康同济（武汉）医院累计收治患者 2060 人，收治量仅次于火神山医院与金银潭医院，在武汉市新冠肺炎定点治疗医院中位列第三，是战疫主战场上的主力军。

"军功章上有泰康的一半！我们双方是一家人，分工上有不一样，但是在一块战斗。"军队医疗队郑溪水院长说，泰康帮助解决了一个个难题，让军队医疗队能够专心致志做好病人的救治工作。在国家与人民需要的时候能够挺身而出，体现了"泰康人"的责任与担当。

还在筹备中的一家三甲标准国际水平的民营大型综合医院——泰康同济（武汉）医院，从紧急关头主动请缨，到被确定为新型肺炎救治定点医院；从医院提前启用接收轻症患者，到由军队支援接收重症患者，泰康保险集团、泰康同济（武汉）医院，慨然出征，以义无反顾、夜以继日的英勇奋战，展现了这场疫情阻击战中的天地英雄气。

泰康同济（武汉）医院在抗击新冠肺炎战疫中诞生，危难当头，匹夫有责、救死扶伤的人道主义精神必将成为泰康同济（武汉）医院和泰康医疗以及泰康保险集团永恒的精神财富，永恒的闪光信仰。

（40）

中国民营医院是中国医疗卫生服务体系中的重要组成部分。疫情暴发后，中国非公立医疗机构协会在 1 月 30 日就成立了疫情防控工作领导小组，先后印发《关于全力配合打赢新型冠状病毒肺炎疫情抗击战的通知》《贯彻落实国家卫生健康委、中医药管理局关于进一步加强社会办医管理做好新冠肺炎疫情防控工作要求的通知》《关于要求各分支机构进一步做好疫情防控工作的通知》。倡议、号召会员单位组织医疗队赴武汉支援、捐赠物资，开展线上义诊、公益宣讲及多种形式的抗疫知识科普活动等。协会国际合作交流工作委员会还向各国医疗合作伙伴发出了国际援助倡议书，得到全球医疗界积极响应。

国家卫健委 2 月 16 日发布的《关于进一步加强社会办医管理做好新冠肺炎疫情防控工作的通知》中提出："要全面组织动员社会办医力量""在防控工作中承担着相当重要的任务""社会办医不分举办主体、经营性质、类别规模，要统一服从本地区疫情防控工作部署调度，制订具体工作方案，加强医务人员和医用物资调配储备，做好患者接诊救治、医疗机构内感染防控等工作。全面组织动员社会办医力量。社会办医机构也在疫情中要发挥着重要作用"。

一是派员支援。有能力的民营医院抽调临床一线人员，参加当地政府组织的支援湖北医疗队。先后收到全国 216 家医疗机构 2252 名医护人员报名请战，根据武汉实际需求从中选派了 91 家机构共 966 名医护人员，组成 6 批医疗队，并安排专人负责对接武汉医院、向当地卫健委和防疫指挥部报备、规划出征路线等工作，确保医疗队顺利抵汉。

2 月 13 日，中国预防医学龙头企业美年大健康发出紧急动员令，征召 300 名医护精锐增援武汉。短短 4 个小时，700 人报名，21 个小时内，2672 名医护人员请愿出征。按照选优选强、骨干为先、医护合理、新老组合原则，精选出 200 名，其中女性比例达 80%。上海市人大常委会副主任、农工党上海市主委蔡威，闵行区区长陈宇剑，上海市卫健委副主任张怀琼等，与美年大健康集团董事长俞熔、副董事长郭美玲为逆行的勇士们授旗送行。

出征前，组织了 7 场次的专业轮训，医护人员现场练习穿脱防护服、熟记新冠病毒性肺炎诊疗方案及职业防护知识等。出征随机运输的防护及生活物资共计 100 立方米，包括防护口罩、护目镜、防护服、隔离衣等，每位队员还配备了一个 30 斤的"暖心礼包"。

2 月 20 日中午，美年大健康驰援湖北的医疗队，被纳入国家统一救援计划的民营医疗机构专业医疗队。民航总局指定的东航一架包机，准时起飞，目的地：武汉。他们将对口支援武汉市江岸区、江汉区、硚口区、汉阳区、武昌区、洪山区 6 个辖区，为方舱医院、集中隔离点及社区医院提供医护支持。汇入全国增援湖北的 3 万余医护大军中，在抗击疫情攻坚战中共同守护人民健康。协会肾脏病透析专业委员会和白求恩基金会共同组建了"血液透析医疗队"，成立了 12 人专家组为前线医疗队提供技术、心理和远程指导等支持。

二是列为定点医院或征用。截至 2 月 7 日，来自中国医院协会民营医院分会的统计数据显示，在 13 个省、市和自治区共有 633 家非公立医院作为定点医疗救治机构，参与了抗击疫情之战。累计收治确诊病例 2111 人、疑似病例 1627 人，治愈出院 1112 人，累计派遣 244 支医疗队共 3860 名医务人员。身处疫情重灾区的武汉市社会办医疗机构，第一时间投身抗疫工作一线，武汉市普仁医院、武汉市汉阳医院等近 30 家社会办医院，先后被当地各级政府征用为定点医院。

三是捐赠物资。至 2 月 7 日累计捐赠 837845 只口罩、41500 副护目镜、21131 件防护服、现金及其他用品若干，共计 11688.62 万元。14 家单位直接通过中国非公立医疗机构协会向武汉捐赠了医用防护用品 22784 件，呼吸机、制氧机、监护仪共 61 台，酒精、消毒液若干，捐款数万元。

协会与白求恩公益基金会共同发起"信达万里·光明行动"计划，为驰援武汉的社会办医医务工作者提供手机话费补贴；共同发起"抗击冠状病毒，关爱透析室医护天使"专项基金，为在抗疫中被病毒感染的血液透析室医护技人员提供每人5万元援助。号召社会各界为全国定点医院捐赠两万台氢氧气雾化机，价值1亿元。与信达福汇金保险经纪（上海）有限公司、华瑞保险销售有限公司、国华人寿保险股份有限公司、京东安联财产保险有限公司合作，为社会办医医务工作者免费提供6万份新冠肺炎保险，保障总额56亿元。

四是开展线上义诊、公益宣讲及多种形式的抗疫知识科普活动。响应政府以多形式参与抗击疫情的要求，武汉市许多社会办基层医疗机构参与了社区防控知识宣传、居家医学隔离指导，以及路口、哨卡等关键检疫点的体温监测和信息采集等防控工作，为筑牢公众健康第一道防线发挥了重要作用。

如果用这些数字来衡量民营医院参与的业绩，那就有点难为他们了。近两年，民营医院异军突起，从数量上看，远远超过了国有医院。2018年中国有医院33009家，公立医院12032个，民营医院20977个。从接诊病人数量看：公立医院占87.09%，民营医院占12.91%。民营医院床位数只占全国总数的9.7%。仅有12%的民营医院床位数达到100张以上，二级和二级以上民营医院仅占其总数的5.6%。几乎都是专科医院，以口腔、妇产、整形、肿瘤、精神为主，综合医院十分稀缺。像泰康这样的屈指可数，甚至可以说，别无分店。大多数民营医院不会也不愿缺席这次保卫湖北、保卫武汉的抗疫之战。

1月23日，复星医疗集团旗下武汉济和医院挂牌"武汉市蔡甸区感染性疾病病区"，成为发热患者集中救治定点医院。当天，复星医疗从多家成员医院抽调力量成立 10 人医疗专家组待命支援。截至 2 月 13 日，复星医疗各成员医院从全国各地派出 130 名医护人员支援一线，其中有 50 名医护人员驰援武汉；旗下武汉济和医院和佛山禅城中心医院被列为当地定点医院后，近 500 名医护人员放弃春节假期，坚守一线。

1 月 29 日，22 岁的伊犁爱尔眼科医院护士加依娜收到医院通知，需要调集志愿者协助防疫。她第一时间报了名，立即从新疆生产建设兵团 4 师 70 团的家中出发，赶回伊宁市。没有客车运营，加依娜在寒风中骑行了 3 个小时。"脸有点疼。"加依娜说，"当时顾不上寒冷，我只想快点。到了伊宁市才发现，脸已经冻伤了。"

2 月 3 日，西安国际医学中心医院 212 名医护人员出发，驰援武汉第八医院（卓尔长江应急医院）。在武汉抗击疫情一线，该院医护人员李晶度过了 36 岁生日，她说，最好的礼物，是患者病情好转后竖起的大拇指。主任医师、教授、博士研究生导师、西安国际医学中心胸科医院院长吴昌归说："我是呼吸内科的老医生。现在国家处于危难的时候，我理应要奔赴前线。我的学生、同事、战友都战斗在防疫的最前沿，我要和他们在一起，用血肉之躯为百姓筑起一道健康屏障。"

2 月 6 日至 13 日，佛山禅城中心医院共派出 5 批 19 人的支援湖北医疗队，支援武汉济和医院、武汉协和医院西院区、武汉客厅方舱医院等疫情一线；徐州矿务集团总医院派出 2 批次共 21 名医护人员跟随徐州医疗队支援武汉，整建制接管武汉市第一人民医院的一个病区。

2 月 9 日，爱尔眼科从武汉调派 20 名护理人员驰援湖北省委党校方舱医院，从接到通知到出发，他们只用了 6 个小时。截至 2 月 10 日，各地爱尔医院抽调医护工作者逾千人抗击疫情。截至 2 月 11 日，爱尔眼科集团及各地医院已为抗击疫情累计捐款超过 2700 万元人民币。

3 月 4 日上午，浙江康静医院援鄂"温暖者"医疗队出征武汉，出征仪式上，队员宣誓："我宣誓，我自愿驰援武汉抗疫……"誓言一样响亮，队员一样充满信心。

医疗队队长王平文带队出发。在疫情防控关键期，康静医院接到武汉市江汉区新冠肺炎疫情防控指挥部请求和中国非公立医疗机构协会号召，决定立即驰援武汉。医院在数十名自愿报名请战的队员中，精心挑选了 4 名专业技术精湛的队员组成援鄂"温暖者"医疗队。王平文医生主动请战，他说："看到同行日以继夜地在抢救病人，真是恨不得立马飞过去帮助他们。"他当天递交了入党申请书。他有中医基础和 15 年的西院临床经验。

护士长沈青苗毕业于杭州师范学院医学院，积极加入"温暖者"医疗队出征。医疗队自主驱车前往武汉，保障物资完全自给自足，携带了医用口罩、防护服、护目镜和手套等。

江西九江中山口腔医院，是江西口腔界民营医院的品牌。其院长刘炳华是江西民营医院分会的副主委，得知疫情发展情况后，主动找政府"讨事"做。2020 年 1 月 29 日，在政府有关部门协调下，中山口腔医院护理部主任张茜、行政院长梅浩、医疗院长肖梁带领着正在休假的 24 名医护人员以及 6 名后勤保障队成员，一同前往防控部署监测点协助开展疫情防控工作。地点是九江东站高速公路出入口处，任务是对过往所有车辆的司机及乘客进行体温检查并登记，从源头进行管控。当天就上班。这是春节期间，为了确保公众安全和健康，中山口腔医院的 24 名医护团队 24 小时值班，协助开展抗击疫情工作。

"您好，请摇下车窗玻璃，我们为您测量一下体温。36.5℃，体温正常，感谢您的配合。"简单又温馨的话语，张茜主任说，她已经记不清这句话重复了多少遍，重复多少次拿起手温枪的动作。

简单的话语、简单的工作，就是要全方面为九江市民的安全竖起一道坚固的、守护市民健康的大门。

有阻力，有难点。难点是过往司机不理解，不配合。有的司机认为是多此一举，想冲卡而过。张茜会耐心地解释："朋友，你那样就违法啦！如果你有疑似，就可能传给了亲人，你后悔都来不及。"有时候阻力来自家属，他们会心痛自己孩子的妈，她们牵挂儿女，但是她们克服了家庭的牵绊。亲人从不理解到配合，有些老公每天还担负起接送的工作。张茜说："我们不能去一线，这也是前线。我们要放进了带有病毒的患者进入了九江市，我们就是九江市的罪人。"

至2月18日，高速体温检测工作结束，他们24小时不间断地工作了21天。监测点的医护人员在值班期间未曾离开过半步。问他们为什么不休息一下，他们回答："疫情期间的坚守，多一秒就多一分健康。"没有豪言壮语，每一个人每一个家庭的故事都没有终点。每次终点都是起点。

大有大的贡献，小有小的心愿。泰康商业保险集团公司旗下的泰康拜博口腔是一家全国连锁口腔医疗机构，有200余家诊所与医院。他们也想发出光和热。各地拜博积极听从政府部门配置、积极激发社会发展资源，积极维护保养销售市场平稳。疫情期内，线下推广接诊有传播疾病可能，第一时间转向线上服务项目。立即进行了"这时齿刻 身心健康不老掉线"系列产品口腔科直播间及其在天猫商城等电子商务平台的直播间，总共约100余场，网上收看200多万人次。泰康拜博口腔重中之重打造出的"手机拜博"服务平台，泰康金融除开有强劲的专家团为顾客出示免费在线口腔科服务咨询，本人就医档案存放、网上预约、趣味视频、网上商城等在线客服，确保不管任何场合，都能出示全部病人在疫情期内的口腔疾病咨询。

泰康拜博口腔在第一时间进行"爱心GO"公益义卖活动。义卖活动会员专区快速发布，服务承诺主题活动市场销售账款悉数捐献，援助武汉市疫情防治。用身体力行贯彻了民营牙科医院的社会发展责任担当。首期款已采购使用价值近40万的诊疗物资供应，包含医疗器材遮阳帽10万只、医疗器材脚套10万只、医疗器材防护眼镜5000个、医疗器材防尘面罩1000件等数十万件防护装备，及时运到了战疫一线！如果说泰康是一棵树，旗下的拜博和中国的一系列小小民营医疗机构就是树下的青青草或小小红花，铺开一片绿，散出满地香，温暖着一个个患者。

（该章结合泰康总部，中华口腔医学民营专业委员会常委、江西口腔医学会民营专委会候任主任委员刘炳华副主任医师，泰康拜博江西事业部总经理钟彦博等提供的综合资料改写）

第十三章

中国医者生与死

（41）

历史发展至此，中国医者价值获得充分体现，中国医者荣誉推向至高无上。再高的地位、再多的赞美也改变不了医生的职责——救死扶伤。无论何时何地，一声生命呼叫，医者就会奋不顾身地赶到。不论是粪尿污水边，还是车轮下、飞机上，职责所系，生命第一。光亮过去，一切如常。他们还是老人膝下的儿女、宝宝的爹妈，穿着白大褂的医者。唯有的职业宗旨未变——敬畏生命、热爱生命、救护生命。中国医者面对的永远是生与死，向死而生，无问西东。

2020年1月18日的下午，钟南山院士接到一张去武汉的车票，是一张动车票，出发时间为1月18日，起点和终点分别是广州南站、武汉站。票价为465.5元。他乘坐的G1022高铁起点是深圳，终点是武汉。列车全程1171公里。出发时间是17点10分，到武汉的时间为22点21分，运行5小时11分钟。这是一张无座票，乘车者是84岁老人钟南山，他出生于医学世家。1960年毕业于北京医学院。2003年，钟南山再次被评为全国先进工作者（即全国劳模）并荣获全国五一劳动奖章。2007年获英国爱丁堡大学荣誉博士。2007年10月任呼吸疾病国家重点实验室主任。

2014 年获香港中文大学荣誉理学博士。2018 年 12 月 18 日，党中央、国务院授予钟南山同志改革先锋称号，颁授改革先锋奖章，并获评"公共卫生事件应急体系建设的重要推动者"。就是这样一个世界知名的专家，不声不响地走进餐车。乘务员在餐车里为他找了一个座位，桌上放着电脑。他等不得第二天的飞机，他等不得第二天的高铁，用小车送太慢了，他要紧急赶往武汉，片刻不能耽误。记住这张车票。记住餐车一角的 84 岁老人疲倦的身影。一个老人紧迫地这样奔波，是因为他知道，武汉的生命在呼唤！不明肺炎事件在网络上发酵以来，不明肺炎是否存在"人传人"问题在网络上受到高度关注。2019 年 12 月 31 日，武汉市卫健委通报称，不明肺炎病例系病毒性肺炎，未发现明显人传人现象，未发现医务人员感染。2020 年 1 月 11 日，武汉市卫健委通报称，根据国家、省市专家的流行病学调查显示，没有发现明确的人传人证据。1 月 14 日，武汉市卫健委称，现有的调查结果表明，尚未发现明确的人传人证据，不能排除有限人传人的可能，但持续人传人的风险较低……感染者、病毒携带者等在人群中流动，各类集会游览照常举行。

这是战"疫"局势发生根本性变化的转折点——1 月 20 日，习近平总书记对新型冠状病毒感染的肺炎疫情作出重要指示，强调要把人民群众生命安全和身体健康放在第一位，坚决遏制疫情蔓延势头。

1 月 20 日上午，李克强主持召开国务院常务会议。钟南山院士与著名传染病学专家李兰娟院士坐在列席席位上。这天的国务院常务会议也专门加设疫情防控部署一项议程，钟南山、李兰娟就疫情防控与救治等提出具体建议。当日下午，国家卫健委组织高级别专家组召开记者会，组长钟南山面色凝重："现在可以说，肯定的，有人传人现象。"至此，全民开始防疫，出门必戴口罩，疫情防控得到了全国人民的高度重视。

钟南山再次提出，如果把正常人和病人分开而不将新冠病毒感染的病人和流感病人分开，"人传人"不会停止。他第一个为大家敲响警钟，最早提醒国民疫情会"人传人"，号召大家不出门，必须佩戴口罩；告诫所有人没有特殊情况，不要去武汉。84岁的他却连夜赶往武汉，站在防疫最前线，说真话，担当起医生的责任。他介绍自己说："我是一名中国医生，呼吸科医生。"

2月2日凌晨，李兰娟带领浙江医疗队团队驻扎在武汉大学人民医院东院区。她每天八点半准时抵达武汉大学人民医院国家医疗队指挥中心，开始查房。她要忙会诊，要对全国其他省份病人进行会诊。还承担着对原来病人的远程门诊工作。还要忙讲课，她承担了比较多的培训任务，给一线医生、硕士博士生、一线护士，讲救治策略，讲科研进展，以提高医护人员对新冠肺炎医疗救治工作的认识。

1月24日下午2时30分，她给河南医疗队做了一场专题讲座。这天，武汉大学人民医院东院区向她发出邀请：今日有19名新冠肺炎重症患者集体出院，请她一起去送行。她顾不上休息，讲完课后，收拾好电脑就赶了过去。这次有第100位出院患者，有29岁的产妇，有69岁的梅婆婆，有65岁的陈爹爹，听说李兰娟来欢送他们出院，梅婆婆激动得热泪盈眶，她向李兰娟鞠躬致谢："感谢你们帮助武汉人！"

李兰娟礼貌地向她鞠躬还礼："多多保重，你们恢复了，健康了，我们医生高兴！"

陈爹爹老伴还在东院区病房住院治疗，老伴是陪他去医院看病时不幸染上新冠肺炎的，症状却比他更重。他心中牵挂、内疚。陈爹爹把情况对李院士说了。李兰娟马上关切地帮他询问。她告诉陈爹爹："婆婆在接受浙江医疗队带来的新冠肺炎新技术治疗后，现在病情比较稳定，你不要太担心，我们会全力救治，争取让你们一家早日团聚。"陈爹爹两眼盈泪，双手合十，深深地鞠躬，连说："谢谢，谢谢。"老人再找不出表达感动的语言了。"战疫不成功，我们绝不撤兵。"李兰娟院士说。她深情地告诉病人："我是为病人服务的一名传染科医生。"

2月1日，王辰院士随中日医院国家医疗队抵达武汉，对疫情防控的现实局面进行调研后，很快做出判断。他发现床位严重短缺是疫情防控最大的障碍。考虑到当时有大量的患者没有得到收治，定点医院已经全部收满患者，很多轻症患者只能居家隔离治疗和观察，传染性强，很容易造成新冠肺炎的家庭聚集性感染和社区传播。集中隔离收治，对于控制整个武汉的疫情发展至关重要。快速大规模扩充床位容量是当时面临的最紧迫问题。2月2日，王辰向中央及地方提出征用大型场馆建设方舱医院的建议，以及"应收尽收，应治尽治，应早尽早"的防疫原则。

2月3日晚，武汉市首批规划的3个方舱医院连夜动工，并在48小时之内完成改建。与此同时，根据国家统一部署调度，以分布在全国各地的国家紧急医学救援队为主要班底的医务人员，也纷纷驰援武汉，与当地医疗机构一起承担起方舱医院的患者救治任务。

自2月9日至2月15日的7天内，武汉市共收治患者近1.7万人，与"应收尽收"越来越近。3月8日，武汉首批方舱医院中规模最大的一家正式休舱。

方舱医院不是至善之举，在严峻的疫情防控形势下，这是控制疫情的现实之举，也是经过仔细衡量和判断做出的建议。在方舱医院，轻症病人的人文活动有跳广场舞、唱歌、自拍……极大地改善了特殊时期医患之间的关系，实现了从人等床到床等人的转变。

王辰一直从事呼吸疾病研究工作。2014年9月任中日友好医院院长。

2018 年 1 月任中国医学科学院北京协和医学院校长、党委常委。2018 年 6 月任中国工程院副院长。

2020 年 1 月 26 日即农历大年初二，陈薇带领团队来到了武汉。团队成员是军事医学研究院长期从事烈性病原体研究的骨干力量，代表着军队重大疫情处置的高水准。

2020 年 2 月 26 日是陈薇 54 岁的生日。就在这一天，由她领衔的团队研制的第一批重组新冠疫苗从生产线上下线。上级领导向她发来生日祝福，"我当时回答就八个字：除了胜利，别无选择"。3 月 3 日是她与团队来武汉的第 38 天。央视《新闻联播》报道，由中国工程院院士、军事科学院研究员陈薇领衔的科研团队在新冠疫苗研制方面取得重要阶段性成果。

陈薇表示："力争在最短的时间内，将我们正在研制的重组新冠疫苗推向临床、推向应用，为打赢这场疫情防控阻击战提供坚强的科技支撑。"

陈薇长期从事生物防御新型疫苗和生物新药研究，研制出中国军队首个 SARS 预防生物新药"重组人干扰素 ω"、全球首个获批新药证书的埃博拉疫苗。

陈薇 1966 年 2 月 26 日出生于浙江兰溪。1988 年毕业于浙江大学，获得化学工程学士学位。1991 年获得清华大学工学硕士学位，中共党员，同年 4 月特招入伍。1998 年获得军事医学科学院医学博士学位。2002 年晋升为研究员。2003 年成为博士生导师。2006 年担任军事医学科学院微生物流行病研究所副所长。2011 年获得中国青年女科学家奖。2012 年担任军事医学科学院生物工程研究所所长。2015 年被授予专业技术少将军衔。2017 年获得何梁何利基金科学与技术进步奖。2019 年当选中国工程院院士。

2月1日下午，北医三院第二批援鄂抗疫国家医疗队出发，由院长乔杰院士带队，前往武汉开展医疗救援工作。这次的国家队包括北京大学第一医院刘新民院长，人民医院赵越书记，中日友好医院的周军书记和北医三院副院长、呼吸与危重症医学科副主任沈宁，急诊科主治医师李姝和党院办干部李翔。同行的有中日友好医院、北京大学第一医院、北京大学人民医院医疗队。他们带着军令，任务是火速组建危重症病房，要把这个救治的关口抓住。

乔杰院士深感任务重、压力大。要做到调研清楚、规划清楚、配备清楚，每家医院、每个病区心中有数。一是病房的改造。要把普通的病房改造成能够进行危重症救治，同时必须有传染病防控的病房。一定要把清洁区、污染区、缓冲区这三个区域完全分开，保证医务人员不感染，才能让未来的救治积极有效。二是仪器设备。危重症的救治需要呼吸监护仪、血气分析仪等，所有这些要从卫健委调配到各个医院，再到救治病区，需要做大量调整工作。乔杰院士去了同济医院的中法新城院区，那里的危重病房由200多例容纳量，扩大到400多例，同时腾出一个新院区，增加到1500例的救治能力。她又去了武汉协和医院、武汉人民医院、中南医院、金银潭医院各家定点医院。统一部署，迅速落实。又促成国家从全国各地增补了大概1000多名危重症诊治的、管理的、感染防控的专家。武汉的定点医院，迅速拓展病房，进行改造，专家进入。对这次工作，乔杰的总结是，同舟共济与细节决定成败。

乔杰是一位产科专家，也是全国的产科质量控制和持续改进中心的主任，是医院院长，组建危重症病房一样是行家里手。她来了，当然会关心武汉地区孕产妇的安全与感染现状。关注关心她们，就是关心未来。她去了妇产医院，去了几家医院妇产科。在武汉，医患都十分关注已经感染的孕产妇在进行分娩时，剖宫产的新生儿的咽拭子核酸检查、脐血的检查以及母亲乳汁检查会不会影响孩子的未来。乔杰的来到上了热搜。乔杰不能让大家失望。只能在有限的数据里进行解释。原有 10 例，都是阴性。这几天又收集到 20 例，也没有阳性。媒体报道武汉儿童医院一例出生 30 个小时后的新生儿检测为阳性，有轻度的肺炎症状。武汉专家们，对这个病例梳理后，发现是 36 个小时。剖宫产后，新生儿转到儿科。分娩时的胎盘和脐血的检查，结果是阴性。在儿科做了咽拭子检查，是阳性，距离分娩有 36 个小时，有了其他的接触，由母婴垂直传播难以断定。乔杰告诉大家："母婴传播的证据不充分，对胎儿未来的影响，没有看到大量的报道，大家可以不用恐慌，继续观察。"院士的回答应该是权威性的。

1 月 24 日除夕，中国中医科学院广安门医院仝小林院士、广东省中医院副院长张忠德、中医科学院西苑医院呼吸科主任苗青、北京市中医院呼吸科主任王玉光分别从北京、广州出发，在武汉第一线汇合。仝小林院士带领专家组进入武汉市金银潭医院诊治病人。

2003 年，仝小林任中日友好医院中医糖尿病科主任，当时他作为中日友好医院 SARS 中西医结合治疗组长，第一批进入 SARS 病房，诊治了 200 多例患者，通过直接接触大量患者，系统总结了 SARS 的发病特点、中医分期及征候规律，创制了 "SARS- 肺毒疫四期八方" 的辨治方案，其中 11 例纯中药治疗的经验写进世界卫生组织《中西医结合治疗严重急性呼吸综合征临床试验》报告。

这次，仝小林率领中医高级专家组的主要任务有三：一是优化中医治疗方案，二是通过到医院实地考察发现中医治疗中存在的问题，三是中西医结合救治疑难危重症。他提出减少不必要输液，过度输液会加重寒湿。

避免滥用抗生素，因为是病毒感染，不宜常规使用抗生素。除非合并细菌感染，从中医来看，抗生素多为寒凉之品，易伤脾胃。

全小林特别提出对于部分无发热的新冠病毒感染的肺炎病人的防控，要引起高度重视。一周左右也未见发热，伴有轻度咳嗽、胸闷、食欲不振、胃肠道不适等，拍片后肺部出现毛玻璃样改变的，要早干预。

1月25日，中国中医科学院院长黄璐琦院士带领广安门医院、西苑医院医疗队抵达武汉。赴武汉市金银潭医院负责南一区病房医疗工作，是武汉第一个接管重病区的中医医疗队。他的团队为已出院的患者配恢复期的中药，并给予指导，形成了一套完整改善肺功能的方法和技术，患者症状明显减轻，改善率达到70%，患者回访效果满意。

关口前移，早期介入，全程干预，是中医药深度介入新冠肺炎诊疗的全过程。黄璐琦说，在这次武汉战疫一线，中医药全面、全程参与防控救治，对改善患者症状、加快核酸阳转阴、促进患者早日康复出院，均有明显效果。

张伯礼院士是1月27日大年初三来到武汉的。2月12日，他率领由来自天津、江苏、湖南等地中医医疗团队组成的"中医国家队"，进驻武汉市江夏方舱中医院。这是由中医药人整体接管的第一家方舱医院。他深入病区察看病患，亲自拟方，指导临床一线合理用药。江夏方舱医院医疗团队由天津、江苏、河南、湖南、陕西5个省份20家中医院的209名医护人员组成。这座方舱医院主要收治轻症患者。

病人除了喝汤药，还练太极拳，练八段锦，甚至包括理疗、按摩、灸法也都会用上，让患者能够全面康复。张伯礼带的医疗团队还设立了第二值班、评估组等岗位。截至3月17日，全国中医药参与救治的确诊病例共计60107例，占比为85.2%。

因劳累过度，张伯礼的胆囊旧疾复发，中央疫情防控指导组领导强令他住院治疗。他放不下工作，想保守治疗，负责为他治疗的专家态度坚决："不能再拖了，必须手术！"2月18日，医生为张伯礼手术时发现，胆囊已经化脓、胆管结石嵌顿坏疽了⋯⋯术后他最惦记的依然是医院里的病人。"仗正在打，我不能躺下。"这位72岁老人的声音有些哽咽。张伯礼的儿子、天津中医药大学第一附属医院风湿免疫科副主任张磊，也在武汉战疫一线奋战了半个多月。在武汉的这段日子，父子俩没能见上一面。张磊想去看望做了手术的父亲，"哪怕陪一天也好"，张伯礼拒绝了："我在这里被照顾得很好。非常时期，你不用来看我，看好你的病人就行了。"他得知儿子张磊提取患者咽拭子样本时，总是亲自动手，从不让学生做，以免学生操作不熟练导致感染。张伯礼非常欣慰："术精还要德高！"武汉战疫父子兵，共执中医为黎民。

仝小林院士回忆34岁那一年，他跟随博士生导师周仲瑛深入苏北流行性出血热疫区时直面传染病的惊心动魄。这些"战斗"让他记住，在与死神交锋的黑暗甬道里，一直有一束叫作"中医"的光。多年以后，曾经打赢这些胜仗的，终于让这束光闪耀在科学舞台的中央。

他们是院士，也是战士。

（42）

更多的是普通的医务工作者。

他们不是院士，绝对是战士。

2019年12月下旬，武汉大学人民医院呼吸与危重症医学科胡克教授陆续收治了一些不明原因的病毒性肺炎病人，其症状表现与此前常见的肺炎有着明显区别。

胡克敏锐地意识到事情的严重性。他迅速向医院报告情况，领导积极支持，首先在自己所在的病区开辟隔离病房，指导科内医护人员及保洁、陪检人员做好防护及消毒隔离工作。同时他向医院建议落实发热门诊预检分诊工作，开辟更多的隔离病区。

医院呼吸与危重症医学科、感染科等9个隔离病区纷纷设立。胡克则负责起院内新型冠状病毒性肺炎的诊断和治疗工作。

湖北省组建起省级医疗救治组，胡克是副组长。那时候，胡克成了整个医院最忙的人之一。他每天早上7点多上班，常常要到下午两三点才能吃上午饭，一天百余个电话，工作到凌晨成了家常便饭。

一个多月里，胡克走遍武汉三镇，来回穿梭于各家医疗机构——武汉市金银潭医院、武汉协和医院、武汉大学中南医院、湖北省中西医结合医院、汉口医院、武昌医院、肺科医院等新冠肺炎定点医院，参与武汉市新冠肺炎的排查和诊疗工作。每天睡眠不足5个小时，步履不停穿行于江城三镇各大医院的发热门诊和病房，会诊、查房、参加专家组会议……有一次，他一个晚上跑了6家医院连续参加会诊。

2020年1月27日，湖北正式建立新型冠状病毒感染的肺炎的疫情防控工作例行新闻发布会机制。当晚，万众瞩目的首场例行新闻发布会在武汉举行。胡克教授首次上台发布相关信息。

1月25日，武汉大学人民医院东院区成为武汉市新设立的第三批新冠肺炎定点医疗机构。2月4日，人民医院东院区又被国家卫健委确定为新冠肺炎重症患者定点收治医院，设置危重症床位800张。考虑到东院区专业医护力量不足，胡克主动请缨，在榜样力量的引导下，科里的员工集体写下请战书，主动要求到东院区支援。结果是，整建制入驻人民医院东院区新冠肺炎 11 病区。领导除了欣慰就是感动。短短几天，胡克带领团队已收治重症和危重症患者 40 余名。2 月 15 日，胡克教授团队救治的 2 名新冠肺炎重症患者，从东院区康复出院。一位患者手书感谢信，记载下他对于胡克教授团队的感谢。

"一定要请胡克教授看看片子""一定要请胡克教授看看诊疗方案"。特殊时期，胡克成了大家心中的"定海神针"。他从不推辞。在他眼里，患者的健康高于一切。

赞美医生，有好多美好的词语：敬佑生命、救死扶伤、甘于奉献、大爱无疆、杏林春暖。面对张文宏医生，选择哪一组词汇更适合？

1 月 29 日，当时华山医院的第一批医生在隔离病房待了近 10 天，已经相当疲惫了。该换班了。尽管每个医生都义无反顾，还有一个谁先上的问题。主任张文宏毅然决定党员先上："党员的口号你平时喊喊可以，但这个时候，我不管你有什么想法，对不起，现在你马上给我上去，不管你同意或不同意，都得上去。没有讨价还价，必须得上去。"一语既出，全国哗然。自此，"整日天净说大实话"的张文宏被网友称为"硬核专家"。他进入了全国老百姓的视野。他的"大实话"没有晦涩难懂的专业知识，老百姓都愿意相信他。

面对媒体对一线医务人员超负荷工作的歌颂，他说："我不鼓励加班加点，抛弃家庭，无休无止工作是不人道的。""对于普通人它就是一份工作，不要用高尚来绑架别人。"医务工作者们，想要的不是宣传歌颂，而是关心。"第一关心是防护，第二是疲劳，第三是工作环境，我觉得一定要跟上。如果跟不上，就说明没有把医务人员当人，只是当机器。""你问我医护需要什么，我觉得就是需要有免于受伤的权利。""不要只对医生歌颂，医护是一体的，护理姐妹们也很辛苦！一样要得到尊重！"

面对忧心忡忡的普通老百姓，张文宏毫无遮掩，好坏利弊都说清。"病例数是在增加，但不代表疫情在加重。""最好状态是两到三个月全国疫情得到控制。"而向大众呼吁建议时，更是应了他那句："感染科医生一定要有感染力""全国人没有一个人不做贡献的，如果只有医生做贡献，这个病一定不会好"。这些话，对疫情防控知识的推广普及、群众疫情恐惧心理的缓解起到了作用。他不会装睡："这个事儿出来，因为我懂这个事儿，大家喜欢听我的。等这事儿过了，大家又不要听我讲话了。你以为大家爱听我讲话啊？""等过了这个事情，大家该看电视的看电视，该追剧的追剧，该看《跑男》的看《跑男》，谁要看我啊？""当新冠大幕落下，我自然会非常 silently 走开。你再到华山医院来，你也很难找到我了。我就躲在角落里看书了。"他静悄悄地走，正如他静悄悄地来。

他是已介绍过的武汉中南医院的医生彭志勇。

他是麻醉学博士，重症医学博士。不谈他的文章与课题，只看看下面一行介绍：通过了美国执业医师执照考试并获器官移植麻醉 ICU 专科医师培训，拥有中国香港、美国的医生执业证书。17 年前的 SARS 疫情暴发时，他在香港威尔斯亲王医院 ICU。他参与会诊，抢救过多位重症患者。中国香港、美国两地的医生收入不说了。

他何以要回国？

2016 年禽流感暴发时，他主动请缨，在前线负责重症患者的抢救工作。每次参加各种危重病人抢救他总是在前面。这次，他三次申请到第一线；他带领团队连续作战 22 天在 ICU 抢救危重病人。

他从 1 月 6 日开始，就把 ICU 当成第二个家。根据在香港特区等地抗击 SARS 的经验，他对 ICU 进行了改造。严格按照传染病防治的原则来改造，医护人员与患者的通道完全隔离开。他要求团队医护人员严格规范流程，连防护服穿几层、分多少个步骤都有严格要求，要求所有人严格执行。从抗击疫情以来，ICU 平均每天要消耗 100 个口罩、100 个护目镜、100 套防护服。他最担心医护人员被感染，少一名医护人员就少一名战士，少一份战斗的力量。医患生命一样至高无上。

他每天工作 12 个小时以上，累了就在办公室沙发上靠一会。1 月 28 日晚上，坚守岗位半个多月的他第一次回家。

1 月 29 日凌晨 4 点，电话惊醒了他。病房里收治了一位危重症患者，病情复杂急需他前来指导救治。他立即赶往医院，帮助医护人员让患者的病情平稳。忙碌之后的他到办公室洗了把脸，此时窗外的天空已是蒙蒙亮。接下来，他和科室 150 余名医护人员连续作战 50 多天，确保每位患者都得到有效救治。

张定宇这个名字全国人民可能都熟悉了。

"我将首先考虑病人的健康和幸福，我将保持对人类生命的最大尊重。"他用他生命的行动践行了这句话。2017 年，他的双腿出现问题，2018 年 10 月被确诊患上了运动神经元病。这种病无药可救，人会因为肌肉萎缩逐渐失去行动能力，就像慢慢被冰冻住了一样，故名渐冻症，最后呼吸衰竭失去生命。武汉市金银潭医院党委书记王先广从一开始就知道他的病情，他一直替张定宇保守着这个秘密。2020 年除夕，在大家的追问下，张定宇公开了病情。那天，上海、北京的医疗队来到武汉市金银潭医院，医疗队里面有很多他敬重的专家，因为下楼梯特别困难，很少能去送这些专家，张定宇心里感到忐忑，只好选择实话实说。他公开病情，也是想激励同事：我与你们战斗在一起。医生比常人更加了解渐冻症的后果和危险性，张定宇不需要劝告与安慰，面对生死，他依然前行。

"人总是要有点追求，总是要做一点为人民的事情，我就这几年，我能做一点就做一点，不要拦着我。"尽管张定宇用了一些治疗方法，但仍然没有明显向好的方向转化的迹象，这让王先广心里很难受："肌肉萎缩以后，力量就会受限制，有一次下楼的时候，他就差一点摔倒下去了，因为他的腿没有支撑能力。他私下多次跟我说，我们两在一起的时候让我扶一下他。"

张定宇一直在做 PICC（经外周静脉置入中心静脉导管）治疗，手臂上穿刺置管，管的尖端直接到达上腔静脉，那个管在身上是非常不舒服的，肯定会影响到人的生活质量。但这从未影响他的工作。他是金银潭医院的前线指挥，他退了半步吗？他和医院的 600 多名医护人员，在战疫的最前线奋战了 30 多天。

这期间，他的妻子被新型冠状病毒感染了。他妻子是武汉市第四医院护士，后来在医保办公室工作。医保办在门诊大厅有个服务台，她要在那儿接待病人。1 月 14 日，妻子症状明显了，低热，喘气。第二天上午做 CT，两肺出现典型的改变。痰的结果是阳性。住院了，住在四医院，她的工作单位。

张定宇在金银潭医院已经看到了死亡，会诊时看到了更多的死亡。妻子病情发展如何，谁也无法预料。这一想，他感到极度恐惧，决定开车去看她，一路上泪流不止。真是到了细思极恐的地步。幸运的是，很快妻子转归轻症，两周就康复了，自己回了家。张定宇在病房里，没有时间去接她。几天后两人聊起血浆捐献的事，妻子主动提出捐献自己的血浆。一切在轻描淡写之中。

曾经有一段视频，12 小时浏览量超过 60 万，点赞量超过 5.2 万。视频里的主人翁是湖北省肿瘤医院的一名护士，支援雷神山医院的医疗队员。

2月5日，湖北省肿瘤医院医疗队53人进驻雷神山医院，开始为开设感染病房做准备。按照分工，她和另一位护士专门负责领取医疗仪器、设备、防护物品、病区生活物资等，并要运送到湖北省肿瘤医院医疗队负责的感染一科十五病区。两个小护士总是每天从早八点到晚八点。

短视频记录的是发生在2月10日的一件小事。那天，下着小雨。两位护士从物资仓库里领了两个大柜子。以往是与医疗队同事一起抬到仓库外的车上。今天例外，昨天开始收病人，医护人员忙了整整26个小时没歇。另一位小个子准备打电话求助，大个子决定自己背柜子，刚扛在肩上迈开步，小个子感动地拍下了这瞬间。视频留言喊话："真心疼你！"

"好想去当志愿者，帮她一把。"

"她们以前在家也是公主，在大灾面前，背起使命负重前行！！"

"你弯腰的那一瞬间，我泪崩了，你是中国最美的搬运工。"

……

后来两位男同事接下了她抬的这个柜子，大概40多斤重。大个子女生因为背柜子，腿扭伤了。湖北省肿瘤医院支援雷神山医疗队队长杨彬说，看到这个瞬间真的很心酸也很心疼。她们都是刚刚参加工作的小姑娘。雷神山医院暂时还只开放了两个病区，建筑工人在夜以继日地为基础建设忙碌着，所以医疗队员们就把自己力所能及的事情主动扛了下来。她们是希望的一代，每个年轻人都希望能让雷神山医院更快地收治更多重症病人，早日打赢战疫。

这个大个子女生叫朱亚，湖北黄冈英山人，毕业于湖北民族学院护理专业。她的同学是这样讲述她的：你不要看她个子高，力气大，是个女汉子，她认真打扮起来是很女神的，腿特长，特有模特味儿，能随便就给我们来个"公主抱"。她体育特好，每学期运动会，训练都十分认真，回回跳远都是第一。她心地特别善良，集体荣誉感特别强。我们上实验课时女生都怕小老鼠，很多男生也怕，她就把小老鼠放在手上摸。她喜欢小动物，经常给流浪狗、流浪猫施舍食品，宁可自己饿肚子。读书很有钻研的精神，有问题一定要问清楚搞清楚才行。她不光是个头像女汉子，她心地更是重情重义的女汉子，经常帮助同学，是愿意吃亏、义不容辞的那种。去年武英高速堵车，堵了一天，她免费给司机送吃的、喝的，有牛奶、饼干，还给他们煮面吃。别人都去卖钱的，她是免费赠送。她决定背柜子，我们同学一点都不奇怪。乐于助人、乐于公益是她做人的本质。何况在这个时候，她更不会讲任何条件，冲锋在前。

不能不介绍几个民营医院的医生与护士。莫仁云，广西来宾忻城县一个小镇的个体医生。在新冠疫情严重的 2 月，他主动报名，远赴武汉战疫一线当一名志愿者。2 月 7 日晚，武汉第七医院第六病区收治首批患者。15 日，病区已收满 36 名新冠肺炎患者，其中包括 5 名重症患者。因为防护物资缺乏，15 日当天莫仁云没能进入病房，便和其他医生在药房帮忙分拣中药、熬药。次日凌晨，莫仁云第一次进入六病区。这是临时改造的中医病区，环境简陋，使用的物资主要来源是捐赠。没有面屏，戴的护目镜也不是医用的，但他与其他志愿者们埋头为病人工作的热情没有丝毫减退。直至一个月后，病区的最后一批患者按规定转至定点医院，莫仁云才离开这里。他所在的支援武汉民间中医医疗队"新瑞慈善中药之家"，还有 50 多个像他一样默默奉献的医生、护士和后勤人员，大都是千里支援，一人出发，一人归来。

他们真没有想到会有这么高大上的荣誉等着他们。忻城县卫生健康局的领导和他曾工作过的镇卫生院同事手捧鲜花在火车站迎接，打出标语"欢迎兄弟莫仁云凯旋"。忻城县为他和其他 4 名支援湖北的医护人员举行了隆重的欢迎仪式。莫仁云觉得已经"很惊动大家"，心里很是不安。

护士贾晓月在南京的一家民营整形医院工作。她老家在连云港。疫情刚开始时，她心情很沉重，觉得自己是一名医护人员，虽然不是国家单位的，也应该尽一分心意。当看到了武汉招募志愿者的消息时，她立马报了名。2月19日她与队友先买了到安徽全椒的高铁票，随后与列车长沟通后于武汉下车。此后，志愿者团队在武汉当地政府的统一安排下，入驻医疗机构开展医护工作。4月初，该团队结束在汉工作返程。贾晓月表示，自己自愿参与战疫，并获得了政府给予的补助，武昌区卫生健康局为她颁发了"荣誉证书"。队友李护士补充说，在汉工作期间有400元/（人·天）的补助。

武汉市青山区政府决定划出一片杏林，作为这支特殊的医疗队来武汉战疫的永久纪念。与医院组织的大型医疗队相比，他们也许少了一捧鲜花，一列开路的摩托。但他们的初衷就是：服务。为病人早日康复献出自己的一点力量。贾晓月说："我们每个人肯定都不枉此行。其实我觉得自己没做什么，能平安回来就是最大的幸运和安慰了，其他的都不重要了。"南京这家医疗美容门诊部负责人表示，在得知贾晓月支援一线后，医院已经开会讨论，准备给予她表彰和奖励。

他们是真正的"无名英雄"！默默地去，默默地回。他们堪称平凡而伟大。

武汉大学人民医院东院区发热门诊的31名护士集体拒绝换防，理由是熟悉了怎么照顾病人，同时不愿意其他护士姐妹冒风险；感染新冠肺炎痊愈后，"90后"护士贾娜捐献了300毫升血浆，用于重症和危重症患者的血浆治疗……在武大中南医院急救中心，郭琴、赵智刚、李春芳和柏慧等4名医护人员不幸先后感染新冠肺炎，但他们在治愈后都不约而同地选择第一时间返回岗位，继续救治患者，被称为心系患者的"返岗天使团"。

1月22日，武汉金银潭医院副院长黄朝林感染新冠肺炎接受隔离治疗，历经40天磨难，他已经治愈康复，各项体征指标达到健康标准。3月2日上午8时，黄朝林到了办公室，换上工作服，做好返岗准备。

武汉有多少战疫的医者就有多少战疫的故事。

支援武汉的四万余名医护人员，就有四万多个传奇。

（43）

2017年8月15日，国家卫计委有关负责人表示，中国医疗服务总量位居世界之首，医疗质量和医疗服务能力显著提升，医疗质量和可及性进步幅度位居全球前列。

2017年5月，国际知名期刊《柳叶刀》发表了医疗质量和可及性全球排名。其研究显示，自1990年至2015年，中国医疗质量和可及性指数由49.5提升至74.2（全球平均53.7），排名从第110位提高到第60位，进步幅度位居全球第3位。

创造医疗服务总量世界第一的中国医务人员有多少人数呢？

中国医师协会会长张雁灵在2019年医师年会上说，中国医生数量已由1978年的180万人上升到目前的450万人。2011年中国执业（助理）医师为246.6万人。2018年底，中国医师数量达到360.7万。这说明450万人里年轻医师居多。

2018年，中国卫生总费用占GDP比重达到6.6%。各国医疗支出占

GDP 总比例可以划分为三档：10% 以上，5%—10%，5% 以下。在 2018 年前中国卫生总费用占 GDP 比重是 5% 以下，在第三档的下游。

2018 年，中国每千人口医师数为 2.59 人，农村每千人口医师数为 1.8 人。德国、奥地利等发达国家每千人超过 4 人。

如果分科计算是这样的：

麻醉科：我国有麻醉医生 75233 人，每万人拥有麻醉医生 0.5 人，而美国是每万人拥有 2.5 名麻醉专业人员，英国则是 2.8 名。如果按照欧美每万人需要 2.5 个麻醉医生的标准，中国至少还应该配备 33 万名麻醉医生。

全科医生：中国目前全科医生数量为 17 万人，缺口 18 万人。

儿科：全国儿科医生有 6 万多人，缺口 20 万左右。

病理科：病理医生素有"医生的医生"之称，病理医生缺口 10 万。

精神科：全国精神科医生数量有 2 万多名，平均每 10 万人口有 1.49 名精神科医生。

2020 年 2 月 28 日从国务院新闻办公室在湖北举行的新闻发布会上获悉，各地选派支援湖北医疗队达 330 多支，共派出超过 4 万名医务人员，其中重症医学科、感染科、呼吸科、循环内科和麻醉科等专业人员达 15000 多人。也就是中国医生的精英都来到了武汉。这不仅是数字，更多的是质量。也就是说，每一个城市，每一个医疗机构基本上是把最好的医生护士派了出来。武汉展示了中国医生的全貌：最好的医德，最好的技术，最多的付出，最多的情感。在湖北医学舞台上展现了人世间最美的医患关系。这是心血的付出、汗水的付出、生命的付出。因为有生命付出，所以他们被称为战士，是为患者夺命而战，是为保护好自己而生。

第一个倒下的是湖北省中西医结合医院耳鼻喉科医生梁东武，62岁。1月16日疑似感染新冠肺炎，1月18日转到金银潭医院就诊，1月25日，不幸逝世。

第二个是李文亮，35岁，武汉市中心医院眼科医师。2019年12月30日，他向外界发出防护预警，而被称为疫情"吹哨人"。他的去世，世界卫生组织发文称："我们对李文亮医生的逝世深感难过，我们都应该赞扬他在抗击新型冠状病毒上所做的工作。"他生前接受媒体采访时，数次提及，等自己病好了还要上一线，"不想当逃兵"。

他在武汉生活的时间加起来将近13年，形容自己"对那座城市充满着依恋"。最终，这位眼科医生、生活中活泼幽默的东北年轻人，将生命留在了这座自己依恋的城市。

第一个倒下的护士叫柳帆，2020年2月14日18时30分，抢救无效逝世。她是武汉市武昌医院梨园街社区卫生服务中心注射室护士。2016年退休后，她被武昌医院门诊注射室返聘。三年前，医院门诊注射室取消，被派到该院下属的梨园街社区卫生服务中心注射室。柳帆的领导老王院长说，柳帆今年59岁，他们共事30余年。柳帆性格随和、爱说爱笑、工作认真，执行医嘱从未出过差错、事故，护理技术非常过硬。如果柳帆没有感染新冠肺炎，再过一年续聘期满，就可安度晚年。可惜，她没能等到这天。请记住，1月27日，她父亲去世。2月2日，她母亲去世。2月14日，她与她弟弟同天去世。她弟弟叫常凯。新冠肺炎夺去了他们一家人的生命。

第一个逝世的医院院长是刘智明。他是湖北十堰人，1969年生，出身农村，一路奋斗。1991年毕业于武汉大学医学院。生前任武汉市武昌医院党委副书记、院长，也是一名主任医师、博士、神经外科专家。1月22日傍晚，武昌医院被宣布为收治新冠肺炎患者的定点医院，刘智明在动员会上说："这是项艰难而光荣的任务，一定要不辱使命！"

1月23日，医院开始转运新冠肺炎病人，要把近千名患者安全转运到对口医院。从白天到凌晨，数十辆救护车警铃声未曾停断，刘智明院长一天没合眼。医院改造刻不容缓。要将综合医院改造成具备收治呼吸道传染病能力和配套相关设施的专科医院，他日夜在现场。接下来，是药品供应、医护和病人的用餐、职工临时住宿……要保障全院1000余位职工和500余位病人的治疗和生活。医院改造完，病人像潮水一样涌入。床位很快不够，他又安排后续工作，当医院救治工作步入正轨时，刘智明自己住进了病房。之前，他已经开始发烧，戴着口罩，和大家保持着距离。怕影响医护人员士气，他悄悄地住进病房，知道的人很少。他多次询问之前和他工作接触人员的身体状况，总担心自己把病毒传染给了他人。

住院后，医护人员趁着会诊、查房，去看望他，他已经很虚弱了，戴着面罩，无法自主活动，翻身都无比艰难。有人忍不住哭了，他坚强地微笑着说："疫情会很快结束的，我有信心。"这是刘院长的留言。他没有等到疫情结束，2月18日10点54分走了，一位"以我生命，守护生命"而受人尊敬的院长，未来得及与妻女告别就这样走了，51岁的他还有多少抱负与担当啊。18日下午，受中共中央政治局委员、国务院副总理孙春兰委托，国家卫健委副主任于学军代表中央赴湖北指导组，前往武汉同济医院中法新城院区，对刘智明院长不幸逝世表示哀悼，向家属表示深切慰问："刘智明同志是我们的好榜样，自疫情发生以来一直战斗在一线，为救治患者贡献自己的力量，我们不会忘记。"

逝去最年轻的帅哥医生叫彭银华，29岁，武汉市协和江南医院（武汉市江夏区第一人民医院）呼吸与危重症医学科医生，在战疫一线不幸感染新冠肺炎，因病情恶化，经抢救无效，于2月20日21时50分在武汉市金银潭医院去世。若不是这场疫情，他本打算正月初八举办婚礼，推迟的婚礼再也无法举行了。

逝去最美的的天使叫夏思思，与彭银华一样的年纪，与彭银华一样的职业，一样拥有美丽的心灵。她是武汉协和江北医院（蔡甸区人民医院）消化内科医生，在救治病人过程中不幸感染，1月19日开始发高烧，立即送往武汉大学中南医院。几经抢救，还是走了。生命终结在2月23日凌晨6时30分那一刻。第二天武汉市妇联决定追授夏思思为武汉市三八红旗手。数日后国家卫健委等四部门联合追授夏思思为全国疫情防控工作先进个人。

医护人员不需要用这样的方式铭记，不愿以这样的方式离开人间；国家危难时刻医者应该挺立逆行，百姓需要时医者应该呵护在患者身边。她只有29岁，医院消化内科最年轻的医生，大家昵称她"小甜甜"，她有一个从初恋走过11年的丈夫，有一个天真可爱的2岁儿子，都在等她回家，她再也回不去了！思思，你带着对亲人与病人的思念走了，留下了亲人与病人对你的永久思念。你的名字叫——思思！

与思思同一天离开这个世界的医生还有海南省琼中阳江农场医院医师杜显圣，55岁。1月18日在工作过程中开始发热、咳嗽，确诊感染新冠肺炎，2月23日12时心脏骤停，经抢救无效病逝。还有孝感市中心医院呼吸内科副主任医师黄文军，42岁，2月23日逝世。他曾在1月24日写下请战书"岂因祸福避趋之"。

协和武汉红十字会医院普外科医生肖俊（40岁）和鄂州市中医院明

塘分院前院长许德甫（63 岁），都因感染新冠肺炎分别于 2020 年 2 月 8 日 18 时 13 分和 2 月 13 日去世。许德甫曾被评为鄂州市第三届"十大名医"。

损失最惨重的是华中科技大学，那里是重灾区。截至 2 月 22 日，华中科技大学已有 5 位教授因患新冠肺炎离世，他们分别是中国工程院院士段正澄，中国著名预防医学教育家、妇幼卫生专业创始人刘筱娴，中国知名器官移植专家林正斌，博士生导师、楚天学者（特聘教授）红凌，华中科技大学社会学院教授柯卉兵。

已经陨落的精英太多。一线医务人员倒在岗位上再未站起来，一些领域的顶尖人才不幸感染病毒被夺取生命。生命终止，事业终止。尽管时间的车轮依然向前，国与家在向前的进程中一定会减少或失去许多许多。

损失医生最多的医院是武汉市中心医院。

甲状腺乳腺外科党支部书记、主任江学庆，55 岁，主任医师、中国医师奖获得者，于 2020 年 3 月 1 日凌晨 5 点 32 分在武汉市肺科医院因新冠肺炎去世。

梅仲明，57 岁，眼科副主任，从医 30 余年。于 3 月 3 日中午 12 时去世。

朱和平，67 岁，眼科副主任医师，3 月 9 日因感染新冠肺炎不幸去世。他一直在南京路眼科门诊工作。同事对他的评论是："他是一个极其安静的老实人，安静地给人看病，安静地跟人谈话，安静地戴上老花镜，安静地交给患者处方。安静地感染上病毒，安静地在家隔离，安静地因为病情加重来到急诊，安静地住进重症监护室，最后安静地离开了人世。"

这家医院超过 200 人被感染，其中包括三个副院长和多名职能部门主任，多个科室主任需用 ECMO 维持。李文亮就是这家医院的医生。这家医院领导是怎么样的一个团队，不想饶舌，读者自明。

还有许多医务工作者没有染病，而是累死在岗位上。

他是网上报道的累死的第一个医务工作者。1月23日是宣布武汉封城的一天，第二天是大年三十。他还在岗位上忙着，他是感染科医生。发热病人太多了。大年三十要继续当班，病人发热不会停止。1月23日下午2点上班，他在病房查房后即去发热门诊，那儿有许多排队的病人在等他。步履匆匆，有点体力不支。一连几天的劳累积蓄袭来，他倒下了。举全院之力抢救，也没能挽回他的生命。15点他离开了这个世界。门诊等他，病人继续等他，希望他只是短暂的不适；妻子女儿在家等他回家欢聚，他永远不会回家了。他是江苏泰州市人民医院感染科医生姜继军副主任医师。他的同事都明白，他太疲劳了。新冠肺炎疫情以来，接诊人数比平时多出两三倍。科室人员不够，超负荷运转。他业务水平高，服务态度好，同事患者都需要他。病人要他解释，长达一两个小时他也不烦，没有怨言。他是30年院龄的好职工，兢兢业业的好医生，没有留下一句话，不辞而别，走了。在战疫正需要医生的时刻走了。他只有51岁啊。

1月25日又传来噩耗，福建省南平市浦城县仙阳镇中心卫生院副院长毛样红驻守在高速检查站，检测过往车辆，给司机测体温。早上，他与家人告别时说："我是共产党员，我必须到第一线去。"晚9时许，一辆轿车看到信号，误将油门当刹车，车辆失控撞向毛样红。经抢救无效，毛样红当晚去世，因公殉职，时年51岁。

1月27日，内蒙古兴安盟科右前旗察尔森镇沙力根嘎查村医，天生残疾，一直坚守在抗疫一线，突发疾病，逝世在工作岗位上。他叫包长命，还只是50岁。

江西省赣州市大余县疾病预防控制中心医师蒋金波，在疫情期间负责在隔离病房进行流行病学调查。1月28日23时50分，蒋金波因劳累过度突发心梗，经抢救无效不幸去世，时年58岁。从1月15日到28日，他一直坚守在岗位上。

因夜以继日的工作疲劳致死的医务人员越来越多，几乎隔日可见。

张建华，50岁，男，汉族，陕西省旬邑县人，生前为旬邑县湫坡头镇卫生院公共服务岗位上的普通一员。2020年2月3日，在为湫坡头镇财政所消毒途中突发昏迷，经抢救无效去世。陕西省卫健委2月21日印发《关于追授张建华同志"三秦最美医务工作者"称号的决定》。

2月3日，湖南省衡阳衡山县东湖镇马迹卫生院药剂组副组长宋英杰，从大年初一开始在高速路口排查值班，独自负责卫生院仓库医疗物资分发，连续十天九夜奋斗在防控一线。3日零点值班结束交接完班后回到宿舍，因劳累过度引发心源性猝死，因公殉职，正值芳华，只有27岁。

2月4日，河南郏县冢头镇北街村卫生室村医姚留记，在村级防控监测卡点，突然晕倒，经抢救无效，猝然去世，享年68岁。

2月7日，南京市中医院副院长徐辉，也是医院新型冠状病毒感染肺炎防治工作小组组长，在抗击疫情的工作中，因多日连续超负荷工作，劳累过度致病，抢救无效，于凌晨0点3分猝然离世，享年51岁。

2月9日，黄冈市疾控中心预防医学门诊部副主任张军浩，连续"抗疫"16天后，工作中突发心肌梗死，不幸殉职，刚进入57岁。

2月10日，河南许昌长葛市董村镇新王庄村村医王土成，连续多日奋战在抗击新冠肺炎疫情一线，突发急性心肌梗死致死，正值壮年，37岁。

湖北随州广水市太平镇群联村卫生室村医左汉文，46岁。2月15日，突发心脏病，倒在岗位上。

江苏启东市南阳镇社区卫生服务中心病房组长朱峥嵘，48 岁，连续 20 多天的高强度工作后，全身多脏器功能衰竭。2 月 22 日傍晚 6 时，抢救无效离世。

广西贺州市八步区灵峰镇卫生院副院长钟进杏，32 岁，2 月 28 日，因日夜奋战在抗疫一线，劳累过度猝死在卫生院宿舍。

因劳累过度，猝然离世的医生不在少数。这完全是可以避免的，职业的责任心总以为能够扛住，每一个医务工作者都是这样安慰自己：忙完这一个就结束。医生生命不会因另一个生命的存在而继续跃动。说停，就停；说走，就走了。医生为他人是向死而生；医生自己肩上担着沉重的担子，负荷前行时，也是向死而生。医生永远行走在生死之间。为他人，为自己。往往在关键的档口忘记了自己。他们不是英雄，不是劳模，是职业所系，敬畏生命尊重生命而忘了自己。如外科医学泰斗裘法祖所言："德不近佛者不可以为医，才不近仙者不可以为医。"

自武汉卫健委在 1 月 11 日发布《关于不明原因的病毒性肺炎情况通报》中报告死亡 1 例至 3 月 27 日 10 时 32 分，全国因新冠肺炎累计死亡 3298 例，湖北累计死亡 3174 例。子女永远会记住逝去的父母，父母会永远记住逝去的子女，残缺的家庭破碎的心，无尽的思念流不完的泪。走出悲伤需要时间，需要理智与未来之光的温暖。逝者家属的每一个人都在，也会艰难地走出不堪回首的孤凄寂寥的草地。

常凯，湖北电影制片厂导演。他在病中讲述了很多。他承担推进戏曲振兴的国家文化工程，致力于将戏曲名家演绎的经典剧目以尽可能完美的影像资料形式加以保护和传承。曾参与电影《我的渡口》、楚剧《可怜天下父母心》等作品的拍摄制作。一切烟飞云散。他事业未竟，有多少事他想去参与、去完成啊。大年初一，他的父亲发烧咳嗽、呼吸困难，送至多家医院，因无床位，被迫回家自救。初三去世。初九母亲去世。2月14日，他与姐姐同一天去世。短短17天，家中4人相继离世。

1月26日下午，武汉市民宗委原主任、正局级领导王献良因感染新冠肺炎，抢救无效去世。这是第一位感染新型冠状病毒去世的官员。

1月27日晚上，曾任湖北省黄石市委副书记、黄石市市长、长江财产保险股份有限公司董事长的杨晓波在武汉大学人民医院去世。他是首位因感染新冠肺炎去世的金融业高管。他是湖北天门人，美国俄亥俄大学工商管理硕士。他主政黄石时，带领这座矿产枯竭的三四线城市摆脱了对资源的依赖，成功实现经济转型。他掌舵长江财险六年，2020年1月1日在长江财险的新年致辞中，杨晓波展望新征程，表示将带着初心、使命感恩再出发，并号召长江财险全体员工"不断筑牢'根''魂'优势，以家国天下的情怀，不忘初心再出发"。

刘寿祥，因新冠肺炎于2020年2月13日逝世，享年62岁。湖北武汉人，毕业于湖北艺术学院美术系师范专业，曾为中国美术家协会水彩艺术委员会副秘书长，湖北美术学院美术教育系原主任、教授、硕士生导师。

医者与大家一样每天都关心信息给予的这一组组跳动的数字，每一个数字不仅仅代表一个人，更是一个家庭，甚至一个群体的沉重损失。在从个位到百位、千位的数字变化里让医者揪心的是生命的不断逝去。医者的责任与医学的无奈常常撞击着医者的心扉。无法想象，有多少人的一生命运都可能就此彻底改变。人生目标的路断，家庭亲情的失去，令人不忍再看的客观现实，生命脆弱尽数展现，数字中的群体更多的是平民百姓，他们的离去只是户口簿上的减法，很难有人理解他们的悲戚。他们来到这世界一无所有，走的时候一无所得。他们活在对子女的牵挂里，他们逝在子女的思念里。每一个人永远都不知道明天和意外哪个先来。医生面对疾病、面对意外对每一个人均一视同仁，都会竭尽全力。

2020 年清明节前两天，湖北省人民政府根据《烈士褒扬条例》和《退役军人事务部　中央军委政治工作部关于妥善做好新冠肺炎疫情防控牺牲人员烈士褒扬工作的通知》精神，评定王兵、冯效林、刘智明、江学庆、李文亮、肖俊、吴涌、张抗美、柳帆、夏思思、黄文军、梅仲明、彭银华、廖建军等 14 名牺牲在新冠肺炎疫情防控一线人员为首批烈士。

在"战疫"的日子里，医者几乎每天都会遭遇难以接受的悲痛消息，压住了悲痛又去抢救另一个生命。对人生和生命的深刻内蕴的领悟已经融于医生的工作之中了，尽管每天是那样惊心动魄，而他们始终心静如水，善待一切。

中国医者会记得：凡大医治病，必当安神定志，无欲无求，先发大慈恻隐之心，誓愿普救含灵之苦。若有疾厄来求救者，不得问其贵贱贫富，长幼妍媸，怨亲善友，华夷愚智，普同一等，皆如至亲之想。亦不得瞻前顾后，自虑吉凶，护惜身命，见彼苦恼，若己有之，深心凄怆，勿避险巇，昼夜寒暑，饥渴疲劳，一心赴救，无作工夫行迹之心，如此可做苍生大医，反之则是含灵巨贼。

中国医生入学时都举手背过这样的词：健康所系，性命相托。

当他们步入神圣医学学府的时刻，庄严宣誓：我志愿献身医学，热爱祖国，忠于人民，恪守医德，尊师守纪，刻苦钻研，孜孜不倦，精益求精，全面发展。

我决心竭尽全力除人类之病痛，助健康之完美，维护医术的圣洁和荣誉，救死扶伤，不辞艰辛，执着追求，为祖国医药卫生事业的发展和人类身心健康奋斗终生。

每一名护士都牢记住了南丁格尔的誓词："终身纯洁，忠贞职守。勿为有损之事，勿取服或故用有害之药。尽力提高护理之标准，慎守病人家务及秘密。竭诚协助医生之诊治，务谋病者之福利。谨誓！"

全世界各国的医生都遵循着"医学之父"希波克拉底的誓言行医，中国医生也不例外。

誓言中说："我要遵守誓约，矢忠不渝。对传授我医术的老师，我要像父母一样敬重。对我的儿子、老师的儿子以及我的门徒，我要悉心传授医学知识。我要竭尽全力，采取我认为有利于病人的医疗措施，不能给病人带来痛苦与危害。我不把毒药给任何人，也决不授意别人使用它。我要清清白白地行医和生活。无论进入谁家，只是为了治病，不为所欲为，不接受贿赂，不勾引异性。对看到或听到不应外传的私生活，我决不泄露。"

这是希波克拉底（前460—前470）立下的誓言，一直传承至今。文明是可以传承的，人类在与瘟疫的斗争中就是依靠着这样的文明一直走到今天！

全世界的医者都值得尊重。人性，道德已经融于世界各国医者的血脉里。

正如习近平在湖北省武汉市考察新冠肺炎疫情防控工作时所指出的，在湖北和武汉人民遭受疫情打击的关键关头，广大医务工作者坚韧不拔、顽强拼搏、无私奉献，展现了医者仁心的崇高精神，展现了新时代医务工作者的良好形象，感动了中国，感动了世界。

这就是中国医者！

书后感言：
生命是一片绿叶

　　生命是一片绿叶，绿叶要感激根的情意。

　　疫情初始，我的确没上心，以为是"非典"重演。大年三十的头一天还参加了一个患了心梗的病人的外科急诊手术。不在手术室，在 ICU。直到封城的前一天，才感受到戴口罩的重要性。因为，从武汉回来了大批返乡农民工，他们发热。这才感到病毒聚在身边了。

　　是 2 月上旬的一个晚上，准备睡觉的时分，我手机响了。哦，是李月华，我接了。她是我另一本书的责编。以为是催促老书稿。她说："想做一本书。新书。"

　　"是新选题。你关心疫情了吗？惊心动魄，医生的行动感人至深。这是一场大战。我们不要缺席。"她似乎比较激动，这只是对声音与语气的感觉，不敢辨真伪。我没多说，只是礼节性地回答，静静听她讲述。手机里她讲述了半小时。

　　第二天晚上手机又响了，劲响。我只好接。

我问："你真想做？"

"真想。"

"采访怎么办？"

"你会有办法的。"她恭维了一句。

"难啦！"我说。

"是难。所以您写最合适！"又是一句，我受不了啦。

五个字是鼓劲，也是事实。我是喜欢写报告文学的医生。

我复习了一下资料，找了一线医生聊聊。向武汉的同学、亲戚询问，找母校的师兄弟作了一个小调查。我真的感动了。几乎是一致的支持："写吧！"老主任说："这是历史上从来没有见过的疫情。"

"历史上发生的任何灾难医生都没有缺席，要记下啊！"

"人类为什么记住了伍连德？"

是啊，医生在灾难中冲锋陷阵时，记录者同样不应缺席。98抗洪、08汶川地震、三年援建、抗击非典，我都去了。这次，也应义不容辞。我做出决定的原因是：尊重生命，尊重医生是我们家的家风。我家三代人中，11人在医院工作，9个是医护（含女婿），5个是主任医师（两博两硕）。母校都是同济协和与武汉大学医学院，后代还想继续学医。已经出版了28本报告文学。为医生写一本礼赞的书本是我告别人间之前的愿望。感谢江西人民出版社张德意社长与李月华编辑，给了我这个机缘。

要感谢家乡的山水，我是武汉人。故乡的山水、母校老师给了我生命的灵魂。我人生青春的轨迹留在武汉：阅马场小学，大东门的十五中学，东湖畔的湖北医学院。我经常坐轮渡去江汉关，沿着江汉路直奔花楼街的古旧书店，去江汉路、中山大道的新华书店，捧着书，一看就是一天。后来辗转调入江西医学院，在南昌工作四十余年，乡情未减半分。忘不了那一首家乡的民歌《汉阳门花园》："……十年冇（武汉方言，没有的意思，念冒）回家，天天想家家（武汉方言，外婆之意），家家也每天在等着我，哪一天能回家？铫子煨的藕汤，总是留到我一大碗……"凡人琐碎的事，普通百姓的话，家乡的词，家乡的调，平平淡淡中饱含深情，哪个武汉游子听了，哪个武汉游子更想家。这首汉味民谣，把我带回了武昌的黄鹤楼、汉口的花楼街、汉阳的龟山，让我对武汉、对家中老人的怀念浓如烈酒。我会情不自禁地唱起青春时代同学们自己编的一首赞美武汉的歌，歌词内容都是早点：

    我爱武汉的东湖，我爱武汉的碧水蓝天。我最爱武汉的热干面，面窝软又脆，汤圆香又甜。要问我还爱什么？我最爱在中山公园里，放放风筝聊聊天。

    我爱珞珈山的樱花，我爱黄鹤楼前的江波云烟。我最爱烧卖味道鲜，糯米包油条，汤包美名传。要问我还爱什么？我最爱在中山大道上，喝喝饮料逛逛店。

    疫情过后，热干面、烧卖、面窝一样地招人喜爱，生活如溪水继续缓缓向前流动。我要感谢我的家乡与我的亲人，他们给了我激情与关爱。太多的同学、同事、朋友支持我写这本书，他们有太多的话要说。只是我水平有限，难以表达出他们的大医情怀。疫情发生以来，我一直这样想：如果没有这场围剿病毒的人民战争的大环境，病毒阵地会自己退缩吗？会越来越小吗？那段时间，我心里、我耳畔总想着一支歌：我和我的祖国一刻也不能分割……

    幸好自己生命还健康，我还能参与见证人类这次疫情灾害的战斗。接到我武汉学生的微信：老师，我们都是一片绿叶，唯愿生命之树常青；我们是逆行者，也是追光者。万家灯火团圆日，正是医者归家时。我想问：你是"常"好，还是"长"好啊？

我这样回复：生命不可能人人长命百岁。人生路上像你这样有目标、有希望、有激情的人，生命之树的源泉就不会干涸。生命与健康是相互依附的。医生的崇高就在于职业的神圣，医生是生命的守护神。医者自己也是一片绿叶。

防疫、战疫的故事在中国大地上广为流传，疫情没有宣布结束，防疫、战疫的故事还会延续下去。本书结束的时间节点选择在："战士回家"；范围选择在：大背景下的赣鄂两省携手战疫。看到听到全国新增病例在下降，有的城市新增连续为零。人们希望尽快恢复疫前的生活。疫后生活会像从前一样吗？不会，绝对不会。

专家说，防疫、战疫也许是一个长久的话题、长久的工作。面对"绝对不会"，留下几行文绉绉的字：世界上没有两片完全相同的绿叶，人生路上没有重复的花朵。徜徉森林里喜看青枝吐绿，那是生命对生命出世的欣喜与迎接；伫立花丛前怜惜花开花落，那是生命对生命逝去的怜爱与悲戚。脚下的小草、头上的飞鸟，有一天都会逝去，但又一丛小草萌生，又一群小鸟飞来。不是所有的鱼都会生活在同一片江河里，不是所有的江河都流向大海；小草吐绿了，不要去践踏，小鸟飞起了，不要举枪。生命之树的长青是一天又一天，一年又一年，一种渐进的生命过程，生命在传递传承中新陈代谢生生不息。生命是一片绿叶，应该珍惜。花开花落、叶绿叶枯是自然现象。重要的是不要去虐待损伤生命。仁医仁术，给小草留下了温暖，给大树留下了春风。

疫情也许会反弹，病毒也许会再现。故事还在继续，生命只有一次。

我记录的是那个隆冬的故事，继续的故事等待你去书写。我们热爱生活，更热爱生命，生命就是一片绿叶。看完这本书请带去我的祝福：热爱生命，健康人生；关爱自己，不忘他人。

我要感谢南昌大学一附院的舒明书记、张伟院长与李敏华副书记。我找院领导汇报写书之事，他们回答两个字：支持。立马组织了材料素材采编小组，并为我配了一个助手。

谢谢！谢谢同事同行们，谢谢读者！

最后要说的话是：在这段日子里，请你继续戴好口罩，继续不要外出，不要聚会。目前面对病毒只有三件法宝：自我隔离、戴好口罩、等待疫苗。

宜将奋勇追穷寇，不可放弃戴口罩。

作者

于南昌大学一附院医生值班室

2020 年春节后—2020 年清明节

附　录

全国抗击新冠肺炎疫情先进个人表彰对象

张　伟（女）南昌大学第一附属医院院长，主任医师

祝新根　　　南昌大学第二附属医院副院长，主任医师

刘良徛　　　江西中医药大学附属医院副院长，主任中医师

熊鸣峰　　　南昌市洪都中医院副院长，主任中医师

李福太　　　江西省人民医院感染管理处处长，副主任医师

舒　维（女）江西省胸科医院呼吸科副主任医师

杨辉利（女）南昌市新建区人民医院护理部副主任

邓媛媛（女）南昌市第一医院院感科主治医师

邹　颋（女）九江市第一人民医院重症医学科副主任

吴智丽（女）九江市瑞昌市人民医院护师

徐立新　　景德镇市第二人民医院感染科主任，副主任医师

李　乐　　抚州市第一人民医院重症医学科副主任医师

彭小勇　　新余市渝水区疾病预防控制中心流行病科副主任医师

杨　曼（女）鹰潭市贵溪市人民医院呼吸内科主管护师

朱运林　　赣州市人民医院重症医学科副主任医师

李媛媛（女）赣州市立医院主管护师

赵　冲　　宜春市人民医院呼吸与危重症学科主治医师

聂　庆（女）宜春市丰城市人民医院护师

甘　露　　上饶市人民医院重症医学科主治医师

袁水生　　吉安市中心人民医院呼吸科主治医师

李　铭（女）抚州市第一人民医院神经外科护师

饶鹏程　　江西铜业集团（铅山）医院党支部书记，副主任医师

付俊杰　　江西省疾病预防控制中心环境所所长，主任医师

蒋金波　　赣州市大余县疾病预防控制中心原副科长，主管医师

刘　稳　　南昌市公安局红谷滩分局沙井派出所原所长

唐　诚　　九江市公安局濂溪区分局妙智派出所所长

蒋剑波　　上饶市公安局信州分局高铁警务站党支部书记、站长

晏玉红（女）江西省女子监狱劳动改造科副科长

熊建华　　萍乡市湘东区湘东镇泉塘村原党支部书记、村主任

江晋斌　　赣州市南康区东山街道党工委书记兼南水新区党工委书记

何小艳（女）九江市浔阳区白水湖街道办事处党员服务中心主任

余　梅（女）景德镇市珠山区新村街道梨树园社区党委书记、主任

张晓玲（女）吉安市吉州区文山街道仁山坪社区党总支书记、居委会主任

杨继红　　江西日报社视觉中心首席记者

李　辉　　南昌市卫生健康委员会疾病预防控制处（卫生应急办公室）处长

全国抗击新冠肺炎疫情先进集体表彰对象

江西省援鄂医疗队

江西民政系统驰援湖北工作队

南昌大学第一附属医院重症医学科党支部

江西省疾病预防控制中心疾病控制检验所

江西省公安厅科技信息化总队党支部

九江市卫生健康委员会党委

江西海福特卫生用品有限公司

赣州市章贡区赣江街道钓鱼台社区党委

江西建工第二建筑有限责任公司

南昌昌北机场海关党总支

全国优秀共产党员表彰对象

祝新根　　南昌大学第二附属医院副院长，主任医师

刘良徛　　江西中医药大学附属医院副院长，主任中医师

杨辉利（女）南昌市新建区人民医院护理部副主任

刘　稳　　南昌市公安局红谷滩分局沙井派出所原所长

何小艳（女）九江市浔阳区白水湖街道办事处党员服务中心主任

全国先进基层党组织表彰对象

南昌大学第一附属医院重症医学科党支部

九江市卫生健康委员会党委

江西省公安厅科技信息化总队党支部

赣州市章贡区赣江街道钓鱼台社区党委

来源：《人民日报》

附录2　江西援鄂医务人员全名单（1271位）

第一批

王　卓	祝新根	喻　杰	曾林祥	万　松	左慧敏
饶运帷	杨文龙	李福太	熊　政	刘晓辉	邓媛媛
王义为	柯有韬	李　强	徐立新	黄正明	袁水生
徐春燕	刘小燕	樊　笑	吁慧娜	熊淑珍	邓　久
吴丽花	曹群梅	程　斌	刘　涛	欧阳松茂	韦华璋
郭　昆	赖永辉	赵　冲	陈　林	朱运林	邹志胜
赵　琳	周　朗	刘文婷	陈上学	罗钦勋	蒋孔明
梁文英	李　铭	曹　晶	戴小燕	高梅梅	涂杏然
邹俊韬	高雪萍	历风元	叶文峰	徐晶宜	万宇频
周　金	韩　飚	徐　超	毛志发	钟义华	翁建光
刘素珍	赵　青	沈佩雷	李　乐	刘　璐	黄　琳
周世妹	康　云	余小燕	朱荔昆	汪　琴	周莉莉
杜雪英	韩海云	吴白慧	吴小华	曾明婷	李　洁
朱凌倩	刘志红	汪广凤	曾晓琴	黄秀华	罗玉芳
曾桂花	卢　艳	饶海红	杨　娟	董美玲	吴燕蓉
陈丽娟	姜　超	代丹丹	衷文婷	喻　华	陶　颖
李赛金	杨小刚	余小云	甘　露	陈钰浠	胡　晶
史荣萍	余知依	朱海燕	谢奕亮	熊悦涛	易凯芳

邹 令	杨 娜	黎 雯	张 乐	黎曙霞	邵青霞
詹勇慧	余素娟	占艳芳	钟双凤	涂理花	张梅芹
夏引芳	何 林	肖 钺	李媛媛	邱雪花	李靓萍
曾 璐	陈 莹	聂 庆	王婷婷	游雪娇	王 禄
朱家毛	王馥君	张 强	彭蓉萍	董红红	朱慧敏

第二批

唐浪娟	程 薇	徐 丹	陈珍珍	伍 超	陈月萍
刘 鑫	邹 燕	李 莉	文秀兰	王 媛	刘星华
罗 燕	曾燕晶	双小燕	周冬莲	季 媛	万 芬
秦志文	彭丽燕	闵彩云	欧阳萍	刘筱珺	王 婷
杨 群	章小丹	帕让甘鹏燃	余 娇	江 魏	吴美凤
刘 洁	张 觅	魏 婷	唐 杰	何 珍	陈斌燕
涂 琳	李 稳	吴 莹	蔡淑红	罗 宇	杨辉利
沈晓炎	邹 丹	谌文静	胡 佩	殷美霞	章 婷
李 燕	蔡紫云	段云霞	熊 红	谭紫忆	冯美英
郑丽琴	金玉梅	李红花	殷 慧	钟海丽	周忠忠
廖 婷	吴连祯	吴泽娣	曾冬珍	刘 瑜	张 慈
钟玉芬	杨 曼	廖 伟	易 晶	李 娇	杨 成
张灿玲	应红波	李 洁	熊 丹	胡著芹	付爱清
方素萍	盛 蕾	章 莹	俞嘉昳	杨蓓琦	柳群艳
黄娟萍	汪玉枝	胡丽平	钟 盼	梁欢欢	陈 芬
李小芳	周李香	胡 星	龙婷婷	李政嫱	魏乐琴
吴 燕	邓啟双	许 芬	郑媛媛	王印花	

第三批

谢建文	黄　清	吴佳健	方小梅	瞿璐吉	侯　良
朱涟敏	宇　翔	杨丽兰	吴西雅	李俊玉	刘　珊
万　婷	吴支喜	唐文静	李少峰	胡家旭	魏益平
邓丽花	聂　同	舒　欣	罗　丹	邹程燕	邓小香
吴　芳	胡耀飞	吴　婷	谢　璐	李超琴	罗　艳
胡志华	付正芳	高成军	廖娅婷	邹　颋	张会娜
吕华玉	杨　柳	黄　碧	刘新举	艾秋旬	汪明雪
喻秋平	查小琴	吴智丽	程柚圆	洪鑑光	余　丽
余英荪	吴芷钦	许　娴	沈　娟	鲍燕芳	陈　明
刘炎萍	谢玉兰	陈继林	彭　婷	陈丽婷	胡　婷
刘　毅	余　华	柳　霞	陈抚平	方　佳	王　陈
徐　琼	徐辉艳	徐港连	陈彩萍	高明龙	赖晓勇
陈灵伟	曾福梅	陈慧芳	刘　燕	康莉萍	王启平
谢小梅	郭惠香	任智珍	陈锦峰	陈　琛	冯丽萍
黄显斐	郑文龙	张伟红	张金财	严　俊	付苑歆
邹　慧	袁善斌	雷慧娟	黄　琴	王　玲	杨小艳
肖　嘉	王梅珍	陈　阳	袁玉娇	戴福荣	杨　政
郑海珍	郑　芬	胡海霞	王富波	李智琴	徐美瑛
吕信华	姚翠玲	汪云梦	齐秋梅	孔爱民	何　敏
刘建华	王　芬	李兰红	徐庆金	刘　娟	廖剑平
彭　涛	郭　青	袁小莲	袁雨娇	刘　佳	张　玲
罗蕴琛	徐晓明	罗文英	邓卫国	王圣英	唐荣繁
吴巧珍	陈萍华	颜　红			

第四批

张维新	向　晖	肖翔宇	陈　志	孙黄涛	鄢　波
龚志斌	欧阳长生	李　凡	罗斌华	卢其玲	张祖英
廖满飞	赵婉如	罗　佳	蓝　欣	黄自珍	詹芳芳
范俐华	罗琼清	涂乐佳	周多琦	熊　云	周宇璇
朱宇佳	段娟娟	邱莹莹	徐连强	陈　凯	吴国军
罗　强	郎飞虎	胡宇峰	杨　帆	喻燕春	蒋　俊
李守伟	张云柏	王海平	李　洪		

第五批

陈　敏	江东灿	黎　峰	刘　敏	龙菊香	李占峰
周志华	万长霞	吴　伟	吴　凡	李　航	郑荣林
杨继红	陈地长	陈懿建	许喜闻	孙　群	唐晓媛
黎　琪	胡美玉	林　海	王　俊	陈姝燕	邱兴庭
康满云	明心海	王　芬	郭　林	胡　君	余腊梅
张　赟	李健雄	徐　刚	谢　昀	曾小军	李召军
李宜锋	傅银娣	赖红琳	易卫环	龚梦云	何耀琴
李腾龙	许建宁	熊丽玲	刘桥生	王省堂	陶玉茹
胡燕燕	李　超	邓明鸿	陶丽玲	涂　堃	戴莉璟
周颖婷	张燕燕	万凯琳	叶仁江	段晓萱	王　倩
郭宝明	曾焱英	石建邦	胡　健	瞿丽娟	金甜甜
王玉华	陈玉玲	何晓维	林红兰	王治华	范琦茜
吴庆飞	张海容	丁一梅	江　帆	吴贤秋	唐海芸
张海琼	谢秋霞	卢美玲	易　勇	张翊欣	史　鹤

刘佳星　刘仲阳　刘桃　祝正誉　严琳　吴韧洁
黄乐　王书明　王冠兰　孙芬芳　胡锦清　邱艺
胡诚　邹蓉　王佳　钟春兰　杨莉　朱尚文
肖谦　李莉　成娟　朱志方　刘静　邓育航
钟庆媛　闵香连　刘君　林童　彭丽欢　何树添
朱地养　胡月鹏　刘丽芳　黄黎　傅丽萍　施艳
宋枝　刘楚君　章奇　曹志忠　饶鹏程　王振霞
裴玉苹　徐富武　彭志慧　李萍　王利芳　董日
吕学富　叶荣峰　颜伟中　曾小莉　刘娟　刘晓龙
胡春艳　刘雪妹　刘萍　刘鸿宇　朱敏　乐丽华

第六批

洪涛　吴佳乐　吴眚　曾振国　丁成志　杨玄勇
雷宇鹏　周益毅　戴少华　淦鑫　陈淑云　万璇
陈传辉　胡根　万道谋　姚晖明　黄建生　钟渊斌
葛善飞　赖玲玲　张文峰　章琦　汤佳珍　黄先豹
舒徐　黄江　彭小平　殷然　文通　杨柳
王瑜　刘晓明　唐建　曹春水　毛洪涛　张友来
梁颖　彭德昌　朱小萍　罗佛全　曹英　凌华
张牡霞　金星　刘玲　叶柄锋　罗燃燃　余舟
袁茜　贾婷　喻企青　吴琦雯　刘泽圣　陈杨媛
叶李莎　吴映霖　刘骏　陈淑婷　汪芳　黄丽青
桂玲　来娇　何媛媛　章芳　徐洁　吴军
孙洁　李珊珊　张巍　刘智勇　许奔　王薇

谢晓娜	熊振强	胡红梅	杨琴	兰全明	万赟
董露露	尚清	吕林荣	余爱云	傅欣瑶	刘瑶
汪芬	郭桂芳	杨洋	吴燕	陈卉	李阿芳
杨阳	邹维	朱莞萱	张庚华	王萍	吴翠丽
郑莉瑶	黎凤	姚佳丽	李敏	王丽晖	陈舞英
袁朋朋	吴弯弯	赵娜	章志伟	江瑶	许庆琴
伍琪	周红燕	夏莹	黎一群	张琪	朱江珍
沙娟	黄娇	肖军健	张勋	吴艳	李苏田
赵东旭	胡芷君	陈景华	廖少源	朱陈梅	尹玉婷
赵云	易宇玲	肖雅萍	陈佳琦	黄庭	黎婷婷
刘莉	吴晓春	付淼	阚静	李州	马久红
胡翌	杨青	庞水子	徐建军	何显炬	龚园其
李福星	王萌	高仪	王恺	毛盛勋	邹镇洪
邱结华	张心怡	张志忠	陶少宇	王开阳	胡谦
梅舒翀	王义兵	詹亚琨	鲍立杰	王丹丹	陆鹏
席文娜	孙珂	章诺贝	黄神安	郭明	华福洲
陈勇	邓福谋	胡衍辉	杜晓红	郭莲	王洪涛
袁林辉	梁应平	刘琴	胡磊	张超	罗玲
熊芳婷	谢湘梅	万思	李飞红	李彦珊	徐婷
陶洁	刘惠芳	周玉妹	喻玲艳	戴棠华	丁岚
陈茜	胡亦伟	刘红红	杜安乐	王美秀	郑雅清
李晨	邓晶	黄文蕾	黄文静	田佩珊	周亮
章际云	徐清辉	朱剑	徐燕娟	熊洁	徐凯亮
吴寅	伍焱	徐婧	汪淑英	付婷婷	刘必成

邱诗发	李 丽	方 亮	王小建	朱浩源	孙海康
易利波	彭 敏	刘海燕	罗雪娇	万 丽	叶江浙
黄 芬	何 亮	段雪芳	熊华东	吴瑶君	陈 蕾
肖清英	张 丽	唐红丽	张倩影	熊博文	涂 萍
王珠君	张国妹	何书婷	王 慧	黄 震	刘 芳
熊 琴	夏小林	陈婷越	杨悦雯	黄永琪	岳诗琪
彭卫平	张美凤	胡 洋	盛亚萍	万 琳	李 琴
梁 虹	黎丽兰	谢 芬	柳 建	彭林敏	查夏琴
胡露露	谭 巍	刘玲玲	刘 燕	熊佳佳	周双艳
廖 雁	顾云雨	赵雅萍	姜 艺	黄 丹	周 莹
陈美玲	刘燕军				

第七批

牛 凡	刘 燕	龚良国	丁 健	龚 毅	颜金花
雷 玲	饶堃睿	高 军	万建国	童旭芳	江小杰
李玲玉	杨 梅	童立云	雷晓晓	朱丹妮	熊华苓
徐思思	王佳明	李 场	王 芳	方 玲	刘春亮
谭春红	邹 飞	杨丽珠	万三艳	李 璐	张明华
刘丽琴	顾雅斯	章玉琼	徐 丽	王 平	阮灵玲
龚 敏	毛 梅	郑静文	胡 俏	况丹丹	孙 雁
贺 璐	刘齐芳	万慧敏	徐 康	易丽平	邓文洁
黄 倩	朱倩倩	王 瑾	顾咸斌	董双虎	熊青媛
全丽萍	万梦青	胡 玲	刘 凌	龚小青	翁文轩
熊艳云	唐刘巧	张 微	肖 峥	吴晓昇	郭莉媛

王圆媛	周强	贺雅琳	谭佳	唐琬钧	周钰
熊丽娜	陈丹丹	杨宇	胡敏华	李帆	华伟
雷洪峰	付绍燕	辛倩	唐海花	邹玉婷	吕红梅
王玥	宗颖	蔡飞燕	罗涛	吕品	刘新
余科京	万梅珍	李中静	詹湾湾	万莹	戴燕灵
李芳萍	陶剑	涂美珍	陈瑶	刘丽	陈小珍
李立岩	戴青	万小玲			

第八批

刘建生	温薇	欧阳远辉	钟宝琳	黄振飞	李文峰
陈芳	赖朝晖	钟明星	曾宪忠	刘清红	徐玉辉
罗满生	罗书华	吕晓逵	程辉	胡涛	曾桂华
杨佳	卢娟	郭水华	黄恭强	王小惠	蒋星
黎青兰	郭俊清	梁洁娴	邹福瀛	赖芸	张士妮
游思梦	姚声珉	廖燕婷	刘强	方军华	黄璐璐
陈福英	郭美娟	胡灵燕	廖璐	王娟	薛小琴
罗才祥	刘志红	肖萃	万小艳	曾小庆	陈财秀
廖颖	刘轩	刘定华	张丽青	金凤奎	伍秀燕
吴鹏	廖玉田	胡德飞	陈爱英	钟利华	尧文钟
欧阳春华	曾凡荣	黄平	黎昌茂	刘月忠	刘俊娣
朱晓威	陈欢	赖家连	李华东	胡春芳	刘娟娟
王艺	谢晓静	唐涌通	邓丽萍	朱建伟	肖龙琴
贾龙睿	蓝希燕	梁倩英	叶小建	何平	伍凤梅
彭联平	曾丽萍	王颖娟	曹竣	刘娟	肖羽鹃

谢伟军	杨 欢	易继三	何焰锋	郭燕花	李海林
利 玲	陈路榕	陈 冰	钟 晶	何海林	谢芬芬
周艳芬	杨晓芙	沈 威	洪金花	梁启军	楚瑞阁
彭红星	李志峰	郑建刚	龚俊平	唐庆武	刘 江
艾 涛	邝丽娟	肖春红	陈翠琴	黎春花	高春丽
王丽娟	陈 英	陶 洁	翁小丽	张莉琴	袁小亮
邹辰馨	郝士芳				

第九批

徐小军	谢艳梅	罗义国	刘 威	陈国峰	曾省都
邱玉芳	刘晓峰	陈 洪	段志胜	杜志明	王树生
黄 琦	郭起财	卢绍辉	李国强	王 瑒	王润秀
周序锋	苏 强	黄 鹤	刘金明	彭文杰	曾照彬
席徐翔	薛正彪	刘 建	邱晗晖	易玮沂	肖 甜
黄 婷	郭丽华	蓝丽芳	赖小婧	陈雪梅	朱 颖
陈 丹	钟美娟	谢 文	陈 诚	温金玲	张友晴
邓慧芳	王 香	王春梅	潘长霞	张 圆	刘小华
黄晓瑜	陈扬扬	张 麟	何菊贤	杨 茜	王 希
胡 向	丁菲燕	张 鹏	严树梅	陈晓敏	钟 欣
张 婷	华 懿	李玉珍	周玲慧	蔡荣娣	范瑞琪
董东伟	杨金玉	陈 宏	谢 琴	衷存智	袁 菁
钟世琳	徐梦韩	谌 欣	叶心杰	蒋雪莲	梁燕芸
曾荣欣	黄 坚	彭 凤	刘兰凤	郭 兰	张巧玲
罗金莲	殷小平	何佰顺	童建林	谢 卫	肖 彭

占 城	黎 进	姚 传	刘 松	杨 欢	刘小良
姚景春	温朋程	欧阳泽	刘友饶	石 峰	陈 升
龙 璜	黄 鑫	王细金	付书彩	唐从发	周小平
施彦卿	周嘉敏	魏远江	吴小丽	刘丽华	周淑萍
洪文娟	李丹如	余佳菊	王 艳	况夏云	邹时林
朱利梅	芦 梵	方苗苗	陈 陶	张东东	黄 姚
吴丽娟	赵 静	程晓萍	宛 婷	吴亚萍	汪沛沛
孙娇娇	程 媛	陶 寻	陈美茜	宋 萍	刘 邦
曹梦玲	宋 婷	詹传斌	李华丽	冯艳明	梁娟娟
丁 杰	江 丽	黄 朵	龚苗苗	杨 显	翁华娟
刘文霞	贾 丹	朱 琳	段亚芸	黎 芳	吴海鑫
潘 泓	殷 琪	王 春	张友珍	李宝兰	张 莹
吕 虹	刘 超	卢文凤	周冬霞	徐宇霞	彭林梅
龚赞江	周 星				

第十批

郭猷殚	万蝉俊	付俊杰	唐翼龙	宗 俊	熊衍峰
黄仁发	张红进	陈姝慧	李润萍	苏 勇	胡万峰
杨剑斌	匡志超	黄仙保	邱 祺	张大文	晏鑫鹏
李 宁	黎勇强	施 力	吴 睿	喻红群	李周云
张玉池	聂爱珍	张 腾	卢燕琪	涂可可	魏 芳
万刘杨	邹 雁				

（来源：人民网）

293

附录3　江西援鄂医疗队驰援医院

1. 武汉雷神山医院
2. 华中科技大学同济医学院附属协和医院肿瘤中心
3. 武汉市第五医院
4. 武汉武昌方舱医院
5. 江岸区塔子湖体育中心方舱医院
6. 江汉开发区方舱医院
7. 随州市曾都医院
8. 随州市高新区医院
9. 随州市随县妇幼保健院
10. 随州市随县人民医院
11. 随州市随县中医院
12. 随州市中心医院
13. 广水市第二人民医院
14. 广水市第一人民医院

（来源：光明网）

附录 4　戴着口罩就出发

蒋泽先 词
唐 平 曲

1=♭E 2/4

♩=112 有精神地

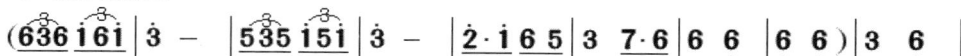

中　国
中　国

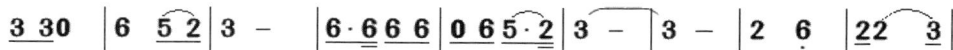

医生　胸怀　大，　哪里需要　哪安　家。　　地震、水灾、
医生　真无　瑕，　夜半三更　也想　家。　　我是　父母　的

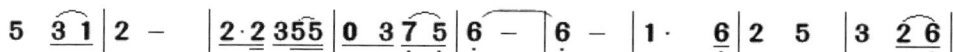

疫情　地，　戴上口罩　就出　发。　I　C　U　里　守病
乖乖　崽，　我是甜女的　好爸　爸。　一　心　赴救　是己

人，　呼吸机前眼不　眨。　忘了饥饿忘了　累，　呵护生命
任，　保护自己别忘　啦。　希望早日摘口罩，　平平安安

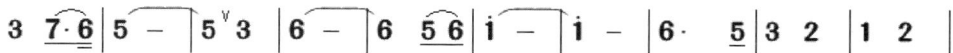

责任　大。　哎嗨！　哎嗨！　中　国医生胸怀
回到　家。　哎嗨！　哎嗨！　中　国医生真无

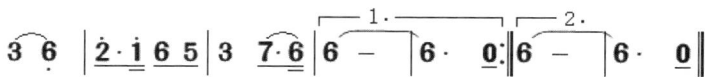

大，　哪里需要哪安　家。
瑕，　平平安安回到　　家。

D.C

图书在版编目（CIP）数据

一江情：赣鄱医者逆行记 / 蒋泽先著 . — 南昌：江西
人民出版社，2020.10

ISBN 978-7-210-12089-6

Ⅰ.①一… Ⅱ.①蒋… Ⅲ.①医药卫生人员—先进
事迹—江西—现代 Ⅳ.① K826.2

中国版本图书馆 CIP 数据核字（2020）第 130701 号

一江情：赣鄱医者逆行记

蒋泽先　著

责任编辑：李月华　李鉴和
书籍设计：章　雷
出　　　版：江西人民出版社
发　　　行：各地新华书店
地　　　址：江西省南昌市三经路 47 号附 1 号
编辑部电话：0791-86898143
发行部电话：0791-86898893
邮　　　编：330006
网　　　址：www.jxpph.com
E-mail：jxpph@tom.com　web@jxpph.com
2020 年 10 月第 1 版　2020 年 10 月第 1 次印刷
开　　　本：710 毫米 × 1000 毫米　1/16
印　　　张：19.25
字　　　数：230 千字
ISBN 978-7-210-12089-6
定　　　价：48.00 元
承 印 厂：南昌市红星印刷有限公司
赣版权登字—01—2020—266
版权所有　侵权必究
赣人版图书凡属印刷、装订错误，请随时向承印厂调换